江苏“十四五”普通高等教育本科规划教材

“十三五”江苏省高等学校重点教材
（编号2020-1-098）

大学生创新创业教程

主　编　金　成

副主编　陈鹏飞　邹山花　吴学林

编　者　游婷婷　袁　洁　佘子骞　崔文婕
　　　　邓国强　李东泽　单红宇

苏州大学出版社
Soochow University Press

图书在版编目(CIP)数据

大学生创新创业教程 / 金成主编. —苏州：苏州大学出版社，2022.8(2025.12重印)
“十三五”江苏省高等学校重点教材
ISBN 978-7-5672-4034-6

Ⅰ.①大… Ⅱ.①金… Ⅲ.①大学生-创业-高等学校-教材 Ⅳ.①G647.38

中国版本图书馆CIP数据核字(2022)第140572号

书　　名：大学生创新创业教程

主　　编：金　成
责任编辑：沈　琴
装帧设计：吴　钰

出版发行：苏州大学出版社(Soochow University Press)
社　　址：苏州市十梓街1号　邮编：215006
印　　装：常熟市华顺印刷有限公司
网　　址：www.sudapress.com
邮　　箱：sdcbs@suda.edu.cn
邮购热线：0512-67480030
销售热线：0512-67481020

开　　本：787 mm×1 092 mm　1/16　印张：15.75　字数：338千
版　　次：2022年8月第1版
印　　次：2025年12月第9次修订印刷
书　　号：ISBN 978-7-5672-4034-6
定　　价：55.00元

Preface 前言

2015 年 5 月，国务院办公厅下发《国务院办公厅关于深化高等学校创新创业教育改革的实施意见》（国办发〔2015〕36 号），强调“深化高等学校创新创业教育改革，是国家实施创新驱动发展战略、促进经济提质增效升级的迫切需要，是推进高等教育综合改革、促进高校毕业生更高质量创业就业的重要举措”。为提升大学生创新创业能力、增强创新活力，2021 年 9 月，国务院办公厅下发《国务院办公厅关于进一步支持大学生创新创业的指导意见》（国办发〔2021〕35 号），提出立足新发展阶段、贯彻新发展理念、构建新发展格局，坚持创新引领创业、创业带动就业，支持在校大学生提升创新创业能力。

当前，新一轮科技革命和产业变革正在深入发展，围绕高素质人才和创新制高点的国际竞争空前激烈。党的二十大报告把教育、科技、人才单独成章进行布局，“三位一体”统筹推进，不仅是对新时代、新形势、新要求的主动回应，更是在更高起点、更高层次、更高目标上的再创新、再出发。建设教育强国，高等教育是龙头，高等教育必须勇于担负起新时代的重大使命，加快转变教育发展方式，提升创新能力，培养创新人才，以高等教育高质量发展服务于中国式现代化建设。

高校开展创新创业教育的根本目的是培养大学生的创新意识和企业家精神，激发大学生的创业热情，提升大学生的创业素质及科研成果转化能力，以适应新时代社会发展的需求。

《大学生创新创业教程》于 2020 年 10 月被列入江苏省重点教材立项建设名单，按照要求需要对教材进行修订。为此，主编设计了修订框架。编写者结合多年来创新创业课程的教学实践，在不断总结教学经验的基础上，充实了相关教学内容。在内容布局上，本书力求循序渐进，按照创新—创业—创造，即由创新意识到创业能力再到创造方法的思路编写，以满足高校创新创业教育教学的需求。

2024 年 9 月，本书被评为江苏“十四五”普通高等教育本科规划教材。编写组结合“十四五”规划教材建设的相关文件精神，进一步推动教学改革新成果、学科发展新成就进教材，不断丰富拓展相关教学资源，更好赋能创新创业教育教学。

由于编者的理论水平和实践经验有限，书中难免存在疏漏和不足之处，敬请读者批评指正并提出宝贵的意见和建议，以便日后修订完善。

（扫码获取拓展资源）

Contents 目录

第一章 创新与创新方法

【导学案例】

2022 年 6 月 25 日下午，第六届世界智能大会云闭幕式隆重发布“WIC 智能科技创新应用优秀案例”。作为全球首个“智慧零碳”码头，天津港北疆港区 C 段智能化集装箱码头建设方案荣耀入选。

作为第六届世界智能大会云闭幕式的重要环节，“WIC 智能科技创新应用优秀案例”评选面向全球征集了 186 个案例，最终评选出 10 个“WIC 智能科技创新应用优秀案例”。

此次评选自 2022 年 2 月开始，邀请全国省级工信部门、知名行业协会组织、咨询研究机构、媒体及院士专家共同推荐案例。近 30 位智能科技领域内的中外知名专家，从创新性和独特性、应用价值与实效性、实施难度与复杂性、市场影响与可推广性等维度对申报案例进行评审。天津港北疆港区 C 段智能化集装箱码头项目脱颖而出，凭借独特的代表性和推广性最终入选。

2021 年 10 月 17 日，作为全球首个“智慧零碳”码头——天津港北疆港区 C 段智能化集装箱码头正式投产运营，开创了多项“中国智慧”在港口应用的先河：基于单小车岸桥 + 地面智能解锁站 + 智能水平运输机器人 + 水平运输边装卸堆场布局；自主研发、真正基于 AI 的“智能水平运输管理系统”；实现车路协同超 L4 级无人驾驶在港口规模化商用落地；实现真正意义上“5G＋北斗”融合创新的全天候、全工况、全场景泛在智能；实现绿电自发自用、自给自足，码头运营全过程零碳排放…… 形成 76 项发明创新，破解 13 项世界级难题，成为以全新模式引领世界港口智能化升级和低碳发展的中国范例。

其中，智能水平运输系统相当于这个“智慧零碳”码头的“大脑”，它创新性地采用全局路径规划与局部路径规划相结合的方式，结合自适应变拓扑动态路径规划算法，实现智能轨道快运系统精确引导和驾驶协同管控，满足集装箱自动化水平运输过程中充电、超车、避障、绕行、缓冲调序等全工况需求，打造全球首个基于超 L4 级无人驾驶技术和水平布置边装卸工艺的智能化集装箱码头水平运输解决方案，为传统人工码头智能化升级改造提供了可推广、可复制的“天津港方案”。

第一节　创新概述

【案例拓展】

“新四大发明”

2017 年 12 月，中国政府网以《2017：“新四大发明”改变生活》为题，介绍了“一带一路”沿线 20 国青年通过网络评选出的他们心目中的中国“新四大发明”。“新四大发明”指高铁、网络购物、移动支付、共享单车。其实，这四样东西没有一样是中国最先发明的，但是中国在推广应用方面进行了创新，走在了世界的前列。“新四大发明”等一系列创新产品和创新成果，不仅让世界见证了中国因科技领域改革红利逐步释放所产生的惊人变化，也让中国在新一轮技术革命中重返世界舞台的中心。

高铁：飞奔的“中国造”

2017 年 9 月 21 日，“复兴号”动车组以每小时 350 千米的速度奔驰在京沪高铁线上，标志着中国成为世界高铁商业运营速度最快的国家。随着中国“八纵八横”高铁网络规划的落实，截至 2019 年年底，中国高铁总里程已达到 3.5 万千米，覆盖 80% 以上的大城市。总里程超过第 2 至第 10 位国家的总和，居世界第一。

中国高铁形成了世界上速度最快的铁路系统，北京到上海 1 318 千米仅需要 4.5 个小时，而同样是 4.5 个小时，德国高铁行驶距离是 850 千米，日本新干线也只有 990 千米。中国制造曾经被贴上的“低端标签”已被撕下。到目前为止，中国高铁已经成功拿下数十个国家的订单。

网络购物：一辆购物车买遍全世界

动动手指，买遍全球。网络购物虽然并非中国首创，但中国网购的便捷体验和发展速度已经超越了大部分发达国家。在中国，出门只要带上手机，衣食住行都可以通过互联网一站式解决。中国网购的魅力源于中国率先将互联网技术融会贯通并再次创新，进而广泛应用于现实。

海外机构统计显示，10 年前，中国电商交易额不到全球总额的 1%，如今占比超过 40%，已超英、美、日、法、德 5 国总和。过去 5 年间，中国互联网消费的复合增长率达到 32%，排名世界第一。中国良好的网购生态改变了民众的消费模式。

移动支付：很多国家都在使用支付宝和微信

作为世界上首个发明并使用纸币的国家，中国正引领全球支付体系迈入新时代。曾经的“出门在外，钱包必带”转变成了“手机在手，天下我有”。截至 2019 年年底，我国手机网上支付用户规模已达 7.33 亿。

截至 2020 年年底，支付宝已经拓展、覆盖全球 60 多个国家和地区，迈入全球 10 亿用户时代。微信支付也已覆盖全球 50 多个国家和地区，微信支付跨境业务已支持 50 多个国家和地区合规接入，并支持多个币种直接交易。中国的移动支付还在进化，刷脸支付、指纹支付、声波支付等更加便捷的支付方式让世界的目光看向中国。新加坡原总理李显龙访华时感叹，在电子支付领域走在前沿的中国，已开始让新加坡感到自身的落后。

共享单车：公共交通工具的“最后一公里”

公共交通工具“最后一公里”的问题是城市居民公共交通出行的主要障碍，也是建设绿色城市、低碳城市过程中面临的主要挑战。共享单车企业通过在校园、地铁站点、公交站点、居民区、商业区、公共服务区等提供服务，完善交通行业最后一块“拼图”，带动居民使用公共交通工具的热情，与其他公共交通方式产生协同效应。共享单车是一种分时租赁模式，属于新型绿色环保共享经济。

截至 2019 年年底，中国共享单车用户规模达到 2.76 亿人。大量共享汽车、共享电动助力单车的投入，受到了消费者的欢迎和好评。

【思考与讨论】

“新四大发明”对我们的生活和我国的经济发展有什么影响?

一、创新的含义

“创新”一词在我国出现得很早，如《魏书》中有“革弊创新”，《周书》中有“创新改旧”。在英语中，创新（innovation）这个词起源于拉丁语。它原有三层含义：一是更新，就是对原有的东西予以更换、替代；二是创造新的东西，就是创造出原来没有的东西；三是改变，就是对原有的东西进行改造和发展。创新的本质是在判断或改变旧事物的过程中做出新的发现，提出新的见解，开拓新的领域，解决新的问题，创造新的事物，或者能够对前人、他人已有的成果进行某种新的创造性应用。

概括来说，创新是指人们根据一定的目的和任务，运用一切已知的条件，产生出新的、有价值的想法，并把这一想法转化成具体成果的过程。具体成果既包括新材料、新产品，也包括新方法、新工艺，还包括新理论、新制度、新机制、新思维、新观念等。

二、创新的特征和过程

（一）创新的特征

1. 新颖性

创新是对现有的不合理的事物的扬弃，是革除过时的内容，确立新事物的活动。创新必须提供富有新颖性的成果，解决前人没有解决的问题。人们在判断什么是创新成果时，首先用新颖性来衡量。

2. 超前性

创新以求新为灵魂，具有超前性。这种超前是从实际出发的、实事求是的，而非空想的、不切实际的。

3. 目的性

任何创新活动都有一定的目的，这个特征贯穿于创新过程的始终。

4. 价值性

创新有明显且具体的价值，能对经济社会产生一定的效益。

5. 艰巨性

创新是艰巨的。一方面，由于创新具有超前性，创新可能得不到他人的理解和支持，甚至遭到他人的反对，创新环境艰难；另一方面，创新的过程本身就是探索前人或他人没有做过的事情，具有不确定性，且有技术上的难度。

当今世界正经历百年未有之大变局，创新是其中一个关键变量。在危机中育先机、于变局中开新局，必须向创新要答案。世界经济论坛发布报告指出，自 2020 年新冠肺炎疫情发生以来，10 个关键科技的创新进一步加速，它们分别是：在线购物与机器人配送、数字和无接触支付、远程办公、远程教育、远程医疗、在线娱乐、供应链 4.0、3D 打印、机器人和无人机、5G 通信技术。

（二）创新的过程

创新一般要经历四个阶段。

1. 准备阶段

创新从发现问题、提出问题开始。问题意识是创新的关键，提出问题后必须为解决问题做好充分的准备。这种准备包括必要的事实和资料的收集、相关的知识和经验的储备、技术和设备的筹集及其他条件的提供等。同时，必须对前人在同一问题上所积累的经验有所了解，对前人在该问题上尚未解决的事项做深入的分析。这样既可以避免重复前人的劳动，又可以使自己站在新的起点。从事创新创造工作，还可以帮助自己从旧问题中发现新问题，从前人的经验中获得有益的启示。准备阶段常常要经历相当长的时间。

2. 酝酿阶段

酝酿阶段要对前一阶段所获得的各种信息和事实进行消化、吸收，从而明确问题的关键所在，并提出解决问题的各种假设和方案。需要注意的是，有些时候，一些问题虽然经过反复分析、思考、酝酿，仍然不能找到较为完美的解决方案，常常出现思维中断、想不下去的现象，但这些问题会在一段时间内不时地出现在头脑中，甚至转化为潜意识，这样就为顿悟阶段打下了基础。

酝酿阶段可能是短暂的，也可能是漫长的，有时甚至延续好多年，创新者仿佛在冬眠，等待着复苏、醒悟。有些人在此阶段常常表现为狂热和如痴如醉，令常人难以理解。例如，牛顿曾经沉浸在思考中，错把手表当鸡蛋煮；陈景润在去商店的途中，因思考数学问题而与电线杆相撞。

3. 顿悟阶段

经过酝酿阶段对问题的深思熟虑，创新观念可能突然出现，思考者大有豁然开朗的感觉，这一心理现象就是灵感或灵感思维。人脑有意无意地突然出现某些新的形象、新的思想，一些长久未能解决的问题突然得以解决，这一阶段就是顿悟阶段。

顿悟阶段是创新的重要阶段，被称为“直觉的跃进”“思想上的光芒”。灵感的来临往往是突然的、不期而至的。如德国数学家高斯，为证明某个定理，被折磨了两年仍一无所得，可是有一天，正如他自己后来所说，像闪电一样，谜一下子解开了。

4. 验证阶段

思路豁然贯通以后，对所得到的解决问题的构想和方案还必须在理论上和实践上进行反复论证和试验，验证其可行性。经过验证后，有时方案得到确认，有时方案还需要进一步改进和完善，或者完全被否定，再回到酝酿期，重新开始新一轮的创新过程。总之，灵感所获得的创新构想必须经过检验。

三、创新的基本类型

（一）知识创新

知识创新是指通过基础研究和应用研究，获得新的自然科学知识和社会科学知识的过程，是创新者在现有知识基础上的进步或发展、发明或创造的过程。知识创新的目的是追求新发现，探索新规律，创立新学说，创造新方法，积累新知识。知识创新是新技术和新发明的源泉，是促进科技进步和经济增长的革命性力量。它为人类认识世界、改造世界提供新理论和新方法，为人类文明进步和社会发展提供不竭动力。

（二）技术创新

技术创新是指生产技术的创新，包括开发新技术、改进现有技术或者将已有的技术进行应用创新。技术创新是以现有的知识和物质为出发点，在特定环境中改进已有事物或创造新的事物并能获得一定效益的行为。

（三）产品创新

产品创新是指创造某种新产品（服务），或者对某一产品（服务）的功能进行创新。换句话说，就是将新产品、新工艺、新服务引入市场，以实现商业价值。例如，京东全球售后的特色服务就属于产品创新。产品创新可以通过新技术、新材料、新工艺、现有技术的组合和新应用来实现。

（四）管理创新

管理创新是指组织形成一种创造性思想并将其转化为有用的产品、服务或方法的过程。在管理创新活动中，企业把新的管理知识、管理制度、管理技术和管理方法等管理要素或要素组合引入企业管理系统，以更有效地实现组织目标。

（五）营销创新

营销创新是指作为市场主体的企业创新者，结合企业自身实际——资源和能力状况，适应营销环境的变化，寻求营销要素在某一方面的突破或变革的过程，包括开辟新的市场，扩大市场份额，促进企业生存与发展的新市场开发、组织与管理等活动。营销创新的目的在于适应需求与引导需求，满足需求与创造需求，开拓市场与创造市场。

（六）文化创新

文化在交流过程中传播，在继承基础上发展，文化的生命力离不开文化创新。文化发展的实质就在于文化创新。推动社会实践的发展，促进人的全面发展，是文化创新的根本目的，也是检验文化创新的标准。

【思考与讨论】

结合中国改革开放以来取得的辉煌成就和你所学专业领域前沿发展动态，列举出你所了解的各种创新类型的典型案例。

第二节　创新意识

【案例拓展】

阿基米德发现浮力定律

阿基米德发现浮力定律，奠定了流体静力学的基础。传说希伦王召见阿基米德，让他鉴定纯金王冠是否掺假。阿基米德冥思苦想多日，从跨进澡盆洗澡时看见水面上升这一现象得到启示，得到了关于浮体问题的重大发现，并通过王冠排出的水量解决了国王的疑问。

鲁班发明锯

有关鲁班发明创造的故事，实际上是中国古代劳动人民发明创造的故事。传说鲁班和徒弟接受了宫殿建造任务，大量木材的采伐成为难题。鲁班在山上物色木料的时候手被茅草划破。他仔细观察茅草叶边缘，发现边缘长着许多锋利的小齿，又观察到蝗虫带小锯齿的牙齿能够快速切割食物，他依据这些发现发明了锯。

贝尔发明电话

贝尔和他的助手华生分别在两个房间里试验电报机，一个偶然发生的事故启发了贝尔。华生房间里的电报机上有一个弹簧粘在磁铁上了，华生拉开弹簧时，弹簧发生了振动。贝尔惊奇地发现自己房间里电报机上的弹簧也颤动起来，还发出了声音，电流把振动从一个房间传到另一个房间。贝尔顿时思路大开。他由此想到：人对着一块铁片说话，声音引起铁片振动。若在铁片后面放上一块电磁铁的话，则铁片的振动势必在电磁铁线圈中产生时大时小的电流，这个波动电流沿电线传向远处，远处的类似装置上不就会发生同样的振动、发出同样的声音吗？最终，贝尔和华生按这个设想制成了电话机。

【思考与讨论】

这些案例中的创新故事有哪些共同点？

一、创新意识的含义

创新意识是指人们根据社会发展和个体生活的需要，引起创造前所未有的事物或观念的动机，并在创造活动中表现出的意向、愿望和设想。创新意识有主动性和被动性两大类。它是人类意识活动中的一种积极的、富有成果性的表现形式，是人们进行创造活动的出发点和内在动力，是创造性思维和创造力的前提。

创新意识是人们对创新及其价值、重要性的一种认识水平、认识程度及由此形成的对待创新的态度，并以这种态度来规范和调整自己活动方向的一种稳定的精神态势。

创新意识总是代表着一定社会主体奋斗的明确目标和价值指向性，成为一定主体产生稳定、持久的创新需要、价值追求和思维定式及理性自觉的推动力量，成为唤醒、激励和发挥人们所蕴含的潜在本质力量的重要精神力量。

二、创新意识的构成

创新意识包括创新动机、创新兴趣、创新情感和创新意志。

创新动机是创新活动的动力因素，能推动和激励人们发起和维持创新活动。

创新兴趣能促进创新活动的成功，是促使人们积极探求新奇事物的心理倾向。

创新情感是引起、推进乃至完成创新的心理因素。只有具有正确的创新情感，才能使创新成功。

创新意志是指在创新中克服困难、冲破阻碍的心理因素。创新意志具有目的性、顽强性和自制性。

创新意识与创新思维不同，创新意识是引起创新思维的前提和条件，创新思维是创新意识的必然结果，二者之间具有密不可分的联系。创新意识的培养和开发是培养创造性人才的起点，也是教学改革的重点之一。许多学校大力建设国家级高校学生科技创业实验基地和大学科技园，举办创新大赛，就是一种具体而有效的实践。一个具有创新意识的民族才有希望成为知识经济时代的科技强国。

三、创新意识的培养

1. 要有好奇心

能提出问题，说明在思考问题。在学习过程中，自己如果提不出问题，那才是最大的问题。好奇心包含着强烈的求知欲和追根究底的探索精神，要想在茫茫学海获取成功，就必须有强烈的好奇心。正像爱因斯坦说的那样："我没有特别的天赋，只有强烈的好奇心。"

2. 要有怀疑态度

不要认为被验证过的理论都是真理。科学家对旧知识的扬弃、对谬误的否定无不自怀疑开始。怀疑是发自内在的创造潜能，它激发人们去钻研、去探索。事物在不断地变化，有些知识现在适用，将来不一定适用；现在的知识不一定没有缺陷和疏漏。我们对待所学习或研究的事物应做到：不迷信任何权威，大胆怀疑。这是我们创新的出发点。

3. 要有追求创新的欲望

如果没有强烈的追求创新的欲望，那么无论怎样谦虚和好学，最终都是模仿或抄袭，只能在前人划定的圈子里徘徊。要创新，就要坚持不懈地努力，要勇敢面对困难，要有克服困难的决心，不要怕失败。

4. 要有求异的观念

创新不是简单的模仿，要有创新精神和创新意识，要有求异的观念。求异实质上就是换个角度思考或从多个角度思考，并对结果进行比较。求异者看问题往往比常人更深刻、更全面。

5. 要有冒险精神

创造实质上是一种冒险，因为否定人们习惯了的旧思想可能会招致公众的反对。这里的冒险不是那些危及生命和身体安全的冒险，而是一种合理的冒险。不是所有人都能成为伟人，但我们至少要最大限度地挖掘自己的创造潜能。

6. 要永不自满

一个人虽然有很多创造性思想，但如果已习惯了一种成功的思想而不能产生新思想，这个人就会变得自满，停止创造。因此，要让自己保持创新意识和创新能力，就要做到永不自满。

【案例拓展】

比亚迪的技术突围之路——创新思维与创新能力培养

比亚迪的崛起历程，是一个典型的从“模仿学习”到“自主创新”，最终实现技术驱动市场突破的典范。早期，比亚迪通过拆解和学习国际知名品牌的电池和汽车产品，快速进入市场，完成了初期的技术和资本积累。然而，公司管理层深知，长期的模仿跟随无法构建核心竞争优势，必须坚定不移地走技术自立自强的道路。比亚迪将创新资源高度集中于核心技术的突破上，尤其是在被视为新能源汽车“心脏”的电池技术和“大脑”的电子控制领域。经过持续多年的巨量研发投入，先后推出了具有完全自主知识源的“刀片电池”技术，其在安全性能和能量密度上实现了显著突破；同时，在半导体 IGBT（绝缘栅双极型晶体管）芯片领域也打破了国外技术垄断。这些核心技术的积累，为其后续产品的差异化竞争力奠定了坚实基础。更重要的是，比亚迪展现了强大的技术整合与迭代创新能力。它并非孤立地发展某项技术，而是将电池、电机、电控等关键技术进行垂直整合，形成协同效应，并快速将新技术应用于量产车型（如“汉”“海豹”等系列），通过市场反馈持续进行快速迭代优化。这种“研发-量产-迭代”的闭环能力，使其产品力在短时间内迅速提升，赢得了消费者口碑。这一系列扎实的技术创新，最终在适当的市场时机（如全球能源转型、供应链波动）催化下，实现了从量变到质变的飞跃，助力比亚迪在全球新能源汽车市场中占据了重要地位，实现了从“追随者”到“引领者”的角色转变。其成功路径清晰地表明，基于长期主义和巨大研发投入的自主技术创新，是企业在高端制造领域突破壁垒、赢得持久竞争力的根本途径。

【思考与讨论】

（1）分析比亚迪所运用的创新方法，如集成创新、颠覆性创新，讨论持续的技术迭代在创新中的重要性。

（2）探讨作为创业者/企业管理层，需要具备怎样的战略眼光和决心，才能坚持长期高强度的研发投入，实现技术突围。

第三节 创新思维

【案例拓展】

换个角度想问题

2002 年，毕业于四川大学的张邦鑫考入北京大学生命科学学院，攻读硕士学位。为了补贴生活开销、减轻家里的负担，张邦鑫开始利用业余时间做家教。第一个客户是别人介绍的，这个客户家里有个男孩，张邦鑫主要负责提升这个男孩的数学成绩。

教了几天之后，张邦鑫发现，这个小男孩根本不喜欢学习，而且数学基础特别差，每次辅导功课时都不太配合。张邦鑫分析，这个男孩最大的问题是平时周一到周五完全不听课，而他辅导这个男孩的时间只有周六和周日两天。怎样才能在周末两天补上平时五天的缺口呢？

他想了很久，终于想到一个办法，那就是利用周末两天专门提升男孩的学习状态，以保证他在一周内的其他五天能喜欢数学，认真学习数学。如果像现在这样，平时状态不好，缺口永远补不完。为了从根本上解决这个问题，数学成绩一向优异的张邦鑫算了一道数学题：假如这个男孩平时 5 天不爱学习，每天的学习状态只有 60 分，他在周末 2 天补课，状态再好也就 85 分，则这个模式的总分是 $60\times5+85\times2=470$ 分。但如果换个思路，利用周末的 2 天，把这个男孩在平时 5 天的学习状态提升到 80 分，然后周末 2 天的状态也保持在 80 分，则这个模式的总分是 $80\times7=560$ 分。

一个是 470 分，一个是 560 分，前后对比，结果一目了然。

有了这个分析之后，张邦鑫彻底摒弃了之前的授课模式，不再反复讲解那些男孩平时听不懂的方程式和应用题，而是先和这个男孩交朋友，激发他的学习兴趣。于是，每个周末都变成了这个男孩最开心的时间，他平时在学校的学习状态也更好了。渐渐地，这个男孩的数学成绩有了很大的提升。

思维方式的改变，使张邦鑫成功地帮助一个无助的孩子找到了内驱力，其成功之道值得我们深思。

【思考与讨论】

“思维的质量决定我们未来的质量”，你同意这个说法吗？

一、创新思维的含义

创新思维是指以新颖独创的方法解决问题的思维过程，这种思维能突破常规思维的界限，以超常规甚至反常规的视角、思路和方法去思考问题，提出与众不同的解决方案，从而产生新颖的、独到的、有社会意义的思维成果。它往往表现为创立新理论、发明新技术、形成新观念或提出新方案和新决策等。

创新思维的结果是实现了知识即信息的增值。它或者以新的知识，如新观点、新理论或新发现来增加知识的积累，从而增加知识的总体数量，即信息量；或者在方法上有新的突破，对已有知识进行新的分解与组合，实现知识的新功能，由此实现知识结构上量的增加。

创新思维是一个复杂的思维过程，它的本质是“新”，以逻辑思维为基础，以有逻辑的知识理论为背景。创新思维的开端是利用逻辑思维来分析观察到的现象，利用逻辑思维来尝试解答所遇到的问题。在逻辑思维的背景下，若问题没有得到满意的解答，则需打破思维定式，提出超出已有观念、理论和知识的假设方案，这种假设方案的提出通常是非逻辑性的。创新思维过程还离不开推理、想象、联想、直觉等思维活动的参与。

创新思维需要人们付出艰苦的脑力劳动。一项创造性思维成果的取得，往往需要经过长期的探索、刻苦的钻研甚至多次的挫折，而创新思维也要经过长期的知识积累、智能训练、素质磨砺才能具备。从主体活动的角度来看，创新思维又是一种需要人们付出较大代价，运用和调动其综合能力的一种思维活动。

二、创新思维的特征

1. 创新思维的独创性

独创性是创新思维的基本特点，创新思维活动是新颖的、独特的思维过程。它打破传统，不按部就班，解放思想，向陈规戒律挑战，突破习惯，怀疑常规事物，否定原有的死板固化的框架。在创新思维过程中，人的思维积极活跃，能从与众不同的新角度提出问题，探索开拓别人没认识或者没完全认识的新领域，以独到的见解分析问题，用新的途径、方法解决问题，善于提出新的假说，善于想象出新的形象。创新思维过程的典型特征就是能独辟蹊径，标新立异，革新首创。

2. 创新思维的多向性

创新思维不受传统的、单一的思想观念的限制，思路开阔，能够全方位地提出问题，并且能提出相对较多的设想和答案，选择面宽广。在思路受阻或遇到难以逾越的难题时，又能灵活变换创新过程中的某种因素，调整思路，从新的角度去思考，进而巧妙地转变思维的方向，找到适合的新办法。

3. 创新思维的综合性

创新思维能够把大量的知识、信息、材料、事实和概念综合在一起，进行一系列概括、整理、分析和重构，形成新的概念和体系。

4. 创新思维的联动性

创新思维具有由此及彼的联动性。联动有三个方向：一是深度，看到一种现象，就向纵深思考，探究其产生的原因；二是逆向，发现一种现象，就想到它的反面；三是横向，能联想到与其相似或相关的事物。总之，创新思维的联动性表现为由浅入深、举一反三、由小及大、触类旁通，从而获得新的认知和发现。

5. 创新思维的跨越性

创新思维带有很大的跨越性，省略了一些传统的思维步骤，思维跨度较大，具有明显的跳跃性和直觉性。创新思维并无现成的思维方法和程序可遵循，它的方式、程序、方法和途径等都没有固定的框架，创新者在考虑问题时可以迅速地从一个思路转向另一个思路，从一种情境进入另一种情境，多方位地寻找解决问题的办法。创新思维活动是一种开放的、灵活多变的思维活动，它的发生常常伴随着想象、灵感、直觉之类的非逻辑、非规范的思维活动。

三、创新思维训练

（一）想象思维与联想思维训练

1. 想象思维训练

想象思维就是大脑通过形象化的概括作用对已有的记忆表象进行加工、改造或重组，从而产生新的表象的一种高级思维活动。

想象思维能力培养的方法有很多，如：建立正确的世界观、人生观，培养辩证的思维方法，积累知识和经验，保持和发展好奇心，培养善于捕捉“直觉”和“灵感”的本领，陶冶健康的情操，不断丰富自己的语言及表达能力，培养广泛的兴趣……这些都有利于激发和培养想象思维能力。

训练方法：

（1）图形想象：请尽可能多地举出与图 1-1 中图像相似的东西。

（2）完成图形：请将图 1-1 中所示的每个图像创作为各种各样有意义的图画。

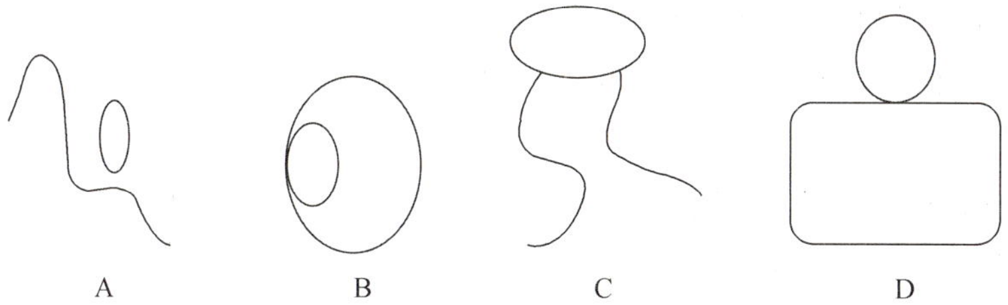

图 1-1　想象思维能力训练图

（3）闭眼想象：在一个比较安静的环境里，闭上眼睛，在不受任何刺激的情况下进行下列想象。

① 一个春天的中午，你在公园草坪的椅子上坐着。请用手摸一下这张椅子，有什么感觉？

② 天上挂着炫目的太阳，晒得身上暖烘烘的，甚至你的鼻尖都渗出了一点汗珠。

③ 椅子周围种满了绿色的垂柳，垂柳的枝条在风中来回摆动着。

④ 一阵风吹过，空气夹杂着泥土、青草和花香的气息，迎面扑过来。

⑤ 一群孩子也跑了过来，他们唱着、跳着、打着、闹着，他们唱的歌曲你很熟悉，你小时候好像也唱过，想想那是什么歌曲……

（4）如果碰见下面的情景，你会有怎样的想象？

① 公园树丛里，一个小伙子突然狂奔而出。

② 酒席上，一个女子忽然大声尖叫。

③ 书桌上放着的东西被人翻得乱七八糟。

④ 走在路上，突然一个人回头冲你笑。

⑤ 睡觉醒来，发现家人都不在家。

（5）请用假设想象一下下面的情形。

① 假设你买了一张彩票，中了一等奖，拥有 500 万元，你将做些什么？

② 假设克隆技术失控了，世界各地都是克隆人，那将会怎么样？

③ 假设真的存在一种药可以延长人的寿命到 500 岁，世界将变成什么样？

④ 假设以后再也没有黑夜，只有白天，世界将会变成什么样？

⑤ 假设你到了一个陌生的地方，你不认识任何一个人，饥寒交迫，你将怎么做？

⑥ 假设地球上可开发的能源越来越少，当旧的能源被开发殆尽时，你能想象有什么新的能源取代它吗？

2. 联想思维训练

联想思维简称联想，是人类一种高级的心理活动，是指人们在大脑中将一事物的形象与另一事物的形象相互联系起来，以寻求它们之间共同的或相似的规律，从而帮助解决问题的思维方法。联想思维和想象思维可以说是一对孪生姐妹，在创新过程中起着非常重要的作用。一个人的联想越广泛、丰富，他的创新能力就越强。

联想思维的培养方法也有多种，如培养联想兴趣、树立联想意识、形成联想习惯、搜集联想资料、积累联想知识、拓宽联想空间等。

训练方法：

（1）通过时间或空间上的接近对下面所述情景展开丰富的联想。

① 遥望星空，你将产生怎样的联想？

② 看着白皑皑的雪山，你会联想到什么？

③ 走在电脑大卖场的商业区，你将产生怎样的联想？

④ 深秋，看到被风吹落的满地黄叶，你会联想到什么？

⑤ 翻看儿时的照片，你会联想到什么？

⑥ 走到中学门口，你会产生怎样的联想？

（2）请对图 1-2 中所示的每个图像展开联想，看生活中有哪些东西与其相似。

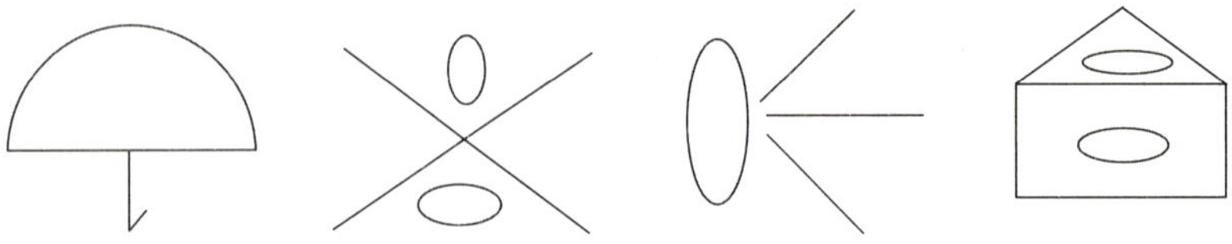

图 1-2　联想思维能力训练图

（3）请用对比联想对下面情景展开联想。

① 在电视上看到干涸的河流，你能想到什么？

② 听别人说起沙漠上的绿洲，你能想到什么？

③ 看到地上被人折下的花朵，你能想到什么？

④ 看到工人把较粗的铁棒切削成各种细长的工具时，你能想到什么？

⑤ 说起全球平均气温升高，你会联想到什么？

（4）请用因果联想对下面情景进行联想。

① 由物价上涨，你会联想到什么？

② 听说某航班发生空难，你会联想到什么？

③ 你的朋友突然异常兴奋，你会联想到什么？

④ 你去某家公司应聘，被告知下周电话通知，但时间已过仍未接到通知时，你会联想到什么？

⑤ 听到航天员搭乘神舟十四号飞船，开启太空之旅，你会联想到什么？

（5）强迫联想（通过 4 ～5 个联想将下面的事物联系起来）。

太阳——胶水　　　　钢笔——电视机

石头——演员　　　　警察——小提琴

蚂蚁——工厂　　　　毛巾——大学生

水杯——手机　　　　雨伞——立交桥

（6）利用下面所列举的事物，各构思一个有意义的、完整的故事（要求：健康向上，100～200 字）。

① 美丽的女孩，整洁的办公桌，拥挤的街道，爱哭的婴儿

② 盛开的鲜花，奔驰的汽车，戴手套的男孩，卖花的女孩

③ 爱撒谎的小男孩，热乎乎的馒头，疲倦的司机，嗡嗡叫的蜜蜂

④ 唱歌的百灵鸟，匆忙的老先生，精彩的球赛，迷茫的女孩

⑤ 喧闹的火车站，聪明的女学生，火爆的摇滚乐，严厉的父亲

（二）发散思维与收敛思维训练

1. 发散思维训练

发散思维也叫扩散思维、辐射思维、求异思维、多向思维等。它是一种跳跃式思维、非逻辑思维，是指人们在进行创造活动或解决问题的思考过程中，从已有的信息出发，将思路无拘无束地由思维原点向四面八方展开，从而获得众多的解题设想、方案和办法的思维过程，如图 1-3 所示。

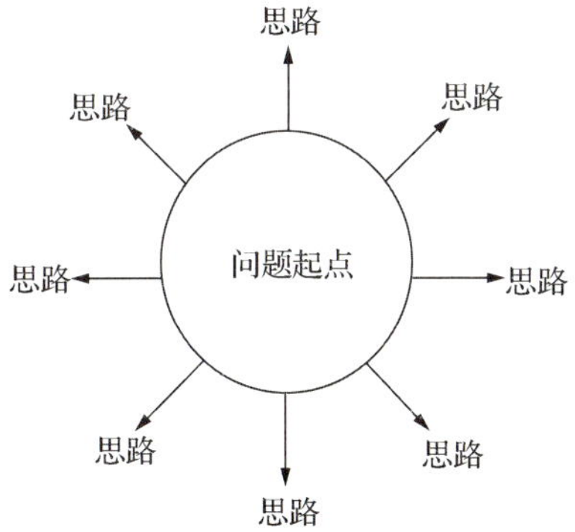

图 1-3　发散思维图

发散思维有以下几种形式。

（1）逆向思维。

逆向思维是与正向思维相对而言的。正向思维，即传统的、有逻辑的或习惯的思维方式；逆向思维，又叫逆反思维，即突破思维定式，从相反的方向去思考问题。逆向思维可分为功能反转、结构反转、因果反转、状态反转等几种。运用逆向思维通常会取得意想不到的效果。比如，在军事上，正面进攻不成，可采用背后奇袭的策略，这就属于逆向思维。

历史上的“司马光砸缸救人”，军事上的“声东击西”“欲擒故纵”“空城计”等都与逆向思维有关。逆向思维常常被视为创新思维的主要表现之一。

（2）横向思维和纵向思维。

所谓横向思维，也叫侧向思维，是指突破问题的结构范围，从其他领域的事物、事实中得到启示而产生新设想的思维方式。它不完全按照逻辑推理，而是换一个角度，提

出解决问题的办法。

所谓纵向思维，是指在一种结构范围内，按照有顺序的、可预测的、程式化的方向进行的思维方式。它是一种符合事物发展过程和人类认识习惯的思维方式，遵循由低到高、由浅到深、由始至终等原则，因而清晰明了，合乎逻辑。我们在平常的生活、学习中大多采用这种思维方式。

（3）变通思维。

人的思维不经常变化就容易僵化。我们的思想与行动必须根据事物的变化而变化。事物需要你“这样”变时，你也能做出“那样”的抉择，这就是变通。

变通思维是创新思维的重要组成部分，它反映了创新性思维过程中的转换和灵活应变的特性。“变”是应运生变，就是顺应事态的变化而采取符合客观事物发展规律的举措。“通”就是通达，思路的畅通与豁达。“变”是前提，“通”是结果。思维变通者，其思维活动触类旁通、灵活多变，不受定式和固有功能的束缚，能从一个方面发散到另一个方面。

2. 收敛思维训练

收敛思维又称集中思维、复合思维、求同思维、聚敛思维，是指从已知信息中产生逻辑结论，从现成资料中寻求正确答案的一种有方向、有范围、有条理的思维方式。也就是说，它是一种寻求唯一正确或可行性答案的思维，其思维方向总是从四面八方指向思维目标，如图 1-4 所示。

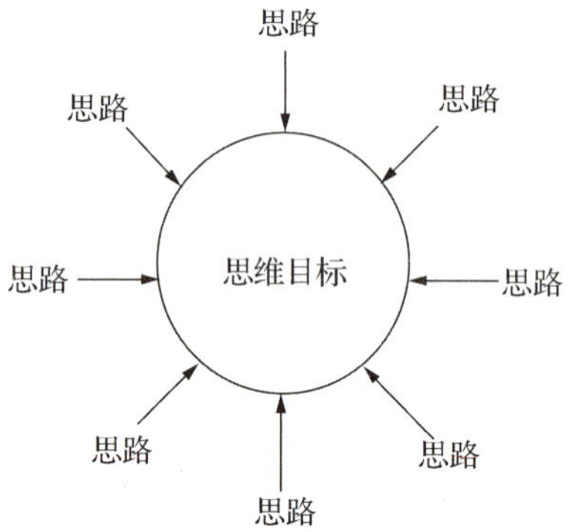

图 1-4　收敛思维图

与发散思维相反，收敛思维在解决问题时，思维主体总是尽可能地利用已有的知识和经验，把众多的信息和解题的可能性逐步引导到条理化的逻辑链中去，向着一个方向去思考，得出一个被认为是最好的结论。

一般来说，收敛思维要在发散思维的基础上运用，但有时为了快速寻找实用性的结果，两者也不能截然分开。在进行发散思维的时候，不追求产生最优的结果，发散得多一些也可以，少一些也可以。收敛思维承担着产生最优结果的重任，思维效果直接影响问题的解决。

（1）正确把握使用收敛思维的时机。

收敛思维的思考方向与发散思维正好相反。如果两者同时进行，必然互相碰撞、互相干扰，使思维活动发生混乱而进行不下去或者无法产生有意义的思维结果。因此，两者最好分开进行。当你运用发散思维寻找尽可能多的设想、方案时，先不要考虑结果是对还是错，是有用还是没用。最好的时机是在发散思维已经难以产生新的设想时，再开始使用收敛思维。

（2）科学把握收敛思维的尺度。

在发散思维的基础上，思维主体要依据自己的知识和经验，通过逻辑思维，把前面产生的多种设想与要解决的中心问题联系起来，进行评价、选择。这里所说的尺度，就是评价、选择设想的宽严尺度，过宽、过严都不行。由于人的知识和经验是有限的，人所掌握的评价创新结果的尺度在一定时期也就不会是完全正确的，这样，一些有潜在价值的、超前性的设想就很可能被认为是不合理的而被舍弃掉。比如，19 世纪科幻小说里的飞行器、潜水艇，在当时被发明创造者舍弃了。所以，在运用收敛思维的时候，如果创新主体自己的知识和经验不足，就不要轻易舍弃设想，而要把尺度掌握得宽松些，把有价值的设想保留下来。

（3）善于积累、运用知识和经验，并熟练掌握逻辑思维方法。

知识和经验是收敛思维的基础。没有知识和经验，就无法进行收敛思维；知识和经验不足，进行收敛思维也会十分困难。当人们试图通过收敛思维在大量设想与中心问题之间建立通道的时候，这个通道的构建就要依赖知识和经验。这就需要我们不断学习知识、积累经验。但是，创新活动并不是等待我们饱经沧桑、学富五车之后再去进行或参与。实践就是在干中学、在学中干，不怕经历失败，实践也是学习和积累的过程。搞科研、从事发明创造的人，往往先查资料，运用已有的、他人的知识和经验，以少走弯路，这也是在建立自己的通道。

（三）开发右脑与激发灵感

1. 开发右脑潜能

1998 年，国务院原副总理李岚清在一次教育工作会议上指出，素质教育要开发右脑，开发右脑比开发左脑作用还要大。现在再不进行素质教育，就到了一种极为危险的地步……我们很多应试教育开发的是左脑，实际上大脑左半球是辅助的，右半球是主要的。更多的深层次的思考、深层次的创意、永久性的记忆靠右脑，而我们恰恰忽视了右脑的开发。多用右脑、多训练右脑可以事半功倍，不只是事半功倍，甚至可以使效率提高几百倍。哪个国家在右脑开发这个问题上有突破，哪个国家就有活力。

研究发现，人脑所储存的信息绝大部分在右脑中。右脑如同一个书架，书架上分类摆放不同的书籍，每本书有自己的书名，书中再分章划节层层记录，右脑具有更强的形象信息处理能力。思考的过程是左脑一边观察提取右脑所描绘的图像，一边将其符号化、语言化。换言之，右脑储存的形象信息经左脑的逻辑处理，变成语言的、数字的信息。

右脑具备的图形、空间、绘画、形象的认识能力，即形象思维的能力，使它处于大脑感知世界的前沿。创造性思维中的“知觉”和“一闪念”是极其重要的，这个“火花”往往孕育一个新理论、新学说，甚至摧毁原有的思想体系。此时，右脑具有的直观的、综合的、形象的思维机能就会发挥巨大的作用。一句话，创新必须充分利用右脑。

开发右脑潜能的具体方法有以下几种。

（1）培养绘画意识。

经常欣赏美术作品并动手绘画，有助于大脑右半球功能的开发。学校教育中进行的艺术教育，具有综合教育训练的性质。艺术教育是学生个性发展教育不可缺少的重要内容。艺术教育活动，特别是对意识的培养，对受教育者的大脑，特别是右脑，既具有身体活动的直接刺激模式的特点，又具有认知和非认知刺激模式的作用。

（2）画知识树。

俗话说，千言万语不如一张图。在学习活动中，经常把知识点及其层次、方面、系统与整体结构用图表、知识树或知识图的形式表达出来，有助于构建整体知识结构，对大脑右半球机能发展十分有益。

（3）远足或旅游。

培养空间认知，每到一地或外出旅游，都要明确方位，分清东西南北，了解地形地貌或建筑特色，充分培养空间想象能力。

学校组织学生远足或旅游，到大自然中漫游、观察，可使山水田园、蓝天白云、红花绿树、晨雾彩虹等千姿百态、五彩缤纷、生机勃发、运动变幻的大自然整体形象经常印入人的脑海（主要是大脑右半球），更多地刺激右脑。这样，既可以引起人的美感体验，又可以丰富人的感性形象，为形象思维提供充分的信息，从而促进右脑功能的发挥。

（4）练习识别能力。

在认识人和各种事物时，要仔细观察其特征，将特征与整体轮廓相结合，形成独特的模式加以识别和记忆。

（5）音乐训练。

音乐能令人兴奋，令人感动，启发灵感，深深触动灵魂。当你进入深度放松的状态，倾听那些与右脑脑波频率相匹配的轻柔音乐时，无形中会激活大脑，提高学习效率。

虽然音乐分为很多种，但最佳的选择就是那些与心率相吻合的音乐。古典音乐更适合作为听觉刺激。听古典音乐为什么会使头脑变聪明呢？因为当耳朵中的高频率区有声音响起时，脑部神经会变得更加发达，从而使人思路清晰，且分析统筹能力及判断力都会变得更好。

（6）冥想训练。

经常用美好愉快的形象进行想象，如回忆愉快的往事，遐想美好的未来，想象时形象鲜明、生动，不仅使人产生良好的心理状态，还有助于右脑潜能的发挥。另外，运用想象来学习，所取得的效果也是不同的。此外，有一种方法可以教我们如何进入右脑意识状态和使用右脑，它就是冥想、呼吸、想象。也就是说，进入右脑意识状态之前首先闭上眼睛，平静心情，然后深呼吸 3 次，再进行必要的想象。

2. 激发灵感

灵感也称顿悟，是指人们在久思某个问题而不得其解时，由于受到某种外来信息的刺激或诱导，忽然想出了解决问题的思路。

灵感并不是天上掉下来的，也不是头脑中固有的，而是后天刻苦钻研、勤奋思考的结果，偶然之中存在着必然。正如周恩来所说的那样：“灵感式”的科学发现是“长期积累，偶然得之”。

灵感需要一个知识和能力长期积淀的过程，博大精深的知识结构是灵感思维产生的深厚底蕴和广阔背景。获得灵感需要广泛地汲取知识，积极地参与实践活动，深入地思考问题，敏锐地观察事物，从而积累知识和社会生活经验，并在大脑中储存起来。当显意识和潜意识发生碰撞时，就可以在储存知识的基础上形成灵感，产生顿悟，迸发创造的火花。灵感可以通过以下途径激发、获取。

（1）对一个问题长时间集中思考。正如科学家巴斯德所说：“灵感只偏爱那些有准备的头脑。”爱因斯坦在创立狭义相对论之前，就已经对这个问题思考了 10 年。因此，对一个问题的长时间集中思考，可以激发、获取灵感。

（2）外部信息刺激。激发灵感往往需要外部信息的刺激，如火箭专家科罗寥夫为解决火箭上天的推力问题而苦恼万分、食不甘味，他的妻子知道原因后对他说：“此有何难呢？像吃面包一样，一个不够再加一个，还不够，继续增加。”他一听，茅塞顿开，采用将引擎捆绑在一起进行接力的办法，终于解决了火箭上天的推力难题。

（3）在多元化的思路中学会迅速捕捉灵感。由于灵感稍纵即逝，因此，我们要学会及时准确地捕捉住转瞬即逝的灵感火花，并能够及时把它记下来。爱因斯坦有一次和朋友一边共进午餐，一边讨论问题，忽然获得灵感，他一时找不到纸，就把公式写在崭新的桌布上。爱迪生经常携带笔记本，随时记录自己的新鲜想法，不管这种想法初看起来多么微不足道。法国物理学家安培有一次走在路上时，突然来了灵感，于是他捡起地上的小石块，在一辆马车的板上演算起来。一次，奥地利著名作曲家小约翰·施特劳斯正在餐馆吃饭，忽然创作灵感袭来。由于一时找不到现成的纸，他便在自己的衬衣袖子上写了起来，这便是后来流传世界的名曲——《蓝色多瑙河》。

（4）借助某些创新思维以获取不期而至的灵感。灵感不是随时随地都会产生的，它往往借助于同类事物的类比和联想才会产生。尤其是在原型启发条件下产生的灵感，看似无关的原型与待解决的问题之间的间接相似性和潜在联合点，必须通过类比和联想才能发现。灵感有时来自注意力高度集中状态下的苦思冥想，有时来自紧张思考之后的轻松休息之际，有时来自似睡非睡的朦胧恍惚之中，但共同之处则往往是由类比联想而唤起潜意识，并在与潜意识的交融中解开百思不得其解的疑难问题。所谓“众里寻他千百度，蓦然回首，那人却在灯火阑珊处”，就是这样一种意境。

（四）逻辑思维训练

逻辑是客观规律与思维规律的结合。世界处在逻辑中，人们生活在逻辑中。

逻辑思维是在认识事物的过程中，借助概念、判断、推理反映现实的思维方式。逻辑思维是建立在理论、知识、见识、经验等的基础上，以实践为前提，抽象出科学的概念，再进行判断、推理、论证，所以又叫“抽象思维”，亦称“理论思维”。

创造创新是思考与逻辑推理并存、互融的结果。逻辑推理主要包括类比推理、归纳推理和演绎推理。

1. 类比推理

类比，就是将两类或两类以上不同事物（未知事物与已知事物）加以比较，找出它们的相似点、不同点（某些属性），通过类比推理将已知事实运用到另一事物中。

类比推理的基本模式如下。

M 中有：a、b、c、d；

N 中有：a’、b’、c’。

a、b、c、d 为 M 的属性（成分、结构、性质、功能等），a’、b’、c’ 为 N 的属性，a’、b’、c’ 与 a、b、c 有某种类似关系，则 N 中可能存在 d’，它的属性与 M 中的 d 类似。

类比包括直接类比、因果类比、对称类比、综合类比几种类型。

类比推理训练：

（1）人经常因踩到香蕉皮而滑倒。经研究发现，香蕉皮由上百个薄层构成，且层与层之间极易相对滑动，对此你有什么想法？

（2）在发明创造活动中，有许多仿生的成果。请你说出仿生的产品，它们是如何获得的？你还能开发哪些产品？

（3）你知道有哪些拟人产品？人体的某些功能可否当作机械使用？

（4）自然界是正负相对的，你能通过一面想到的另一面是什么？

（5）心脑血管病是当今危害人类生命的主要疾病之一，一个重要原因是高脂血症造成的血管堵塞。用类比推理来思考该如何治疗心脑血管病。

2. 归纳推理

归纳，就是从个别事物中概括出共同的事实，即从个别到一般。运用归纳推理找出新的一般性的事实，就可能获得新创意。

例如，人们发现醋、柠檬酸、盐酸、碳酸水都会使石蕊试纸变成红色，前两种是有机物，后两种是无机化合物，性质相差较大。但它们有一些共同点，都是酸性物质。据此归纳出一个结论：酸性物质可以使石蕊试纸变红。利用这一事实可以很方便地进行检测。

归纳推理训练：

（1）美国人发明了高强度的尼龙，用在轮船、军舰上用作缆绳，对此你有什么想法？

（2）蚕丝含有 C、H、O、N，蚕丝是蚕吐出的，蚕是吃桑叶长大的。桑叶含有 C、H、O，无 N。从中你能悟出什么？

（3）牛顿发现苹果掉在地上推导出万有引力定律这一普遍规律，请用归纳法推理。

（4）顾客一进商店，营业员就给他一张纸，请他提意见，并将每天的意见收集起来。你从这样的方法中得到了哪些启示？

（5）德国化学家李比希到英国一家化工厂考察，发现工人用钢棒拼命地撞击和搅拌熬制“柏林蓝”染料的铁锅。他从工人口中得知，撞击和搅拌的声音大，染料的质量好；声音小，则质量差。这种现象说明什么？

3. 演绎推理

演绎是从一般到特殊，把现有一般的原理、原则运用于具体事物，从中得出特殊结论的过程。如果这个特殊结论鲜为人知，就意味着可能有创新。

演绎的形式很多，三段论是最基本的形式之一。三段论由大前提、小前提和结论组成，模式如下。

大前提：所有的 T 都是 M；

小前提：所有的 N 都是 T；

结论：所有的 N 都是 M。

例如：

一切生物（T）都有寿命（M）；

人（N）是生物（T）；

人（N）有寿命（M）。

演绎推理训练：

（1）尼龙纽扣已是一种非常普遍的用品，你能把它开发运用到什么地方？

（2）波遇到界面会反射（普遍现象），你如何开发利用？

第四节　创新能力与创新方法

【案例拓展】

大桥，在创新中延伸

港珠澳大桥位于中国南海珠江出海口伶仃洋海域，全长55千米，整个工程投资约1 200亿元人民币，是中国建桥史上里程最长、投资最多、施工难度最大的一座跨海桥梁。它被英国《卫报》评为“现代世界七大奇迹”之一，被国内外媒体赞誉为“超级工程”。

港珠澳大桥集桥梁、人工岛、隧道于一体，施工难度非常大。120个直径22米、18层楼高的巨大钢圆筒如何不偏不倚地插进海底；33节沉管如何保证在最深处有45米的海底滴水不漏……这既是我国第一条外海沉管隧道，也是世界唯一的深埋沉管隧道。面对国外咨询公司提出的1.5亿欧元的天价咨询费，工程项目组毅然决定，走自主创新之路！

这样的选择，意味着前路注定坎坷，“快速成岛工艺、半刚性沉管结构、复合地基处理、深水深槽沉管安装施工”，岛隧工程四项核心技术，没有一项是一帆风顺的。快速成岛工艺是岛隧工程的第一步，要用120个直径为22米的钢圆筒深插海底，围成2个密闭的圆圈，这也是整个工程面临的第一个技术难题。在渤海湾的试验中，钢圆筒怎么也打不下去。当这个“下马威”试验顺利完成时，平日里严肃内敛的技术人员哭成一片，那一刻，大家更加理解了自主创新之路的分量。

大桥在创新当中成长，也在细节中延伸。33节每节重达8万吨的沉管铺设是岛隧工程的主体，而每一节沉管的故事都各不相同。安装第28节沉管时，海流比预计的要复杂很多。8万吨体量的庞然大物在海流里左摇右晃，需要不断精细调整，才能完美对接。沉管调整需要潜水员配合，平时最多需要潜水员测3次就可以完成，第28节沉管的安装却让潜水员们测了200多次。前所未有的次数，换来的是严丝合缝的精准对接。

一座超级大桥的诞生，展示的不仅是突飞猛进的基建力量，还有一个民族不甘沉寂的雄心。

【思考与讨论】

影响创新的因素有哪些？

一、创新能力的含义

创新能力是人类突破旧认识、旧事物，探索和创造有价值的新知识、新事物的能力。它涉及一个人的多种能力，如学习能力、分析能力、想象能力、批判能力、创造能力、解决问题的能力、实践能力等，是一个人综合能力的具体体现。

原国家劳动和社会保障部职业技能鉴定中心制定的《职业核心能力培训测评标准（试行）》中把创新能力定义为：从所有职业活动的工作能力中抽象出来、具有普遍适应性和可迁移性的一种核心能力，它是在工作活动中，为改变事物现状，以创新思维和技法为主要手段，提出改进或革新的方案，以推动事物不断发展的能力，它是从事各种职业必备的一种社会能力和方法能力。

二、创新能力的构成

创新能力是由众多能力构成的一种综合能力。

1. 学习能力

学习能力是指观察和参与新的体验，把新知识融入已有的知识，并以快捷、简便、有效的方式获取准确的知识、信息，从而改变已有知识结构的能力。我们平时所说的一般学习能力是指在多种基本活动中表现出来的能力，如观察力、记忆力、抽象概括能力、注意力、理解能力等。

2. 分析能力

一个人的分析能力是指把一件事情、一种现象、一个概念分成较简单的组成部分，找出这些组成部分的本质属性和彼此之间的关系，并分别进行剖析、分辨、观察和研究的一种能力。

3. 想象能力

想象能力是指人在已有形象的基础上，在头脑中创造出新形象的能力。比如，一提到汽车，我们马上就想象出各种各样的汽车形象来。因此，想象一般是在掌握一定的知识的基础上完成的。

4. 批判能力

批判能力又称批判性思维能力，指的是那种能抓住要领，善于质疑辨析，基于严格推断，富于机智灵气、清晰敏捷的日常思维能力。批判性思维能力是选才用才的重要标准。

5. 创造能力

创造能力是指运用已有的知识和经验，在创造性想象、创造性劳动、创造性胆识的共同作用下产生的新的、具有社会价值产物的能力。创造能力由创造性想象、创造性劳动、创造性胆识三个部分构成。

6. 解决问题的能力

解决问题的能力是一种高层次的能力，是一种面对问题的习惯和处理问题的能力。这种能力体现在，遇到问题时能自主地、主动地谋求解决方法，能有规划、有方法、有步骤地处理问题，并能适宜地、合理地、有效地解决问题。

7. 实践能力

实践能力是指保证个体顺利运用已有知识、技能去解决实际问题所必需的基本活动技能。一般教育学上把实践能力定义为个体解决实际问题的能力，包括语言实践能力、音乐实践能力、数理逻辑能力、空间实践能力、人际交往实践能力和自然实践能力。

三、常用创新方法

（一）头脑风暴法

1. 头脑风暴法的定义

头脑风暴法（brainstorming）又称智力激励法或自由思考法（畅谈法、畅谈会、集思法）。它是一种通过小型会议的组织形式，让所有参加者在自由愉快、畅所欲言的气氛中，自由交换想法或点子，并以此激发与会者的创意及灵感，使各种设想在相互碰撞中激起脑海的创造性风暴。头脑风暴法是由美国创造学家 A. F. 奥斯本于 1939 年首次提出的一种激发性思维的方法。此法经各国创造学研究者的实践和发展，至今已经形成一个发明技法群，如奥斯本智力激励法、默写式智力激励法、卡片式智力激励法等。头脑风暴法又可分为直接头脑风暴法（通常简称为头脑风暴法）和质疑头脑风暴法（也称反头脑风暴法）。前者是由专家群体决策，尽可能激发创造性，产生尽可能多的设想的方法；后者则是对前者提出的设想、方案逐一质疑，分析其现实可行性的方法。

2. 头脑风暴法的特点

运用头脑风暴法时，通常针对要解决的问题，相关专家或人员聚在一起，在宽松的氛围中，敞开思路，畅所欲言，寻求多种决策思路，倡导创新思维。头脑风暴没有令人拘束的规则，参加者能够更自由地思考，进入思想的新区域，从而产生很多新观点和问题的解决方法。当参加者有了新观点和想法时，就大声说出来，然后其他参加者在他提出的观点之上再产生新观点。所有的观点被记录下来，但不进行批评。只有在头脑风暴会议结束的时候，才对这些观点和想法进行评估。这种方法主要是通过信息的碰撞，引发和加剧思维的活动，打破习惯性思维和思维定式的束缚，克服思维的麻木、迟钝、僵化状态，而使思维获得彻底解放，变得极度活跃和灵敏，加快思维活动速度，大大提高思维活动效率。沉寂、冷漠、呆滞、僵化、缺乏活力和创造力的大脑是不可能有创意的。激励越强烈，激励的幅度越大，脑子就会越灵活、越好用，越能产生无穷的创意。头脑风暴法的激励方式有很多，可以是交谈，用语言激励，也可以用问题、目标、图片、印象、资料、目录、卡片等刺激物刺激大脑，激励思维，激发创意。

3. 头脑风暴法的实施程序

头脑风暴法的实施程序如图 1-5 所示。

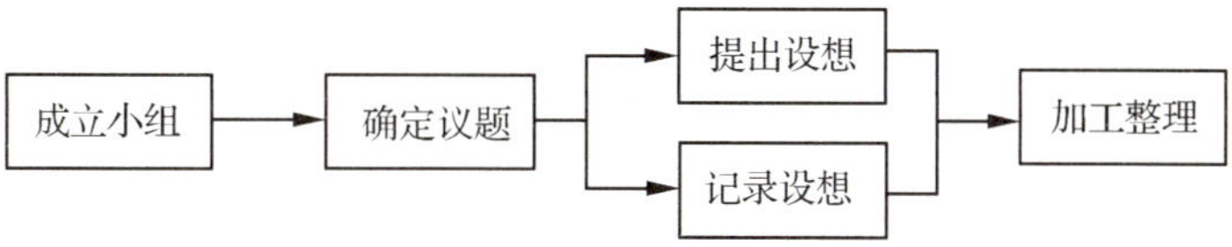

图 1-5　头脑风暴法的实施程序

（1）成立小组。

参加人数一般为 5 ～ 10 人（课堂教学也可以班为单位），包括主持人和记录员在内。最好由不同专业或不同职业背景者组成，这样可能会使提问和观点千差万别，有助于实现头脑风暴法的目标。小组中不宜有过多的行家，行家过多难免会产生各种不同的评价，不易形成自由的氛围。

（2）确定议题。

议题应尽可能具体，最好是实际工作中遇到的亟待解决的问题，目的是进行有效的联想。因为头脑风暴法是用来产生各种各样的主意和设想的，所以所确定的议题可以是问题本身，也可以是方法、对策与标准等。常见议题如：

① 列举陈述同一问题（目标）的方法。

② 列举与同一个问题（目标）有关的问题。

③ 列举可能产生的各种问题。

④ 列举解决某一问题的方法。

⑤ 列举应用某一原理、原则的方法。

⑥ 列举评价某一物品的标准。

⑦ 列举某一机构的组成和功能。

（3）提出设想。

① 各抒己见。让与会人员发表意见和设想。发言力求简明扼要，不要进行任何解释。一句话的设想也可以，最好的设想往往是在会议快要结束时提出的。对别人提出的任何想法都不能批判、不得阻拦，即使自己认为是幼稚的、错误的，甚至是荒诞离奇的设想，也不得予以驳斥；同时也不允许自我批判，要在心理上调动每一位与会者的积极性，杜绝出现“扼杀性语句”和“自我扼杀语句”。例如，禁止在会议上出现“这根本行不通”“你这想法太陈旧了”“这是不可能的”“这不符合某某定律”“我提一个不成熟的看法”“我有一个不一定行得通的想法”等语句。

② 激发思考。对任何发言者都不能进行评判，但允许对他人的设想进行补充、完善和发挥。目标集中，设想数量越多越好，会议以谋取设想的数量为目标。每位与会者都要从他人的设想中激励自己，从中得到启示，或补充他人的设想，或将他人的若干设想综合起来提出新的设想等。会议提倡任意想象、尽量发挥，主意越新、越怪越好，因

为它能启发人们产生更好的想法。出现暂时思维停滞时，可采取一些措施，如休息几分钟、唱歌、喝水等，休息之后再进行几轮脑力激荡。

（4）记录设想。

记录设想是为了综合和改善所需要的素材。与会人员一律平等，各种设想全部被记录下来。与会人员，不论是某方面的专家、员工，还是其他领域的学者，或者是该领域的外行，在头脑风暴法会议上一律平等。各种设想，不论优劣，甚至是最荒诞的设想，记录人员也要认真地将其完整记录下来。

（5）加工整理。

会议提出的设想需要加工整理使之完善才有实用价值。分析每一条意见的可行性，为所要解决的问题找到最佳的解决办法。评价必须在设定了一定的标准的情况下进行，如“设想是否可行?”“做法是否合理?”“是否比较节约?”等等。评价筛选出来的设想，必须逐一推敲斟酌、分析比较并发展完善，才能做到好中择优。既可以以一个方案为主，吸收其他方案的长处形成新的设想；也可以多个方案并行，选择优点，实现组合，形成新的方案。

4. 头脑风暴法的注意事项

头脑风暴法是一种常用的激发群体创造力的方法，这种方法快速、简单而且有效。然而，许多组织在头脑风暴法上屡屡受挫，以至于最后放弃使用。于是他们认为头脑风暴法已经过时了，而且不再有效。事实上，一次奏效的头脑风暴是有趣而充满活力的，它能够产生许多好的主意，但实施不当会令人受挫，消磨动力。下面列举几种足以毁掉一次头脑风暴的情况。

（1）没有清晰的目标。

如果头脑风暴的意图是模糊不清的，就会导致会议议程停滞不前甚至失去方向，所以一定要设立清晰的目标。一次头脑风暴的目的是达到一个特定的目标，并产生许多有创意的想法。最好的方法是把这个目标设定成一个问题。模糊的目标是无用的，“我们如何能做得更好”远没有“我们如何在下一年内使销售量翻倍”这个议题产生的效果好。议题中的数字也不应该过细，否则会使头脑风暴受到局限，减少更多的可能性。例如，“如何利用现有渠道和当前的产品设计使销售量翻倍”这个问题就有些过于限制了。一旦问题得到一致同意，就将它写下来，以便所有人都能清楚地看到。同时，也应当为这个目标设定需要多少创意，以及要花多少时间，如“我们打算在下面的 20 分钟里，想出 60 个创意，然后从中筛选出 4 ~ 5 个最好的创意”。

（2）参与者的背景太过相近。

假如每个人都来自同一个组织单位，就极易陷入一种“群体思考”中，从而大大地禁锢创造力，因此要谨慎地选择参与者。参与者的数量控制在 5 ~ 10 人为宜，人数太少会使头脑风暴的素材不够丰富，而参加的人太多又难以控制，容易限制个人的发挥。

在整个头脑风暴小组中还应引入一些其他领域甚至与讨论的话题无关的旁观者，这些人常会从不同的角度提出看法以及奇特的创意。不同背景的参与者参加讨论，效果是最好的。这些人可以涵盖不同的年龄层次、性别、经历、文化水平等。

（3）老板或主持人成为讨论的推动者。

要小心在团队中表现得独断专行的老板或主持人，他们可能会限制讨论的内容。如果这样的老板在场，那么最好找一名能够胜任推动者角色的独立人士在场——他要能够激励与会者积极思考，并防止某个人主导全局。

（4）允许过早地评判。

头脑风暴最重要的原则是将评判推后。为了鼓励大量不同凡响的好想法出现，要确保没有人对任一想法提出任何评判，这是非常重要的。参与者提出的任何一个想法，即使是无意义，甚至有错误，也要记录下来。在产生想法阶段不进行评判的原则极为重要。

（5）满足于为数不多的想法。

不要刚得到几个想法就开始分析。数量最重要，想法越多越好。在所有创新方法中，头脑风暴是为数不多的通过数量改善质量的活动。各不相同的想法产生得越多，其中一些最终被选中的可能性就越大。完全无法使用的疯狂想法往往起着跳板的作用，引导与会者想出可以被采用的新颖方案。

（6）没有收场或后续执行。

即使已经产生了很多想法，也不要在没有得到清晰的执行计划之前，就结束头脑风暴会议。如果看不到真实的结果，人们会感到之前的过程没有意义，从而灰心丧气。应该在会上快速地分析得到的想法。一种好的方法是把总结性发言分成 3 个部分——有见地的想法、有趣的想法和反对意见。若在有见地的想法里有特别出色的点子值得马上实施，应该立即将之作为一个实践项目交予相关的实施者。

（二）组合创新法

1. 组合创新法的定义

组合创新法是将两个及两个以上的技术因素或按不同技术制成的不同物质，通过巧妙的组合或重组，获得具有统一整体功能的新产品、新材料、新工艺等的一种创造方法。日本创造学家菊池诚博士说过：“我认为搞发明有两条路，第一条是全新的发现，第二条是把已知其原理的事物进行组合。”

组合不是将研究对象进行简单的叠加或初级的组合，而是在分析各个构成要素基本性质的基础上，综合其可取的部分，使综合后所形成的整体具有优化的特点和创新的特征。许多杰出的创造性思维的精神产物与物质产物，都是由人类点滴积累的思维材料经过综合处理或个性加工而实现的。例如，轮子与轿子的综合产生了轿车，轮子与舟楫的综合产生了轮船，而“阿波罗 11 号”登月的壮举则是由空前的大综合实现的大创造。

2. 组合创新法的类型

（1）主体附加法。

主体附加法是指以某一特定的对象为主体，通过置换或插入其他技术或增加新的附件而使发明或创新诞生的方法。我们可以发现大量的新商品是采用这一技法创造的，如在电风扇中添加香水盒，在摩托车的储物箱上安装电子闪烁装置，给电冰箱加温度显示器，给彩色电视机附加遥控器，等等。主体附加法是一种创造性较弱的组合，人们只要稍加动脑和动手就能实现，但只要附加物选择得当，同样可以产生巨大的效益。主体附加法的创造性很大程度上取决于附加物的选择能使主体产生新的功能和价值，以增加其实用性。

【案例拓展】

色盲可识的红绿灯

江苏省常熟中学的庞颖超发明了一种能够让色盲患者识别的红绿灯，其方法是在现行的纯红绿颜色的灯中加入一些白色的有规则形状的图形，在红色圆形中间加入一条横着的白杠，在绿色圆形中间加入一条竖着的白杠，以此来让色盲进行识别。“现在的交通灯都是红绿色，而那些患有色盲症的人不能分辨这两种颜色，这就给他们的生活带来了极大的不便。”为了证明这种不便性有多大，庞颖超列举了一个数据：色盲患者的数量占到了世界人口的5.6%。他说：“有一次，我看到交警抓了一个闯红灯的人，结果发现他是色盲患者，分辨不出红绿灯，于是我就有了做这个红绿灯的想法。”

（2）异类组合法。

异类组合法又称异物组合法，是将两种或两种以上的不同种类的事物组合，产生新事物的技法。这种技法是将研究对象的各个部分、各个方面和各种要素联系起来加以考虑，从而在整体上把握事物的本质和规律，体现了综合就是创造的原理。异类组合法和主体添加法在形式上很相近，但又有所区别。主体添加法是一种简单要素的补充，而异类组合法是若干基本要素的有机综合。异类组合是两种或两种以上不同领域的技术思想的组合，两种或两种以上不同功能物质产品的组合，其组合对象（技术思想或产品）来自不同的方面，一般无主次关系。参与组合的对象在意义、构造、成分、功能等任一方面或多方面互相渗透，整体变化显著。异类组合是异类求同的创新，创新性很强。

（3）同类组合法。

同类组合又叫同类自组，是指两个或两个以上相同或近于相同的事物的简单叠合。参与组合的对象在组合前后的基本原理和结构一般没有根本的变化，往往具有组合的对称性或一致性的趋向。这种组合要求在保持事物原有功能或原有意义的前提下，通过数量的增加弥补功能上的不足或求取新的功能。双向拉锁、三合饭、鸡尾酒、双排订书机、多缸发动机、双头液化气灶、双层文具盒、双头绣花针、3 000 个易拉罐组合成的

“汽车”、1 000 只空玻璃瓶组合在一起的“埃菲尔铁塔”等都是同类组合的产物。同类组合还可以延伸为共享组合、补代组合、概念组合等。

共享组合是指把某一事物中具有相同功能的要素组合到一起，达到共享之目的，如吹风机、卷发器、梳子共用一个带插销的手柄。补代组合是指通过对某一事物的要素进行摒弃、补充和替代，形成一种在性能上更为先进、新颖、实用的新事物，如拨号式电话改为键盘式电话、银行卡代替存折。概念组合是指以词类或命题进行的组合，如绿色食品、阳光拆迁、音乐餐厅、裴多菲俱乐部等。

【案例拓展】

无叶风扇

在多数人的印象中，风扇利用扇叶对空气进行“切割”，实现送风，没有扇叶也就没有风。无叶风扇是风扇中的异类，状如其名，没有复杂的扇叶和前后栅栏的罩盖，远看仅为一个椭圆形的空环，走近些能感到微风拂面。“空穴来风”是不少人见到无叶风扇的最初印象，无叶风扇颠覆了传统风扇的设计。

2009 年，戴森公司推出全球第一台无叶风扇，主要利用空气动力学原理实现了无叶送风。戴森将原本的无刷电机放置于底座，利用涡轮扇叶吸入周围空气并增压，然后经由中部连接处向环圈输送气流。高压气流从环圈狭窄的出风口吹出时，形成的气压差可以带动周围的空气向前吹出，这项技术也被戴森称为“气流倍增”。虽然无叶设计的送风量较小，但没有传统风扇的阶段性冲击感，体感上更接近自然风，舒适性优势明显。

此外，普通风扇不易清洁，积聚的灰尘容易造成二次污染，无叶结构在保证出风口洁净的同时，大大提升了接触安全性，可有效避免儿童误触问题。无叶风扇的独特设计极大地增强了其功能扩展性，早先戴森风扇仅有自然风循环功能，如今多数产品已标配了暖风、加湿和空气净化等功能。

（4）分解组合法。

分解组合法是指将整体事物进行分解，然后再改进、完善分解出来的部分，通过重新组合形成具有新功能的新产品或新事物。分解组合法通过改变事物内部各组成部分之间的相互位置来改变其相互关系，从而优化事物的性能。它是在同一事物上施行的，一般并不增加新的内容。例如，普通螺丝刀的刀把和刀头是固定的，遇到不同规格的螺钉就要准备不同的螺丝刀。人们通过分解，把刀把、刀头分开，分别改造后发明了多用活动螺丝刀。

【案例拓展】

手套的分解

手套是非常简单的生活用品，将手套分解能得到什么呢？江苏镇江的一位工程师心血来潮，把普通的薄型白手套的指套部分剪去，再在手套的背面印上五笔字型的指法和字根规则，成为专利产品“电脑上机手套”。这样，初学者戴着手套上机就十分方便，忘记五笔字型的规则时看一下手套的背面即可。西安有一位大学教师与其相反，把手套的指套部分分解出来，成为单独的产品——卫生指套。用无菌塑料薄膜做成的指套附在食品包装中，食用前将指套套在手指上，以防手指上的细菌污染食品，特别适合人们旅行时使用，也获得了专利。

（5）辐射组合法。

辐射组合法是以一种新技术或令人感兴趣的技术为中心，同多方面的传统技术结合起来，形成技术辐射，从而导致多种技术创新的发明创造方法。通俗地讲，就是对新技术或令人感兴趣的技术进一步地开发应用，这也是新技术推广的一个普遍规律。以人造卫星这种新技术为例，人造卫星技术研制成功以后，它与各种学科辐射组合，发展了卫星电视转播、卫星通信转播、卫星气象预报、生物进化科学，以及对月球及其他行星、恒星等进行研究的各种技术。

（6）坐标组合法。

坐标组合法也称二维坐标组合法，是一种强制联想组合发明法。它是利用直角坐标系，把要组合的对象先列成坐标体系，在两条数轴上标点（元素），然后按顺序轮番进行两两强制联想组合，对创造性的联想点进行预测判断和推理剖析，选出有意义的组合物，从而形成新成果的创新方法。具体做法是在平面上画出 X 轴和 Y 轴，在 X 轴和 Y 轴上分别列出一些事物，然后将其一一对应组合。二维坐标组合法是组合创新法中较难的一种。

例如，设计包装盒，其二维坐标组合如图 1-6 所示。

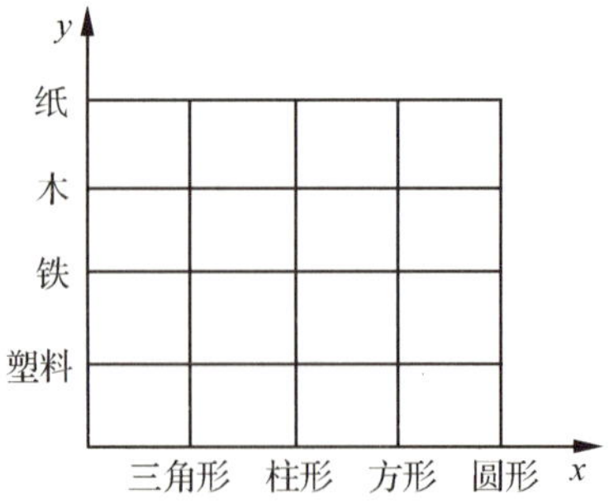

图 1-6　包装盒设计坐标组合

新式家具开发的坐标组合如表 1-1 所示。

表 1-1 新式家具开发的坐标组合

	床	沙发	桌子	衣柜	镜子	电视
沙发	沙发床					
桌子	床头桌	沙发桌				
衣柜	床头柜	沙发柜	组合柜			
镜子	床头镜	沙发镜	镜桌	穿衣镜		
电视	电视床	电视沙发	电视桌	电视柜	镜面电视墙	
灯	床头灯	沙发灯	台灯	带灯衣柜	镜灯	电视灯

（三）列举分析法

1. 列举分析法的定义

列举是人们思维活动的表现形式之一。通过列举事物各方面的属性，达到一定数量，便有助于产生新的概念，同时可从所列举出来的事物的性质、特征中归纳出一般的概念。一般来说，人们不太会对熟悉的事物进行认真仔细的观察分析，因为已在主观上有了感知障碍，所以不能全面深入地考察问题。而列举分析法要求人们以一丝不苟的态度，重新观察一件熟悉的事物，将每个细节都列举出来，从中发现存在的问题，提出改进意见，由此产生创新创造。这种方法可以帮助人们抓住特点，把握主攻方向，寻找创新创造的途径。

2. 列举分析法的类型

列举分析法中最基本的形式是特性列举法，在它的基础上又发展出缺点列举法、希望点列举法、成对列举法等。

（1）特性列举法。

特性列举法是美国内布拉斯加大学教授克劳福德发明的一种创造技法。克劳福德认为每种事物都是从另外的事物中产生发展而来的。一般的创造都是旧物改造的结果，所改造的主要方面是事物的特性。特性列举法就是通过对须革新改进的对象进行观察分析，尽量列举该事物的各种不同的特征或属性，然后确定应加以改善的方向及措施。一般说来，要解决的问题越小、越简单，特性列举法就越容易获得成功。特性列举法适用于革新或发明具体事物，特别适合于轻工业产品的创新，也适用于行政措施、机构体制及工作方法的改进。特性列举法既可供个人使用，亦可供集体使用。

特性列举法的实施步骤如下。

① 将对象的特性或属性全部写出来，列成表。如果对象繁复，则应先将对象分解后选出一个目标较为明确的发明或改进课题，课题宜小不宜大。

② 从以下三个方面进行特性列举。

a. 名词特性——整体、部分、材料、制造方法。

b. 形容词特性——颜色、形状、感觉、性质、状态。

c. 动词特性——功能、作用。

③ 在各项目下试用可替代的各种特性加以置换，引出具有独创性的方案。这一步的关键是力求详尽地分析每一特性，提出问题，找出缺陷，再试着从材料、结构、功能等方面加以改进。

④ 提出方案并对方案进行评价和讨论，使产品符合人们的需要。

【案例拓展】

新颖水壶的构思

对烧水的水壶进行改进，不易想到可改进之处。运用特性列举法进行分析，便能打开思路。

1. 名词特性。

整体：水壶。

部分：壶嘴、壶把手、壶盖、壶体、壶底、蒸汽孔。

材料：铝、铁皮、搪瓷、铜等。

制作方法：冲压、焊接、浇铸。

根据所列特性，可提问如下：壶嘴长度是否合适？壶把手可否改成塑料材质以免烫手？壶体可否一次成型？冒出的蒸汽是否烫手？制作材料有无更适用的？……

2. 形容词特性。

性质：轻、重。

状态：美观、清洁、高低、大小等。

颜色：黄色、白色等。

形状：圆形、椭圆形等。

由此，也可找到许多可供改进的地方，如怎样更便于清洁，颜色该作何变化，底部用什么形状才更利于吸热、传热等。

3. 动词特性。

功能：烧水、装水、倒水、保温等。

可以在壶体外加保温材料，提高热效率并有保温性能；在壶嘴上加一个汽笛，使水烧开时可鸣笛发信号；等等。

（2）缺点列举法。

缺点列举法是将某一事物或产品的所有缺点都列举出来，然后通过对其中的一个或若干个缺点的改进或改良，获得发明成果的创造技法。

缺点列举法的特点是直接从社会需要的功能、审美、经济等角度出发，研究对象的缺陷，提出改进方案，简便易行。此法主要围绕原事物的缺陷加以改进，一般不改变原事物的本质与总体特征，属于被动型的方法。一方面，可用于老产品的改造，也可用于对不成熟的新设想、新产品的完善；另一方面，可用于企业经营管理的改善等。本方法并不以克服事物的缺点为目标，而是巧妙地利用事物的缺点，化弊为利，化腐朽为神奇。

使用缺点列举法，并无十分严格的步骤，一般可按以下步骤进行。

① 尽量列举某一事物的缺点，需要时可广泛调查研究，征集意见。

② 将缺点加以归类整理。

③ 针对所列缺点逐条分析，研究其改进方案或能否将缺点逆用，化弊为利。

在具体运用缺点列举法进行创造发明时，可以个人思考，也可集体研究，还可借助会议法、用户调查法、对照比较法等方式。具体如下。

① 会议法。召开一次缺点列举会，由 5 ～ 10 人参加，会前由主管部门针对某事物选择一个需要改革的主题，让与会者围绕此主题尽量列举各种缺点，越多越好。另请一人将提出的缺点记录在一张卡片上并编号，之后从中筛选出主要缺点，并针对这些缺点制定出切实可行的革新方案。一次会议的时间为 1 ～ 2 小时，会议的主题宜小不宜大。

② 用户调查法。企业在改进产品时，使用缺点列举法可以与征求用户意见结合起来，通过销售、售后服务、意见卡等渠道广泛征集产品的缺点。“顾客是上帝”，他们提出的意见有时是生产设计人员不易想到的。

③ 对照比较法。将同类产品集中在一起，从比较中找缺点，甚至可对名牌产品“吹毛求疵”，找到可以改进之处。

【案例拓展】

基于列举分析法的雨伞创新改进

普通雨伞作为日常雨具，在长期使用中逐渐暴露出不少使用痛点。创业者和设计师运用“列举分析法”，系统梳理出普通雨伞的四大核心缺点，并针对每个缺点进行创新改进，推动雨伞产品向多元化、场景化方向发展，生动诠释了创新思维如何从用户痛点出发实现产品突破。

1. 针对“收伞时容易弄湿自己”的改进

普通雨伞收伞时，伞面残留的雨水极易滴落，弄脏衣物或地面。针对这一缺点，设计者开发出“反向伞”—— 采用反向收合结构，收伞时伞面内侧朝外，雨水被包裹在伞内，有效避免收伞时弄湿衣物或室内环境；同时伞柄设计为 C 型，可套在手臂上，解放双手方便开关车门、拎取物品，完美适配车载场景，解决了雨天开车人士的收伞困扰。

2. 针对“雨伞太大不便携”的改进

传统雨伞折叠后体积仍较大，不便放入背包或口袋。设计者聚焦这一痛点，推出“迷你胶囊伞”—— 通过优化伞骨结构、采用超轻面料，雨伞折叠后尺寸小巧，重量仅与手机相当，可轻松放入口袋或化妆包，满足用户“随时便携”的需求，尤其受女性和通勤族青睐。

3. 针对“双手开伞不方便”的改进

在雨天拎着购物袋、抱着文件时，双手开伞变得很不方便。基于此，“全自动折叠伞”应运而生——只需按下伞柄处的按钮，即可实现一键开伞、一键收伞，全程单手操作即可完成，彻底解决了双手开伞的不便，让雨天出行更高效。

4. 针对“风大雨伞容易吹坏”的改进

遇到强风天气，普通雨伞的伞骨极易被吹翻甚至折断。设计者通过改进伞骨结构、采用高强度防风面料，打造出“多功能防风伞”——伞骨采用多向支撑设计，可抵御强风冲击；伞面材质加厚且具有抗撕裂性，即使在大风中也能保持伞面形状，大幅提升了雨伞的耐用性，为用户在恶劣天气下提供可靠防护。

在雨伞的创新改进过程中，并非所有尝试都能成功，也曾出现过“为了创新而创新”的冗余设计，比如过度叠加功能导致雨伞过重、操作复杂，反而违背了“便捷实用”的初衷。这也提示我们，运用列举分析法进行产品改进时，需以解决真实需求为核心，在缺点改进与用户体验、成本控制之间找到平衡。

从普通雨伞到功能各异的创新雨伞，每一次改进都是列举分析法的实践成果——先系统列举产品缺点，再针对每个缺点提出针对性解决方案，最终通过技术与设计的融合实现产品升级。这一过程不仅让雨伞更好地满足了不同场景下的用户需求，也为创新创业者提供了清晰的思路：从日常产品的使用痛点入手，用列举分析法挖掘改进方向，就能在熟悉的领域中找到创新突破口。

（3）希望点列举法。

希望点列举法是针对某一种事物或产品（或尚未生产的产品），列举出人们希望它具有的功能，并通过使其中的一项或若干项功能的实现获得发明成果的创造技法。希望点列举法不同于缺点列举法，它是从发明者的意愿出发提出各种新设想，它可以不受原有物品的束缚，所以是一种积极主动的创造技法。例如，有人提出，希望发明一种“定时安眠药”，让人们在疲劳时可以安稳地休息片刻，然后定时醒来，继续工作，而且经常服用也无副作用。列举出的希望都是现有产品所不具备的，所以希望点列举法通常被用来开发新产品。

希望点列举法实施步骤如下（图 1-7）。

① 调研社会需求，对现有的某件事物提出希望点。希望点一般来自两个方面：一是事物本身存在不足，希

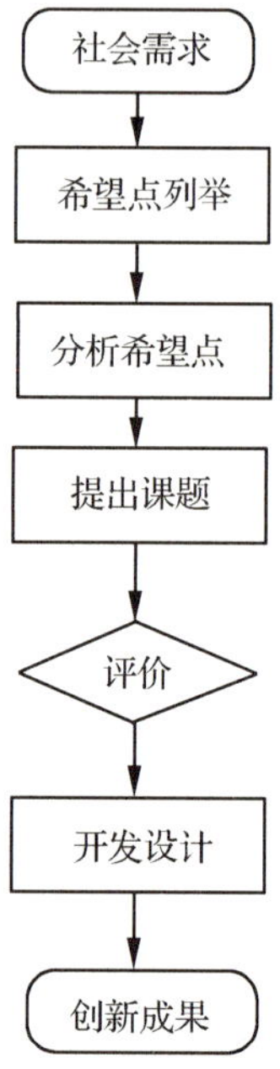

图 1-7　希望点列举法的实施步骤

望改进；二是人们的需求变化，有新的要求。

② 分析所产生的希望点，提出可行的课题。

③ 对可行性课题进行具体研究，并制定方案、开发设计，直至得出创新成果。

【案例拓展】

理想服装

什么样的服装更受顾客欢迎呢？用希望点列举法可提出如下新样式：不用尼龙搭扣，穿着时不用扣、解纽扣，方便至极；不论胖瘦都能穿的膨体衫，花色会变，从不同角度看去会呈现不同的色泽。意大利召开过一次未来衣着研讨会，许多专家预测，未来纺织行业将有许多令人惊叹的突破，多功能的服装将会成为人们的日常用品。人们的预测有以下几种。

真正的“的确凉”。这种衣服穿在身上，夏季会感觉特别清凉爽快，因为由水-乙醇混合物制成的冷却剂在服装衬里中循环，使人体降温。

太阳能御寒衣。此衣有特殊的电热丝，蓄电池在太阳照射时不断蓄电，直流电通过电热丝使人体得到温暖，穿衣者即便在寒冬腊月也感觉暖和如阳春。

服装“医生”。这种电疗服装是由特殊的化学纤维制成的，当它紧贴人体时，能产生微弱的静电场，促进血液循环，有按摩作用，对疏通气血、活络关节和防治风湿性关节炎均有明显的效果。

这些新服装的设想，皆为希望点列举法的创新目标。

（4）成对列举法。

成对列举法是把任意选择的两个事项结合起来，成对列举其特征，或者把某一范围内的事物一一列举，依次成对组合，从中寻求创新设想。本方法既利用了特性列举法务求全面的特点，又吸收了强制联想法易于破除框框、产生奇想的优点，因而更能启发思路，收到较好的效果。

成对列举法两种方式的实施步骤如下。

❀ 方式一

① 将两种不同事物的属性或子因素一一列出。其中一个事物为焦点物（被发明物），另一个事物是触发物（参照物）。

甲事物的要素或属性：甲 1、甲 2、甲 3、甲 4、甲 5……

乙事物的要素或属性：乙 1、乙 2、乙 3、乙 4、乙 5……

② 考虑甲事物的属性 1 能否与乙事物中的每种属性配对组合，继而再考虑甲事物的属性 2 同乙事物的每种属性的配对组合……直到依次全部组合。

③ 在所有可能结合的方案中进行评选。

※ 方式二

① 列举，把某一范围内所能想到的所有事项依次列举出来。

② 强迫联想，任意地选择其中两项依次组合起来，想象这种组合的意义。

③ 对所有的组合进行分析筛选。

例如，要设计新式多功能家具，可以先列举各种家具及室内用具：床、桌子、沙发、椅子、茶几、书架、台灯、衣柜、衣架、镜子、花盆架、电视、音响等。然后，两两配对组合：床和沙发、台灯和衣架、桌子与书架、床和箱子、床和台灯、镜子与柜子、电视与花盆、音响和台灯等。最后对所有方案进行分析，发现许多方案均可发明新式家具，有些方案事实上已经成为产品，如床和沙发组合成的沙发床，镜子和柜子组合成的带穿衣镜的柜子，床和箱子组合成的床底可兼做储物柜的组合床等。有些方案则还未有人尝试过，如茶几与电视机结合、茶几与镜子结合、电视机与镜子结合、椅子与台灯结合等。要分析这些设想中的组合能否成为可行的方案。例如，选取书架与椅子组合并进一步构思，在书架旁设计安装几块自动折叠的板条，既可坐人，又可临时放书，还可当踏板去拿书架上层的书，不用时可以折叠或插入，不占用任何空间。

（四）设问检查法

1. 设问检查法的定义

设问检查法实际上是一种多向思维的方法，人们根据检查项目，可以从所有方面出发想问题，使思路更具条理性，也有利于较深入地发掘问题和有针对性地提出更多的可行设想。设问检查法几乎适用于各种类型和场合的创造活动，因而可把它称作“创造技法之母”。

设问检查法实际上提供了一张提问的单子，问题涉及的范围相当全面，提问中使用“假如”“如果”“是否”“还有”等词语，能够启发思维、促进想象，使人很快进入假想状态，通过各种假设式的变换寻找解决问题的途径。

2. 设问检查法的典型技法

（1）“5W1H”法。

“5W1H”法是美国陆军提出的。所谓“5W1H”，是指以下 6 个问题：

① 为什么（Why）？

② 做什么用（What）？

③ 谁来使用（Who）？

④ 何时被使用（When）？

⑤ 被用于何处（Where）？

⑥ 起什么作用（How）？

这 6 个问题对任何事物都有普遍意义，因而这一方法具有广泛的实用价值，而且便于应用。

【案例拓展】

用“5W1H”法改进机场小卖部

某航空公司在机场候机室二楼设立了小卖部，生意相当清淡。公司经理用“5W1H”法检查问题何在，结果发现“Who”“Where”及“When”3 个方面存在问题。

① 谁是顾客？机场小卖部应当把入境的旅客当成主顾，而这些客人不需要上楼。在二楼逗留的大部分是送客或接客的人，他们完全可以在市内大商场里挑肥拣瘦，不必到机场来买东西。

② 小卖部设置在何处？旅客出入境都是经海关检查后，直接从一楼左、右两侧离开，根本不需要走二楼。小卖部的位置没有设在旅客的必经之路上。

③ 何时购物？出境旅客只有当海关检查完行李并交付航空公司后，才有闲情光顾小卖部。而原来机场安排旅客临上机前才能将行李交运，这样就在时间上限制了旅客。

由此可见，小卖部生意不佳的原因是：① 未把入境旅客当主顾；② 小卖部的位置偏离了旅客的必经路线；③ 旅客没有购物的时间。

针对这 3 点原因改进措施：以入境旅客为主顾，调整海关检查的路线与行李交付时间。此后，小卖部生意兴隆。

（2）奥斯本检核表法。

奥斯本检核表法是指以该技法的发明者奥斯本命名的，引导主体在创造过程中对照 9 个方面的问题进行思考，以便启迪思路，开拓思维想象的空间，促使人们产生新设想、新方案的方法。

运用奥斯本检核表法进行创新活动的实施步骤如下。

① 根据创新对象明确需要解决的问题。

② 根据需要解决的问题，参照表 1-2 中列出的问题，运用丰富的想象力，强制性地逐个核对讨论，写出新设想。

③ 对新设想进行筛选，将最具价值和创新性的设想筛选出来。

表 1-2 奥斯本检核表法

序号	检核项目	含义
1	能否他用	现有事物有无其他的用途；保持不变能否扩大用途；稍加改变有无其他用途
2	能否借用	能否引入其他的创造性设想；能否模仿别的东西；能否从其他领域、产品、方案中引入新的元素、材料、造型、原理、工艺、思路
3	能否改变	现有事物能否做些改变，如在颜色、声音、味道、式样、花色、声响、品种、意义、制造方法等方面；改变后效果如何

续表

序号	检核项目	含义
4	能否扩大	现有事物能否扩大适用范围；能否增加使用功能；能否添加零部件；能否延长使用寿命，增加长度、厚度、强度、频率、速度、数量、价值
5	能否缩小	现有事物能否体积变小、长度变短、重量变轻、厚度变薄、拆分或省略某些部分（简单化）；能否浓缩化、省力化、方便化、短路化
6	能否替代	现有事物能否用其他材料、元件、结构、设备、方法、符号、声音等代替
7	能否调整	现有事物能否变换排列顺序、位置、时间、速度、计划、型号；内部元件可否交换
8	能否颠倒	现有事物能否从里外、上下、左右、前后、横竖、主次、正负、因果等相反的角度颠倒过来用
9	能否组合	现有事物能否进行原理组合、材料组合、部件组合、形状组合、功能组合、目的组合

（3）和田十二法。

和田十二法是我国学者许立言、张福奎在奥斯本检核表法的基础上，把上海市闸北区和田路小学的小学生们在发明创造活动中所采用的技法加以改造而提出的一种思维技法。它既是对奥斯本检核表法的一种继承，又是一种大胆的创新。同时，这些技法更通俗易懂、简便易行、便于推广。因此，和田十二法又称“十二种聪明办法”。这 12 种方法具体如下：

① 加一加：加高、加厚、加多、组合等。

② 减一减：减轻、减少、省略等。

③ 扩一扩：放大、扩大、提高功效等。

④ 缩一缩：压缩、缩小、微型化。

⑤ 变一变：改变形状、颜色、气味、声响、次序等。

⑥ 改一改：改缺点、改不便、改不足之处。

⑦ 联一联：原因和结果有何联系，把某些东西联系起来。

⑧ 学一学：模仿形状、结构、方法，学习先进。

⑨ 代一代：用别的材料代替，用别的方法代替。

⑩ 搬一搬：移作他用。

⑪ 反一反：颠倒一下。

⑫ 定一定：定个界限、标准，能提高工作效率。

和田十二法由于简洁、实用，深受中小学生及企业职工的欢迎。我国自普及这种方法以来已取得了丰硕的成果。

（五）逆向转换法

1. 逆向转换法的定义

任何事物都包含对立的两个方面，这两个方面又相互依存于一个统一体中。人们在认识事物的过程中，实际上是同时与其正反两个方面打交道，只不过由于日常生活中人们往往养成一种习惯性思维方式，只看到其中的一面，而忽视了另一面。如果逆转一下正常的思路，从反面想问题，便能得出一些具有创新性的设想。逆向转换法也称逆向头脑风暴法，是一种通过将焦点集中在反对意见上，以获得新创意的小组座谈会形式。逆向转换法是一种小组评价方法，其主要用途是借以发现某种观念的缺陷，并预测实施这种观念会出现的不良后果。逆向转换法和头脑风暴法类似，唯一不同的是，在逆向转换法中允许提出批评。头脑风暴法是用来刺激创造新观念、新思想的，而逆向转换法则是以批判的眼光揭示某种观念的潜在问题。事实上，这种方法的基本特点就是通过提问来发现创意的缺点。

2. 逆向转换法的分类

（1）逆向反转法。

逆向反转法就是反过来看问题。逆向反转法的“逆”可以是方向、位置、过程、功能、原因、结果、优缺点、破（旧）、立（新）等方面的逆转，主要包括以下几个方面。

① 原理相反：如制冷与制热、电动机与发电机、压缩机与鼓风机等。

② 功能相反：这是指从已有事物的相反功能出发设想新的技术发明或寻求解决问题的新途径，它既可以是功能的直接反转，也可以是功能提供方式的反转，如利用保温瓶（保热）装冰（保冷）。

③ 过程相反：如吹尘与吸尘。

④ 位置相反：如改变野生动物园中人和动物的位置。

⑤ 因果相反：这是指通过改变已有事物的因果关系来引发创意和解决问题的新思路。原因与结果反转即由果到因，如数学运算中从结果倒推原因，以检查运算是否正确。

⑥ 程序相反：如科学假设与实验验证。

⑦ 观念相反：如从大而全到专门化，从以产定销到以销定产。

⑧ 结构相反：这是指从已有事物的相反结构形式去设想新的技术发明和解决问题的思路。

（2）问题转换法。

物理学中对于一些看不见、摸不着的现象或不易直接测量的物理量，通常用一些非常直观的现象去认识或用易测量的物理量去间接测量，这种研究问题的方法称为“问题转换法”。问题转换法在保证效果相同的前提下，将不可见、不易见的现象转换成可见、易见的现象，将陌生、复杂的问题转换成熟悉、简单的问题，将难以测量或难以测准的物理量转换为能够测量或测准的物理量。初中物理在研究概念、规律和实验中多处应用了这种方法。

问题转换法的特点是可以把复杂的问题简单化，把有困难的问题转化为容易解决的问题，从而使问题得到最终解决。要实现转换，一定要了解事物之间的相互转换关系，只有洞察关系才能进行适当的转换。

（3）缺点逆用法。

缺点逆用法是对某一事物所有的缺点不是单纯地逃避或克服，而是通过一定的手段巧妙地加以利用的一种方法。

采用缺点逆用法，必须深刻认识事物的缺点及缺点转化的条件，然后创造条件使缺点转化为优点。缺点逆用法不仅克服了事物的缺点，而且利用了缺点，但是缺点的逆用需要一定的技术条件。

（六）创造需求法

1. 创造需求法的定义

创造需求法是指寻求人们想要得到的东西，并给予他们想要得到的东西以满足他们需求的一种创新方法。

人们需要什么是非常难以捉摸的，如果找到了这一需求，尤其是当有这种需求的人很多时，就可以取得了不起的成就。创造需求的关键，就是要将人们内心模糊的希望和能消除不满的东西具体化。

2. 创造需求法的类型

（1）观察生活法。

只要留心自己和他人在日常生活中的不便、不满和希望，就会发现创新的机会。例如，英国有位叫曼尼的女士，她的长筒丝袜总是往下掉，上街或上班时，丝袜掉下来是很尴尬的事情。她询问了许多同事，她们也有同感。面对大家的需求，她灵机一动，开了一家专售不易滑落的袜子的店，大受女顾客的青睐。后来，曼尼设在美、日、法 3 国的袜子店多达 120 多家。

做一个善于观察生活和捕捉机遇的有心人，并将日常观察与自己的创新意识结合起来，一定可以成就一番事业。

（2）顺应潮流法。

顺应潮流法是指顺着消费者追求流行的心理来把握创新机遇的方法。生活中有很多新潮流，新的生活潮流使人们产生了种种希望和需求。观察社会，适应社会需求，遇到什么问题就研究什么问题，就能推出顺应潮流的产品。

住高楼大厦的人越来越多了，擦玻璃就越来越困难了，一不小心就会发生伤亡事故。为解决这一问题，日本企业制造了一种安全玻璃擦拭器。这种擦拭器能在室内将室内外的玻璃擦拭干净，既安全又省时。它由两块磁铁和含有清洁剂的泡沫塑料擦板组成。当两块擦板隔着玻璃互相吸引时，只要移动里面的擦板，外边的擦板就随之将玻璃擦干净了。

（3）艺术升格法。

对一些市场饱和的日用消费品进行艺术嫁接之类的深加工，以此提高产品的档次、形象和身价，以求在更高层次的消费领域里拓展新的市场的方法称为艺术升格法。

蔬菜水果，是无地不产、货多价贱的东西。而一些手艺人在平凡无奇的西瓜上雕刻了各种各样的喜庆吉祥的图案后，这样的西瓜立即就变成了抢手货。在成都，有一段时间萝卜滞销，后来出现萝卜雕花热，将红、白萝卜雕成牡丹、芍药、茶花、桃花等花样，并点染得五颜六色，插上青枝绿叶，十分新颖，萝卜销售立即转热。

（4）引申需求链条法。

一种新产品诞生后，有可能带动若干相关或类似产品的出现，这种现象叫作“不尽的链条”，它表明产品需求具有延伸性。找出某一产品的延伸性需求进行创新活动，就是引申需求链条法。卖花草鱼鸟的地方，必有卖花盆、鱼缸、鸟笼的。反过来，从“生意经”角度来讲，别人卖鱼，我就卖鱼缸；别人卖花，我就卖花盆；别人卖油，我就卖油桶。这种引申需求比较直观，有些需求则需要认真调查研究一番才能引申出来。创新者可以顺着“不尽的链条”获得很多新设想、新创意。

（5）预测需求法。

预测需求法是指通过预测未来市场需求，积极提前准备，在需求到来时能满足需求的创新技法。未来的需求，潜伏在人们的心底里，不显山不露水，它在等待时间的推移和市场的变化。谁善于在浩如烟海的信息海洋中分析和预测出人们未来的消费需求，谁就能事半功倍地赢得市场和效益。可以用调查研究的方法，对各种各样的信息进行分析与预测，预见未来。

例如，20 世纪 80 年代初，18 英寸彩电在我国城市成为抢手货，14 英寸彩电滞销。全国众多彩电厂家都转向生产 18 英寸彩电，致使 14 英寸彩管大量积压。这时长虹公司却独具慧眼，认定 14 英寸彩电将在农村大有市场。他们果断地买回大批 14 英寸彩管，继续生产这种规格的彩电，结果正如事前所料，他们的产品在农村十分畅销，经营规模迅速扩大。

【拓展活动】

一、右脑开发训练

加强脑功能训练能激发大脑的活力。以下几种方法简便易行，如能持之以恒，定能有所获益。

（1）左手书写。

人们习惯用右手写字，这时左脑主管着书写过程。为了开发创新创造能力，脑科学家主张用左手写字。左手写字是强化右脑功能的一种简单有效的方法。请用左手书写一段文字。

(2) 左侧体操。

由于右脑负责左侧身体的运动，因此左侧体操与左手写字一样，能够促进右脑的活动，有利于右脑能力的提高。

① 左手后伸的手指运动。左手向后伸出，用拇指依次与食指、中指、无名指、小指的指端循环往复接触。

② 左侧的腿、手臂对旋运动。右腿独立，左腿抬起，小腿下垂向内旋转。同时左臂抬起，左臂下垂并向与小腿旋转的相反方向旋转。旋转数圈后，腿与左臂再同时变换方向对旋。

③ 左腿向左抬起运动。立正，目光前视，双手叉腰，重心放在右脚，左脚向左侧提起，腿伸直，尽量与地面平行，然后复原。

以上动作每次做10～20遍，每天早晚各一次，每次约5分钟。

(3) 右脑训练游戏。

① 左手猜拳。两人对练，用左手进行“石头、剪刀、布”的游戏。

② 左脚拨石子。在地上画两个同样大小的圆圈，每个圆圈中都放入同样数量的小石子。两人同时提起右脚，用左脚将石子拨到另一个圈内，先完成者为胜。

(4) 左右脑协调训练法。

人的右脑是创造性思维的发起者，但创造过程的完成也需要左脑的参与，左右脑合作得不好，会影响创造性思维的开发。在开发右脑时，不能忽视左右脑协调训练。

① 打字练习。打字需要左右手高度协调，输入汉字时，要将汉字拆成字根，主要由左脑完成；还需要将字根转为英文字母，再将它们组合在一起，一般由右脑完成。因此，打字练习能使左右脑得到不断协调的训练。

② 乐器练习。无论是弹奏乐器、吹奏乐器还是打击乐器，都需要左右手的高度协调，所以它和打字练习一样，也是协调左右脑的一种有效的训练方法。

(5) 审美意识的早期培养法。

审美意识的培养越早进行越好。审美意识的早期培养可以作为一种潜意识储存在右脑中，使人的思维和谐、流畅。音乐也是一种形象思维，学生在做作业时，如果播放一些音量低、节奏慢的音乐，不仅不会干扰学习，而且能使擅长形象思维的右脑在潜意识状态下，与正在进行逻辑分析的左脑相互配合，使左右脑保持高度协调，增强两者的协调能力。

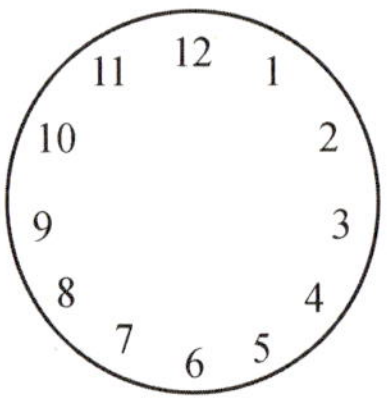

图 1-8 钟面示意图

(6) 分钟面。

请把如图1-8所示的钟面分成6部分，使每一部分含两个数字，并且每部分内两个数字之和相等。然后再用两条直线把钟面分开，使每部分内数字之和相等。

（7）摆椅子。

舞会的主人想把客厅内的座位安排得合适些，如果客厅是正方形的，怎样才能把10把椅子都靠墙放，并且使每边墙的椅子数相等？

（8）设计方案。

图1-9是一个新装置的设计方案示意图。请把它分成相同的4个部分，使每个部分含2个菱形框和1个正方形框。

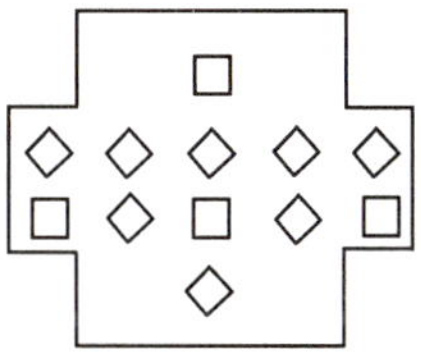

图1-9　设计方案示意图

（9）暗藏的三角形。

在图1-10中，你能数出多少个三角形？

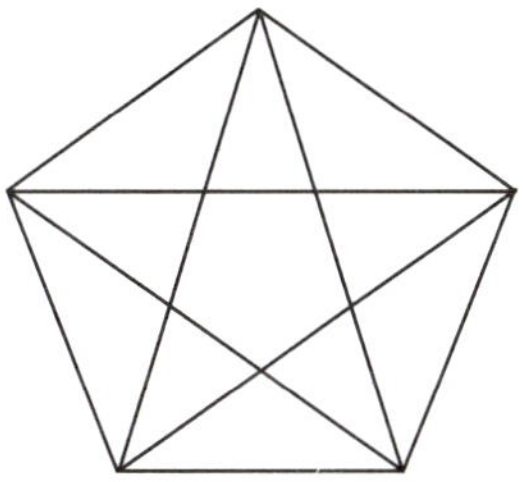

图1-10　结构示意图

（10）分田地。

一位老农有一块田地，形状如图1-11所示，要把它分给4个儿子，且每个儿子所分得的土地大小、形状都要相同，应该怎样分？

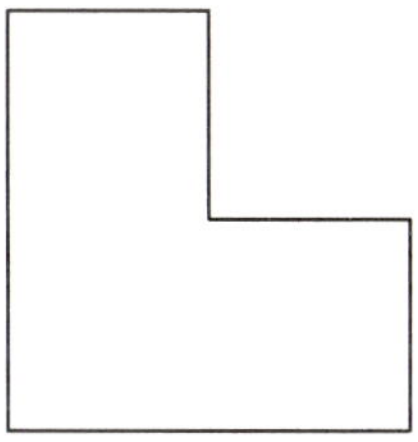

图1-11　田地示意图

二、运用列举法解决问题

可以1人，也可以由10人以内的小组集体进行，坚持“推迟评判”原则，提出的设想越多越好。每次1小时左右。如果课题复杂，可把内容分成若干部分，分几次进行。集体训练时，应有一位善于组织领导、有幽默感的人担任主持人。对列举的希望点和提出的改进措施及时记录。提倡在既有时间压力又轻松自如的氛围下进行研讨。

另外，如果在讨论中对某一主题提出了50个以上的希望点，应停止当天的讨论，第二天再继续进行，这样可以由前一天提出的希望点唤起新的联想，第二天有可能提出更好的设想。如果碰到专业以外的问题，应向专家请教，以便发现更好的设想。

（1）运用列举法，提出改进眼镜的设想。

希望点：____

改进设想：____

（2）对本地区电视台的栏目开设及建设提出希望点与改进设想。

希望点：____

改进设想：____

（3）就本课程训练中的趣味性要求，提出希望点和改进设想。

希望点：____

改进设想：____

（4）本单位经营管理（企业可细分为销售管理、资产管理、人事管理等专题，学校可分为教学管理、学生管理等专题）应怎样改进？

希望点：________

改进设想：________

【思考题】

1. 什么是创新？创新的特征有哪些？
2. 创新一般要经历哪些阶段？
3. 创新的基本类型有哪些？
4. 什么是创新意识？如何培养创新意识？
5. 什么是创新思维？它有哪些特征？
6. 什么是创新能力？
7. 常用的创新方法有哪些？

第二章　创业与创业风险

【导学案例】

把“光盘打卡”推向国际舞台，斜杠青年的低碳创业实践

“95 后”青年柳济琛已经习惯了在他的名字后面打上多道斜杠：清华大学毕业生/创业公司 CEO/“光盘打卡”创始人/联合国可持续发展目标青年领袖……

促使他一步步走上国际舞台的，是“盘子里的事儿”。

与大多数创业者的经历类似，柳济琛的创业想法源于偶然。2016 年，还是土木系学生的他发现学校食堂是食物浪费的“重灾区”，盘子没“光”，食物就成了“丑食”。于是，他召集 100 余位同学开了个“丑食派对”，号召大家把“丑食”带到派对上，一起烹饪。

“当时我还没有详细了解食物浪费或是气候变化的问题，只是觉得这个活动很新颖，大家反馈也蛮好，对于参与者来说，是绿色生活方式的启蒙。”柳济琛说道。

实际上，“光盘打卡”也是他接触绿色经济的启蒙。2018 年世界粮食日当天，“光盘打卡”微信小程序上线，作为全球首款基于 AI 识别来减少食物浪费的产品，用户可以通过分享自己的“光盘”行动兑换奖品。从那时起，节约粮食以一种更酷的形式从书本走向年轻人热衷的社交媒体。

“平台也是解决社会问题的一种方式，我们扩大用户规模，也是希望能带动更多人加入减少食物浪费的行列。”柳济琛说道，从 2019 年开始，变化以“肉眼可见”的速度发生：“光盘”这个词越来越多地被提及，打卡的用户量逐渐增多，父母开始理解并支持他将绿色经济作为自己的事业。

2020 年 9 月，中国在第七十五届联合国大会上明确提出，力争 2030 年前二氧化碳排放达到峰值，努力争取 2060 年前实现碳中和目标。那一年，“光盘打卡”的用户数一下增长了十倍。

2021 年 10 月 24 日，《中共中央　国务院关于完整准确全面贯彻新发展理念做好碳达峰碳中和工作的意见》发布。彼时，“光盘打卡”已不再局限于盘子里的事儿，还拓展到了老人爱心餐、边远地区青少年免费午餐等。

截至目前，“光盘打卡”总用户数接近900万，参与光盘打卡次数累计达到8 100万，根据碳排放核算法则，相当于减少食物浪费3 100吨，减少碳排放11 000多吨。

柳济琛介绍，2022年“环境日”前后，他的团队在“光盘打卡”的基础上再次升级，正式发布了“低碳驿站”平台，包括光盘行动、绿色回收、绿色消费等低碳行为都可在平台上打卡并获得碳积分，用碳积分换取福利。平台发布两周内，吸引了约20万人参与。

此外，他的团队入选了联合国世界粮食计划署全球创新创业孵化器名单，让平台走向了国际，为全球的食物浪费及粮食安全问题贡献解决方案。

根据联合国世界粮食计划署发布的《饥饿热点——世界粮食计划署和粮农组织关于突发性粮食不安全的早期预警》报告，由于冲突、气候冲击、新冠肺炎疫情和大规模公共债务负担的影响，多重粮食危机正在逼近。2022年6月至9月，20个饥饿热点地区的突发性饥饿状况预计将恶化。

“气候变化、可持续发展、粮食安全，这应该是全球的青年人共同关注的话题。”柳济琛表示，全球的青年都可以凝聚在这面旗帜下，发出声音，为可持续发展贡献力量。

绿色经济为柳济琛的创业带来了机遇，他也想将这扇发展的大门打开。“做一个解决方案的提供者，以类似开源的形式将‘光盘’方案和技术推向国际，真正发挥更多人的力量去解决食物浪费的问题。”柳济琛说。

第一节 创业概述

【案例拓展】

李彦宏的成功

在很多投资行业人士的眼中，李彦宏的成功是不可复制的。他是互联网创业大军中的幸运儿，成功地创建了百度这样被广泛使用的搜索引擎。

东方富海投资管理公司合伙人梅健说：“客观地说，李彦宏具备了创业企业家所需要的特点，走的又是一条相对容易的路，时机抓得也不错，再加上一点好运气，所以百度能成功。”他用一句话总结李彦宏的创业经历，即“有准备的人，有理想的人，再加上一点好运气”。

细细探寻李彦宏的创业经历，不难发现偶然之中的必然。

创业前的充足准备。从1995年起，李彦宏每年都要回国进行考察，看看大家在关注什么，直到1999年，李彦宏看到大家的名片上开始印电子邮箱，他断定互联网在中国成熟了，大环境可以了。至于小环境，李彦宏觉得存折上的钱也差不多——就算是两三年一分钱挣不到，也可以保证全家过正常的生活。于是，李彦宏辞职创业。

选准方向。李彦宏创业时，美国IT界最火的是电子商务，很多人都在往这辆“疯狂大巴”上挤。但是，李彦宏对搜索情有独钟，这源自他对搜索的深刻理解。当时，李彦宏已经跻身全球最顶尖的搜索引擎工程师行列，拥有“超链分析”技术专利，而这是奠定整个现代搜索引擎发展趋势和方向的基础发明之一。所以创业时他没有随大流，而是选择自己熟悉的行业，在当时尚少有人问津的网络搜索领域耕耘。

专注，只做搜索引擎。互联网里热点不断，短信、游戏，不少人赚得盆满钵满，而李彦宏只做一件事——搜索。他说：“在今后的若干年，百度也将只在搜索领域发展。”李彦宏的专注还表现在他对收购等外在诱惑的拒绝上。当年，谷歌（Google）提出收购百度，被李彦宏拒绝，最后，谷歌只好以500万美元的价格收购了百度部分股份。试想，如果当初李彦宏面对收购邀约摇摆，把百度卖掉，哪会有今天的李彦宏？

商务判断力。早在1998年，李彦宏在自己撰写的《硅谷商战》中分析总结道：技术本身不是唯一的决定性因素，商战策略才是决胜千里的关键；要允许失败；让好主意有条件孵化；要容忍有创造性的混乱；要有福同享。

要有足够的热爱和激情。在百度做得风生水起的时候，李彦宏也乐于与大家，尤其是年轻人，分享他的创业经验。他认为，创业绝对不会一帆风顺，如果没有足够的热爱和激情，创业者很难坚持下去。他说：“先确保你对这个事业的热爱和激情，然后再创业。”

对于如何争取投资，李彦宏认为关键是摆正位置，有自知之明。“核心概念就是摆正位置，管理者不过是给大家提供一个好的工作环境、氛围，让有才能的人愉快充分地发挥潜力创造。”他告诫跃跃欲试的年轻人：“一定要有向前看两年的眼光。跟风、赶潮流，你吃到的很可能只是残羹冷炙。另外，不要过早地追求盈利，因为过早地实现盈利就是在大量地缩减对技术的投入，而一个创新公司在技术上一定需要大规模地投入。这样才能使自己在技术上一直处于领先甚至垄断的地位。而这种领先在今后一定会带给企业大的回报。牺牲企业的长远利益选择盈利，是不理智的行为。”

【思考与讨论】

（1）李彦宏创业为何能取得成功？

（2）真正的创业成功者需要具备哪些素质？

一、创业的含义

创业，顾名思义就是创立一番事业。创立，是指从无到有的创造性工作；事业，是指一个人一生要做的自己认为最能体现自身价值的事情。创业的核心内容就是一种以创造自我人生价值为驱动的行为，也就是一个人利用自己掌握的知识、技能、信息、资源，建立实体的或者虚拟的平台，通过这个平台整合资源，进行创造与再创造的活动。

创业有广义和狭义之分。广义的创业是指社会生活各个领域的人为开创新的事业所从事的社会实践活动，其突出强调的是创业者在社会实践中所体现的一种特定的精神、能力和行为方式。狭义的创业是一个经济学的范畴，是指创业者以创造价值和就业机会为目的而创办企业。创业的内涵极为丰富，我们谈创业时应该更多地从广义的角度去理解。

二、创业的类型

按照不同的划分标准，可以将创业分为不同的类型。

（一）根据创业者的数量分类

根据创业者的数量，创业可以分为独立型创业和合作型创业。

（1）独立型创业，是指创业者独立创办属于自己的企业。这里的独立，既指产权属于创业者独有，企业无论大小决策都由创业者自己做出，也指在创业过程中的一切风险都要由创业者独自承担。此类创业的优点是创业者获得最大利润且决策迅速，缺点是企业发展更多地受到创业者个人素质的影响，甚至企业成功与否也由创业者的能力大小来决定。

（2）合作型创业，是指两个或两个以上的人共同创办企业。与独立型创业恰好相反，它的优势在于能够发挥集体的智慧和力量，风险也不必由个人承担；缺点在于拥有决策权的人较多，权力互相制衡，决策速度慢。

（二）根据创业者的创业动机分类

根据创业者的创业动机，创业可以分为生存型创业与机会型创业。

（1）生存型创业，顾名思义，就是创业者为了解决生存问题而从事的创业活动。在这个创业过程中，创业者属于被动创业，实属无奈之举。他们并不创造新的市场机会，而是在现有的市场中寻求创业机会。此举会进一步加剧市场竞争，很难将企业带向成熟。

（2）机会型创业，是指创业者并不是为了谋生，而是为了追求某一个商业机会进行的创业活动。机会型创业不以现有的商品或服务为创业目标，而是着眼于新的市场机会，或创造潜在的市场需求。这样不仅能够满足自身发展的需求，还能在一定程度上缓解社会的就业压力。

（三）根据创业项目的性质分类

根据创业项目的性质，创业可以分为传统技能型创业、高新技术型创业和知识服务型创业。

（1）传统技能型创业，指利用传统技术和工艺进行创业的项目。一般情况下，既然是传统的，就是经过时间考验和淘洗而经久不衰的，具有永恒的生命力和艺术魅力。尤其是那些与人们的生活密切相关的行业，更是具有极强的竞争优势，如中医中药、食品加工、美发等行业。

（2）高新技术型创业，指以高新技术为依托进行的创业。它的特点是知识密集、技术密集。创业所需的关键技术极难开发，且资金投入较大，但只要开发成功，就具有较高的经济效益和社会效益。

（3）知识服务型创业，指为人们提供知识和信息来创业的项目。在这个知识大爆炸的时代，知识更新换代的速度越来越快，以知识咨询为主的机构将会越来越多，且越来越完善。这类创业的特点是启动资金少、获得收益快，且回报高，如会计师事务所、专业的服务性网站。

（四）根据创业方向或风险分类

根据创业方向或风险，创业可以分为依附型创业、尾随型创业、独创型创业和对抗型创业。

（1）依附型创业，此类创业分为两种情况。一种是将企业的经营活动嫁接在某个大企业或集团之上，成为其生产链条的一部分。如一个汽车制造厂需要零部件，创业者投资创办一个生产该零部件的工厂就属于依附型创业。另一种是使用特许经营权或连锁加盟的形式，如麦当劳。这种形式的创业经营风险较小，在一定程度上提高了创业成功的可能性。

（2）尾随型创业，即在创业过程中无论是产品的生产还是经营管理模式，都仿照市场上现有的同类产品，没有自主创新。这种创业模式属于稳扎稳打的经营策略，在创业之初只解决企业的生存问题，随着企业的发展成熟，再进一步将企业做大做强；而且不求在市场上独占鳌头，只求有生存空间即可。

（3）独创型创业，指企业所提供的产品或服务是目前市场上没有的，能够填补市场在某一方面的空白。无论是填补商品或服务的空白，还是在现有商品上进行技术革新，都属于独创。独创型企业的兴起给人们的生活带来了一定的便利，人们对其依赖性也越来越强。但是，这些企业在创业之初都要面临巨大的风险，因为人们对新事物有一个接受的过程，这个过程的长短是很难预料的，即商品或服务被市场接受的时间有不确定性。但是，只要它被消费者接受了，就会有鲜活的生命力，拥有强大的竞争力。

（4）对抗型创业，指某个企业已经在成熟的市场上形成垄断地位，创业者选择进入市场与之对抗。这种类型的创业要承担的风险是最高的，要求创业者自身有较强的能力素质，能够承受巨大的心理压力，还要能够知己知彼，及时而准确地抓住市场机遇，突出自己的优势。例如，号称“一站式购物”的大型百货公司，商品、人气、资金都远超其周边的小商店，小商店要想在其影响下生存下来就要依靠自己的特色。

总之，创业类型有很多种。大学生在选择创业时，要根据自身的条件和所处的实际环境选择适合自己的类型。

三、大学生创业的意义

随着高等教育从精英教育向大众教育的转变，高校毕业生的就业形势日益严峻，特别是最近几年，受新冠肺炎疫情影响，“史上最难就业季”之难更甚于前。在这样的社会大背景下，大学毕业生创业具有很重要的现实意义。

（一）有利于缓解大学生就业压力

大学生创业有利于解决大学生就业难的问题。创业能力是一个人在创业实践活动中自我生存、自我发展的能力。一个创业能力强的大学毕业生不但不会增加社会的就业压力，相反还能通过自主创业活动来增加就业岗位，以缓解社会的就业压力。为此，国家各级党政部门纷纷把鼓励和支持高校毕业生自主创业作为化解当前社会就业难的主要政策之一。

（二）有利于实现大学生自我价值

大学毕业生通过自主创业可以把自己的兴趣与职业紧密结合，做自己最感兴趣、最愿意做和自己认为最值得做的事情，在精彩纷呈的社会舞台上大显身手，最大限度地发挥自己的才能，并获得合理的报酬，实现自己的人生价值。

（三）有利于提高大学生自身素质

在提高大学教育管理水平与大学生素质的各类探索实践中，大学生创业无疑是最经济、最有效的办法之一。通过创业实践，大学生可以充分调动自己的主观能动性，改变自身就业心态，自主学习，独立思考，并学会自我调节与控制。也只有这样，大学生创业才能成功。一个能自我学习、懂得如何管理自己的时间与财务、善于拓展人脉关系，并主动调适工作心态，积极适应社会的大学生，其自身素质也会在创业过程中不断提高。

（四）有利于培养大学生创新精神

创新是一个民族进步的灵魂，是一个国家兴旺发达的不竭动力。青年大学生作为中国最具活力的群体，如果失去了创造的冲动和欲望，那么中华民族最终将失去发展的动力。大学生的创业活动有利于培养他们勇于开拓创新的精神，把就业压力转化为创业动力，培养出越来越多的各行各业的创业者。美国作为世界最发达的国家，其大学生的创业比例一直在20%以上。美国前总统里根曾说，一个国家最珍贵的精神遗产就是创新，这是国家强大与繁荣的根源。中国的未来在于大学生，中华民族的精神永恒则在于大学生旺盛的创造力与创新追求。

总之，大学生创业不仅可以促进知识成果向生产力的转变，推动社会财富的增加，也有利于大学生的长远发展。

四、创业和创新的关系

（一）创业与创新本质的一致性

虽然创业与创新是两个不同的概念，但是它们之间存在本质上的一致性：内涵上的相互包容和实践过程中的互动发展。创新是创业的基础，而创业推动着创新。

创业和创新在本质上具有一致性，即都具有“开创”的性质。创新一般指理论、思维方面的创造活动，是整个创造活动的第一阶段；创业是实践活动中的创造，是创新思维理论和技法的应用与现实体现，属于创造活动的第二阶段，也是创新的终极目的。

（二）创业与创新的关联性

将创新的思想或成果用于产业或事业中，开创新的领域或新的局面，就是创业。创新重视的是所得到的结果，而创业不仅重视可能得到的结果，还重视其结果实现的条件，即创业比创新更加关心结果的可实现性及可能带来的经济效益。创业是具有创新精神的个体与有价值的商业机会的结合，创业的本质是创新，是变革。人类社会不断发展，科技不断进步，社会分工越来越细，这是发展的必然。分工越细，产生的行业就越多，专业化的岗位也会更多，这就需要人们不断利用创新精神提升创业能力，才能跟上时代的步伐。

（三）创业与创新的相互作用

创新是创业的本质与源泉。创业者只有在创业的过程中保持持续不断的创新思维和创新意识，才可能产生新的富有创意的想法和方案，才可能不断寻求新的模式、新的思路，最终获得创业的成功。

创新的价值在于创业。从一定程度上讲，创业者的价值就在于将潜在的知识、技术和市场机会转变为现实生产力，实现社会财富的增长，造福人类社会。而实现这种转化的根本途径就是创业。创业者可能不是创新者或发明家，但必须具有能发现潜在商机的能力和敢于冒险的精神；创新者也并不一定是创业者或企业家，但是创新的成果则须由创业者推向市场，使潜在的价值市场化，创新成果才能转化为现实生产力。这也从侧面体现了创新与创业的相互关联性。

创业推动并深化创新。创业可以推动新发明、新产品或新服务的不断涌现，创造新的市场需求，从而进一步推动和深化各方面的创新，因而也就提高了企业或整个国家的创新能力，推动经济的增长。

第二节 创业活动的一般过程与注意事项

【案例拓展】

郭长鑫——青春梦想，在乡村悄然绽放

郭长鑫，男，1988 年 4 月出生，中共党员，江苏省连云港市赣榆区（原赣榆县）墩尚镇郑庄村党支部书记、赣榆县长鑫渔具有限公司总经理。2012 年 2 月，在省市县各级组织部门和地方党委政府的鼓励扶持下，他自主创办了赣榆县长鑫渔具有限公司，总投资 560 万元，占地面积 11 亩，公司年产值 1 800 万余元，为村里解决了百余名村民的就业问题，使村里的 16 户困难群众脱贫致富奔小康，并且带动当地 12 户村民兴办渔网加工厂。郭长鑫先后获“全国十佳村民贴心人”“江苏好青年”“江苏最美新型青年农民”“江苏省优秀大学生创业者”“连云港市农村青年致富带头人”“连云港市第五届十佳大学生村干部”“全国农村青年致富带头人标兵”称号，成为新时代新农民的典范。

一、从校园到乡村，心系桑泽真情不悔

郭长鑫 2011 年 6 月从江南大学太湖学院毕业后，不顾家人和亲戚的极力反对，放弃留校任职的机会，毅然踏上了赣榆老家农村这片广阔的土地。在他心里，始终怀揣一个回报家乡、扎根基层、奉献乡亲的梦想。

刚到村时，不少村民都大吃一惊：刚毕业的大学生回到农村当村干部，能干得好吗？面对群众的质疑和不屑，不服输的他没有气馁，暗下决心一定要深入群众。他走访了全村 496 户村民，了解他们的生产生活情况。为村民申请低保、报销合作医疗、办理身份证、交水电费等，郑庄村的便民服务中心、村民家中、河渠旁、田地间无不有他忙碌的身影。郭长鑫积极为群众服务，时间长了，与村民的沟通和交流多了起来，群众对他逐渐信任了，他也更坚定了当初扎根基层的选择。

二、从点滴到河流，推动发展矢志不渝

到村任职以来，村里的大小事务郭长鑫都亲力亲为。一是作为郑庄村远程教育站点管理员，定期组织村民参加远程教育培训，提高村民的素质和技能。二是发挥好农家书屋的作用，对所有图书统一编号，做好图书的借阅、登记工作，积极引导村民阅读图书。三是全力落实好相关业务工作，认真抓好医保、社保扩面及低保、五保的资料采集和建档工作，为人大选举做好服务工作，参与郑庄村脱贫奔小康工作，参与创建“美丽乡村”行动、秸秆禁烧、美国白蛾防控、防汛抗旱等工作。

郭长鑫所在的郑庄村属于经济薄弱村。针对村内基础设施薄弱的情况，他积极向上级部门申请资金，并借助一事一议奖补政策筹集资金，帮助村内新建了下水道，改造了危桥，更新了电灌设施，安装了路灯……现在，村里的基础设施不断完善，村民的生产生活条件得到了极大的改善。郭长鑫作为一名村党总支书记，获得了群众的认可与拥护。

三、从梦想到现实，创业富民痴心不改

（一）身在基层，萌生创业富民梦想

通过深入走访调研，他发现村民的生活来源主要是传统的种养业和外出打工，收入水平较低。作为村里的带头人，看到村里落后的面貌，他萌生了创业富民的念头。

赣榆区是个渔业大区，绳网加工拥有得天独厚的资源优势，于是他决定选择劳动密集型产业——渔网加工业。在组织部门的帮助下，他从银行贷款 70 万元，解决了创业的资金难题。在充分的市场调研后，他写出了厚达 40 多页的创业实施方案，得到了镇党委政府的肯定和支持。土地批下来了，之后就是厂房建设、购置机器和人员招聘等紧张而又烦琐的一系列事情。这些对于独自创业的郭长鑫而言，可谓苦不堪言！那段时间，他一直都失眠、低血糖，甚至连视力也下降了，大事小事都得他自个扛着。不经一番寒彻骨，怎得梅花扑鼻香。占地 11 亩的渔网厂，只用了 45 天就完成了主体建设。那段时间，郭长鑫除了吃饭、睡觉，所有时间几乎都是守在工地里头。45 天，他足足瘦了 8 斤。给他巨大精神支柱的，是李开复的自传——《做最好的自己》！

（二）敢想敢干，阳光总在风雨后

阳光总在风雨后，郭长鑫的付出最终得到了回报。公司开业后，一切出乎意料地顺利：生意红红火火，订单也接踵而来。郭长鑫主打诚信和产品质量牌，这是他最简单也是最务实的理念。刚开始，有个常州的客户，需要做一批出口澳大利亚的农业网具。当时供货商们可谓挤破门槛，竞争激烈。凭着初生牛犊不怕虎的精神，郭长鑫愣是“截”下了这个单子。他跟人家保证，先不要定金，直接用快递把样品寄过去“验身”。他靠诚信和质量打响了这一炮，最终，该客户和郭长鑫签了一份 15 万元的订单。从那以后，公司的订单总是排满了日程。

（三）甘于奉献，助推村民小康梦

在企业获得丰厚利润的同时，郭长鑫没有忘记村里群众渴望致富的目光，尤其是村里的困难户。他时时都在关心这些贫困户的生产生活情况：19 岁的王勇才，父母是地道的农民，收入微薄，作为独生子的他，必须承担养家的重任。但只有职高学历的他，在就业的道路上处处碰壁，举步维艰！寇大婶与丈夫离异，自己带着两个孩子生活，大女儿没工作，还得供小儿子读初中，生活可谓极其困难！……了解到这些情况后，郭长鑫果断地将王勇才和寇大婶两人安排到企业务工，现在他们每人每月都可以拿到 2 000 元左右的工资，给他们贫困的家庭生活提供了有力的资金支撑和帮助。像王勇才和寇大

婶这样的困难群众，郭长鑫先后帮助进厂就业的有16户，给了他们奔向小康生活的希望！

郭长鑫创业赚了钱，虽然一些村民看了眼热，但是有勇气去试一试的人很少，这让郭长鑫看在眼里，急在心上。他创业的初衷并不只是为了个人财富的累积，而是希望带动更多的老百姓去创业，让大家共同富裕起来。想到这里，郭长鑫决定亲自登门劝说，向他们提供经验，并把自己的市场信息无偿提供给他们。对于资金困难的村民，他亲自带他们到当地的银行协调贷款。就这样，功夫不负有心人，村里十余户村民也都搞起了渔网加工，这些村民在自己富了的同时，还解决了留守妇女和剩余劳动力就业的难题，使村民在家门口就业掘金。今天，只要提起郭长鑫，村民们都会竖起大拇指，由衷地称赞，说他在村里带了好头，竖起了一面富民强村的旗帜！

谈到村干部的感受和未来，郭长鑫说："既然选择了基层，选择了农村，我就无怨无悔，我就是要在农村这片广阔的舞台上演绎好新农村建设的这场戏，不管今后如何，我只想走好现在的路。我将继续踏实工作，努力做一名'先强先带'型大学生村干部，为建设新农村和更高水平的小康社会再续佳绩，再创辉煌！"

【思考与讨论】

（1）郭长鑫的创业故事给了你哪些启示？

（2）郭长鑫创业成功的因素有哪些？

（3）大学生创业有哪些优势？又有哪些劣势？

（4）谈一谈你对创业的认识。

一、创业活动的阶段

作为一名创业者，要创建一个新的企业或发展一个新的经营方向，在创业过程中通常要经历发现和评估市场机会、准备和撰写创业计划书、确定并获取创业所需要的各种资源、管理新创事业4个阶段。

（一）发现和评估市场机会

创业者初创企业的动力往往是发现了一个新的市场需求，或者发现市场需求大于市场的供给能力，或者认为新产品能够开启新的市场需求。但是，这样的市场机会并非只有创业者自身认识到了，其他竞争者也许同样准备加入这个行列。因此，并不是每个市场机会都需要付诸行动去抓住，而是应当评估这个机会所能带来的回报和风险，评估这个市场机会所创造的服务或产品生命周期，评估它能否支持企业长期获利，或者能否在适当的时候及时退出。

（二）准备和撰写创业计划书

创业计划书是说服自己，更是说服投资者的重要文件。不仅如此，创业计划书使创业者深入地分析目标市场的同时，也将迫使创业者认真分析创业过程必须获得的创业资源，了解自己已经获取的资源、需要获取的资源以及获取这些资源的途径和方法，使创业者在创业之前对整个创业过程进行有效的把握，对市场机会的变化有所预警，从而降低进入新领域所面临的各种风险，提高创业成功的可能性。

（三）确定并获取创业所需要的各种资源

创业者需要对创业资源区别对待，对与创业紧密关联的资源要严格控制和使用，使其发挥最大价值。对于初创企业来说，掌握尽可能多的资源有益无害。当然，还有一个问题是如何在适当的机会获得所需资源。创业者应有效地组织交易，以最低的成本和最少的控制来获取所需资源。

（四）管理初创事业

从企业发展的生命周期来说，初创企业需要经过初创期、早期成长期、快速成长期和成熟期几个阶段。在不同阶段，企业的工作重心有所不同。因此，创业者需要根据企业成长阶段的不同特点来采取不同的管理方式和方法，以有效地控制企业成长，保持企业健康发展。例如，在初创期和早期成长期，创业者直接影响着初创企业的命运，集权的管理方式灵活且富有效率；而到快速成长期和成熟期，分权的管理方式才能使企业获得稳步的发展。

二、大学生创业需要理性

近几年，伴随着风险投资、互联网和电子商务等在中国的发展，以及政府一系列扶持政策的出台，一批批创业领袖和高科技企业在这个创业时代中诞生。许多大学生梦想走上从创业者到企业家的成功之路，例如，先有华南理工大学某学生休学炒股，后有广东工业大学某学生休学当总裁，这些事件反映出大学生自主创业热情高涨。然而，由于大学生创业者缺少工作经历和管理经验等，面对市场的风云变幻和激烈竞争，高校学生创业不仅需要知识和能力的储备，还需要以理性来引领创业的全过程。

（一）自主创业不等于赚钱快

一提起大学生创业，很多人都会想到比尔·盖茨。比尔·盖茨当年从哈佛大学中途退学创办微软公司的传奇经历，确实激发了很多大学生创业的热情，而且现在的互联网也给大学生提供了很多的创业机会。大学生虽然有激情，但没有资本和经验，他们创业的成功率并不一定会比别人高。要提高创业的成功率，就需要付出更多的努力，拥有比别人更多的专业知识，同时也要认识到，自主创业不等于赚钱快。

（二）网络创业并非容易成功

许多大学生创业者认为，互联网是一个自由、公开、透明的平台，在互联网上创业投资少，更符合大学生创业没有资金的现状。因此，IT 行业成为许多大学生创业的首选。然而，据了解，大学生创业的成功率极低，而互联网中的许多小公司又被认为是“烧钱”的行业，在这样的创业背景下，IT 行业的大学生创业之路还是很难走的。创业需要热情，但更需要恒心、耐心和冷静的思考。在不利的市场环境下，更应该考虑增加收入、节约成本，脚踏实地、勤勤恳恳、一步一步地把公司从一个台阶推向另一个台阶。

（三）先就业还是先创业

大学生创业和社会人士创业，面对的环境是一样的，成功的机会也是一样的。但在创业的过程中，大学生创业要比社会人士面临更大的困难。

调查显示，大学生创业遇到的困难，59% 在于缺少启动资金，26% 在于缺少专业经验，11% 在于缺少人脉关系，2% 在于缺少政府的政策支持，2% 在于缺少亲戚朋友的认可。对于“到底是选择先就业还是先创业”这样的问题，3G 门户网首席执行官邓裕强更倾向于先就业再创业。他认为，大家对创业存在着某种误解，把创业理解为快速赚到钱，成为中产阶级，这是急功近利的想法。他更希望把创业理解成一种生活方式，在这种思想下，无论公司现在是成是败，都是一个很好的经历。

（四）创业团队建设不能忽视

很多大学生创业公司的创始人都来自同一个专业，没有形成一个优势互补的团队。由于创始人之间的同学关系，在日后的股权分配和分工合作上会产生很大的摩擦，这使得创始人用于处理公司内部事务的精力大大增加，从而影响公司发展。虽然大学生创业确实存在很多的问题和不足，但是，我们不应该因为这些不足而在整体上反对或者阻拦大学生创业。当年，美国硅谷就是和斯坦福大学、学生创业公司及美国的风险投资公司一起成长的。大学生创业最好地体现了把知识转变为财富，体现了创新精神和团队合作精神，它让一批批青年学子扎根社会，用自己的创业行动为社会创造财富。

三、大学生创业的注意事项

同漫漫取经路一样，创业路也不是一帆风顺的，有崇山峻岭要翻越，有艰难困苦要克服，甚至有几只拦路虎在静候创业者的到来。因此，了解创业的注意事项有利于大学生顺利创业。

（一）不迷信热门，选择投资较小的项目

大学生创业不能只迷信热门项目，看到他人投资赚钱就盲目跟风；要努力寻找那些有市场需要，或有某种潜在需要却又没人做的事情。要研究人们生活中还有哪些不便，能不能通过某种服务或产品解决人们生活的不便问题。如果能通过自己的行为创造市场、引导市场，那就更高明了。在此基础上，尽量将创业资金数额降到最低，选择那些只需要少许现金，并能充分展现个人才华和专长的事业做起，给自己一个经验积累和资本累积的过程。

（二）避免眼高手低和纸上谈兵

比尔·盖茨的传奇故事使 IT 业、高科技业成为大学生眼中的创业金矿，以至于不少学生不屑于从事服务业或技术含量较低的行业。其实，高科技创业项目往往需要一大笔启动资金，创业风险和压力都非常大，大学生如果对自身经验和能力认识不足，对创业的期望值又过高，一开始就起点较高，很容易失败。因此，大学生创业不妨放平心态，深刻了解市场和自己，然后从小做起，从实际做起，第一步走稳了再走第二步。

缺乏经验也是目前大学生创业中普遍存在的问题。不少大学生创业者不习惯对其产品或项目做市场调查，而是进行理想化的推断。例如，“如果有 3 亿人需要我们的产品，每件售价 100 元，我们就有 300 亿元的销售市场”，这种推断方法是站不住脚的，而且常常起误导作用。大学生在创业初期一定要做好市场调研，一些可行性研究也可委托专业机构进行，在了解市场的基础上创业，才能长久。

（三）不可单打独斗

“团队精神”这四个字也许是最平常、最易懂的管理概念了，但由于大学生这一特定创业群体一般为年龄在 25 岁以下的青年人，他们的社会经验和人生经验都不足，而且处于热血沸腾的感性阶段，个性强，在诸多涉及人与人合作的工作中，大学生创业者往往会出现“一人是龙，二人是虫”的情形。纵观当前时代发展趋势，社会分工越来越细、越来越专业化，任何创业者想依靠单打独斗而获胜的可能性已降得很低。在实际工作中，大学生常常会出现以己为主、刚愎自用等不利于合作创业的情形。

（四）不可轻言放弃

再充分的创业准备都有不完善的地方，再周密的商业计划书也难免有未顾及的地方，再团结的创业伙伴也会发生摩擦，再雄厚的资金也有周转不灵的时候，这些都说明在瞬息万变的创业环境中，影响创业成功的因素太多了，谁都无法保证一帆风顺，所以创业过程中遇到挫折与失败是很正常的事情。刚创业的大学生，也许有时候会觉得前途一片茫然，有时候会觉得自己很无助，有时候又觉得创业太过辛苦，无法再继续，但只要坚持，如同子夜过后黎明就不会远一样，胜利的曙光就在你最困难时刻的前面，坚持就是胜利。

第三节 创业机会

【案例拓展】

辞掉“铁饭碗”，回乡培养新农人

名牌大学毕业的王华斌，辞掉国企的“铁饭碗”，选择回乡创业。他不仅将家乡的汈汉湖虾蟹卖向了全国，还创办了乡村振兴学校。

2005 年，王华斌从武汉大学经济系毕业，进入武汉钢铁集团公司从事项目招标工作。工作稳定，但王华斌“不安分”，他一心想着自主创业，做成一番事业。2007 年，他看到铁矿石价格不断上涨，便从武钢辞职投资铁矿加工项目，但没有成功。2010 年，他又与人合伙成立高科技的肥料生产公司，从事肥料生产和销售。

王华斌的父辈都以养蟹为生，作为“蟹二代”，他对水产养殖也很有兴趣。在销售肥料的过程中，他多次前往江苏、广东等地，学习养殖技术。

汈汉湖水资源丰富，水产养殖历史悠久，但家乡的虾蟹卖不出价格。每年回乡，亲戚朋友都在说，家乡的虾蟹没有品牌，大多成为被别人拿去“贴牌”的产品。王华斌把目光投向了家乡的虾蟹资源。

2013 年，王华斌回乡成立虾蟹养殖合作社，将分散的养殖户整合起来，根据个人能力和特点，将社员分配到生产和销售岗位，推进合作社有序运行，并注册了统一商标和品牌。目前，合作社已有社员 143 户，辐射周边 8 个乡镇。

“做品牌最重要的是提升螃蟹品质，而不仅仅是注册商标。”王华斌说。他多次去外地考察，并参与养殖技术培训，结合当地条件，他摸索出虾蟹鳜的生态养殖模式，并使用了三重水质净化系统：先种水草，再养田螺，最后养殖花白鲢。在提升水质的同时，水草和田螺也成为虾蟹鳜鱼的饲料。

“螃蟹没水都能活好几天，天生适合做电商。”王华斌说。从 2014 年开始，他聚焦新媒体、社群、新零售、微商、电商等领域，完善包装、物流、保温等配套措施，并积极拓展线下渠道，通过与商会、酒店合作及线下门店、农旅融合等方式销售，目前他的品牌蟹养殖面积达 1 万多亩（1 亩约等于 666.67 平方米），年产值将近 2 000 万元。他将汈汉湖虾蟹卖向了全国。

“乡村振兴，人才振兴是关键。”2020 年 11 月，王华斌创办了乡村振兴学校，为汉川培养本土的新型农业人才。学校是公益性质，主要为学员提供农业种植技术、水产养殖技术、电商营销手段等课程。培训对象包括当地的村支书、外地返乡人员和已经在从事种植、养殖的人。王华斌说，他希望培养出来的学员能够扎根汉川，带动乡村产业发展和壮大。

【思考与讨论】

从上面的案例中，你觉得把握创业机会需要哪些品质？

一、创业机会的本质

创业机会一般是指适合于创业的商业机会，是具有吸引力的、较为持久的有利于创业的商业活动空间，创业者可以基于此为客户提供有价值的产品或服务，并同时使创业者自身获益。

从宏观角度来看，创业机会可能是一个新政策、一项新技术；从微观角度来看，创业机会则可能是学校附近的一个商户退租或退出。总而言之，在善于发现创业机会的创业者眼里，什么都可能是创业机会。

（一）总是基于创新的创业机会

如果花些时间去逐个审视那些成功的创业者，如李彦宏、任正非等，会发现他们没有一个不是在创新基础上不断耕耘，从而实现了对创业机会的把握。

创业机会的本质是创新，而在某些情况下，一些创新也只有通过创业才可能实现。换句话说，创业实际上是创新的实现方式。以苹果公司与乔布斯的故事为例，如果乔布斯没有创业，苹果公司的产品就不可能实现一轮又一轮的创新，苹果公司的产品也就无法以创新立足于世。实际上，乔布斯的全部创新都是基于苹果公司这个平台才得以实现的。

（二）大量未被满足的具体需求

通过对成功案例的分析和梳理，不难发现，创业机会首先是大量未被满足的具体需求，这是相对于“人类都要吃饭”“人都要用手机”这样的需求而言的。当然，具体的要求很可能不是一蹴而就的，而是在创业者提供多个创意，并通过数次乃至数十次试验后才能得到的。在这一过程中，创业机会将时隐时现，最终的结果是与待定的商机匹配或不匹配。

细分市场出现商机或潜在商机，而且开发这种商机所对应的市场需求在起步之初只需要“轻资产、小团队”。需要“重资产、大团队”的商机，则不是创业者所能做的。这样的商机多数会引来大企业与创业者争食，最后“败下阵来”的只能是初创企业。

创业者要能够找到并获得将自己的创意转化为客户所需要的价值的相关资源，特别是要能够获得实现价值创造所需的替代性低的资源。否则，创业就成为“无米之炊”。

创业者要能发现并吸引到愿意与自己一起为目标客户创造并传递价值的有整体行动

力的团队，否则，创业者无法将美好的创意变为客户乐于接受的价值。而且，创业者最好在细分市场的机会窗口敞开时起步创业，这才有可能增加创业成功的可能性。因为机会窗口敞开时，市场才可能给予初创企业以较大的成长空间。

（三）机遇诱发或创意推动

创业具有相当的不确定性，但对创业进行适当分类，有利于强化创业者对创业过程的把握。创业者一开始就了解自己的创业活动属于哪类创业，是非常必要的。

创业是一项高度动态性的商业活动。从创业过程来把握创业分类，是最有助于提高创业者动态能力的。因此，可以基于创业的逻辑起点，将创业分为“机会诱发型创业”和“创意推动型创业”。这两类创业的内涵有着较大的差异。当然，这两种创业的分类方法上还存在交叉性联系。

理性地看，机会诱发型创业的基本逻辑是细分市场出现商机，创业者构思并选择与之匹配的相关创意，寻获资源并实施创意，开发市场且获得市场回应。

机会诱发型创业与创意推动型创业的逻辑环节是高度相似的，二者都要经历“商机、创意、实施、市场”四个环节。二者的差异，一方面在于前者是“商机—创意”，后者是“创意—商机”。另一方面是在机会诱发型创业中，“商机”是单一的，是创业的逻辑起点，创业者需要开发多个创意，仅当其中存在能与特定商机相匹配的创意时，创业者的努力才可能继续下去；而在创意推动型创业中，“创意”是单一的，是创业的逻辑起点，创业者需要寻找多个细分市场，仅当存在能与特定创意相匹配的商机时，创业者的努力才可能持续下去。

既然机会诱发型创业与创意推动型创业都要经历“商机、创意、实施、市场”四个环节，则创业者就需要致力于分析细分市场的商机，构思能够为目标客户创造价值的创意，以有效的商业模式将创意转化为客户愿意接受的价值，开发市场，并根据市场回应程度对创业做出调整。

（四）缺少创新的创业难以存续与成长

中国经济已迈过改革开放初期的“短缺经济”阶段，创业者进入的市场都会有一定程度的竞争。在市场竞争中，缺少创新的创业是难以存续与成长的。

谈到创新，不少人仅仅理解为产品和工艺创新。实际上，在创业中，产品、工艺、商业模式、组织架构、激励机制、客户关系管理、企业成长模式等方面的创新，都是十分重要的。创业者根据自己的创业特点，为创业注入创新因素，就有可能产生有别于他人的特点，从而可能在同行中鹤立鸡群，进而赢得某些方面的竞争优势。其中，商业模式的创新极为重要，因为它关系到创业者能否有效地将自己的创意转变为客户所需要的价值。

每当谈论创业，不少人会自觉不自觉地谈到创新。按照美国经济学家约瑟夫·熊彼特（Joseph Alois Schumpeter）的说法，创新即构建一个新的生产函数。其实，创业也是构建一个新的函数，在这个函数里，“建立新组织”这一变量的作用甚至可能很大，不可轻视。创业的本质是创新。在某些时候，一些创新唯有以创业的形式来实施才可能实现。因此，创业是创新的实现方式之一。

二、创业机会的把握

创业机会是什么？很多人认为只有全新的技术或显露出来的市场才是创业机会，实际上并非如此。很多创业机会就在我们身边，大部分生活中很平常的现象在有心人眼里就是创业机会，只是常人难以发现这些创业机会，就像顽石之中蕴藏着的宝石，需要人们去识别并发掘它们。成功的创业者往往能先人一步地抓住转瞬即逝的创业机会，做到人无我有、人有我先，率先打开市场。敏锐地识别创业机会是创业成功的一半，传统创业中凭经验和感觉选择创业机会的方法在当今发达的市场经济条件下已经远远不够了，创业者必须具有一定的分析和预测能力，对创业机会进行科学准确的评估，才能减少创业的盲目性，提高成功率。创业机会的识别和开发是创业者对创业机会这个客体的判别和决策过程，关系到整个创业过程的成败。科学的分析判断是创业者实现梦想必经的一步，也是第一步。要识别和把握创业机会，必须首先了解什么是创业机会，创业机会从何而来，创业机会的价值又是如何体现出来的。

总的来说，创业机会可归纳为技术机会、市场机会、政策机会、社会和人口机会四种类型。

（一）技术机会

技术机会即技术变革带来的创业机会，主要源自新的科技突破和社会科技进步。通常，技术上的任何变化或多种技术的组合都可能给创业者带来某种商业机会，具体表现在以下三个方面。

1. 新技术替代旧技术

当某一领域出现了新的科技突破，并且它们足以替代某些旧技术时，通常随着旧技术的淘汰和新技术的未完全占领市场而暂时出现一些市场空白。

2. 实现新功能

创造新产品的新技术的出现无疑会给创业者带来新的商机，如互联网的发明伴随着一系列与网络相关的创业机会的出现。

3. 新技术带来的新问题

多数新技术的出现对人类的影响都有两面性，即在给人类带来新的利益的同时，也会给人类带来某些新的问题，这就会迫使人们为了消除新技术的某些弊端，再去开发新的技术并使其商业化，从而带来新的创业机会。

【案例拓展】

1993 年，毕业于深圳大学计算机系的马化腾选择了自己的专业本行，到深圳润讯做寻呼软件开发工作。工作之余，这个文静的年轻人最大的爱好就是上网。在当时的深圳，真正了解互联网的人还不多，马化腾是最早的一批“网虫”之一。1997 年，马化腾第一次认识了 ICQ，一见面，他便被其无穷的魅力所吸引，立即就注册了一个账号，可是使用了一段时间后，他觉得英文界面的 ICQ 在中文用户中想推广开来不是一件容易的事儿。于是他想，自己能否做个类似于 ICQ 的中文版工具呢？他开始思考是否可以在中国推出一种类似 ICQ 的集寻呼、聊天、电子邮件于一体的软件。1998 年 11 月，马化腾利用炒股所得的资金与大学同学张志东注册了自己的公司，这就是腾讯之始。

公司创建 3 个月后，马化腾和同事一起开发出第一个中国风格的 ICQ——OICQ，这就是 QQ 的前身。可是这个后来风靡全国并为腾讯公司创造巨大财富的聊天工具并没有给当时的腾讯人带来太多喜悦，因为那时国内也有好几款同类的软件，用户也不多，没有人看好马化腾的 OICQ。然而这位 1971 年出生的倔强的潮州人不肯服输，他认定这个聊天工具中隐含着巨大的商机。马化腾抱着试试看的心态把 QQ 放到互联网上让用户免费使用，可是就连马化腾本人也没有料到，这个不被人看好的软件在不到一年时间里就发展了 500 万用户。马化腾开始想办法创造利润，因为如果每个用户愿意花 1～2 元的话，就是一笔庞大的收入。有一次他发现韩国有种给虚拟形象穿衣服的服务，于是把它搬到了 QQ 上。他还找来了诺基亚和耐克等国际知名公司，把这些公司的最新款产品放到网上，让用户下载。所有注册用户都可以得到公司一如既往的免费服务，以满足其即时通信需求，而想享受到更具诱惑力的体验式增值服务，就必须支付相应的费用。这一措施使腾讯逐步走上健康发展、良性循环的轨道。

（二）市场机会

市场机会，即市场变化产生的创业机会。一般来说，市场机会主要从以下几方面进行分类。

1. 潜在市场机会和表面市场机会

市场机会中那些明显没有被满足的市场需求称为表面市场机会，而那种隐藏在现有某些需求后面的未被满足的市场需求被称为潜在市场机会。例如，在 20 世纪 80 年代兴起的西服热就是一个明显的表面市场机会。很多企业发现并抓住了这个机会，但这也正是它致命的弱点，因为机会明显，发现者多，进入者也就多，一旦超过一定限度就会造成供过于求，给企业带来亏损。而潜在市场机会不易被发现，但正由于识别它的难度大，如果你找到并抓住了这种机会，那么你成功的机会就大得多。20 世纪 80 年代以来，我国化妆品市场日渐兴旺，这是表面市场机会。但这一表象背后有许多未被发现的机会，陕西户县（今陕西省西安市鄠邑区）一家乡镇企业对市场进行分析之后，寻找到一个隐藏在现有化妆品市场背后的大市场——工业护肤品需求。他们认为，目前大家所重视的仅仅是生活护肤品需求，而对于大多数消费者来说，有 1/3 的时间要特别保护。各种劳动过程和劳动岗位由于劳动条件不同，如高温、有毒、野外等，对护肤的要求也不同，而这些和生活护肤品差别很大。所以，他们把这一机会作为企业的目标市场，结果获得了巨大成功。

2. 行业市场机会与边缘市场机会

每个企业都有它特定的经营领域。对于出现在本企业经营领域内的市场机会，我们称为行业市场机会；对于在不同企业之间的交叉与结合部分出现的市场机会，我们称为边缘市场机会。

一般来说，企业对行业市场机会比较重视，因为它能充分利用自身的优势和经验，发现、寻找和识别的难度系数小。但是行业市场机会往往会因同行业间的激烈竞争而降低或失去成功的机会。由于各企业都比较重视行业的主要领域，因此，在行业与行业之间有时会出现夹缝，从而形成真空地带，无人涉足。但它比较隐蔽，难以发现，需要有丰富的想象力和大胆的开拓精神。例如，“中国铁画”就是把两个相距较远的行业——冶金和绘画结合起来产生的，“药膳食品”是把医疗和食品业结合起来产生的。

3. 目前市场机会与未来市场机会

那些在目前环境变化中出现的市场机会被称作目前市场机会；而那些在目前市场上并未表现出大量需求，仅仅表现为一部分人的消费意愿或极少需求，但通过市场研究和预测分析发现，它将在未来某一时期内实现的市场机会被称作未来市场机会。两者并没有明显区别，不同之处只是在于时间先后顺序和从可能转变为现实的客观条件是否具备。

一般来说，企业从发现有利的市场机会到推出产品进入市场，总是需要一定时间的。如果有企业提前预测到这种机会将在某一时间出现，从而早做准备的话，就缩短了这一时间过程，可以在这种市场机会到来时将自己准备好的产品推入市场，获得领先优势。

4. 全面市场机会与局部市场机会

全面市场机会是在大范围市场（如国际市场、全国市场）出现的未满足的需求，而局部市场机会则是在一个局部的市场（如某个省或某个特定地区）出现的未满足的需求。

对于一个企业来说，区分这两种市场机会非常必要。一个企业所处的外部环境，既受到作用于整个市场的一般因素的影响，又受到只作用于该特殊区域的相关因素的影响。因此，这种区分可以使企业少犯教条主义或主观主义的错误。如 1988 年，温州出现了外国高档服装热，一套进口名牌西装卖到近千元，这是该地区的一种特殊需求，温州的一些时装个体户因此发了财。但如果全国其他城市的企业和个体户都将此机会看作全面市场机会，则很可能会遇到无人问津的情况。

（三）政策机会

政策机会即政府政策变化给予创业者的商业机会。随着经济发展、科技变革等，政府必然也要不断调整自己的政策，而政府政策的某些变化，就可能给创业者带来新的商业机会。政策的变化能够产生创业机会，是因为它使创业者能够提出更多不同的想法，而这些创业者可能在一个常规体制下是被禁止进入的。政策的变革也清除了很多不利于创建新企业的制度障碍，这些障碍的清除，使得创业者的创业成本大大降低，原来无利可图的创业项目变得有利可图。政策的变化也可能通过强制增加需求的方式创造出新的商机，如汽车安全带等。大学生创业者应时刻关注大学生创业的优惠政策。

（四）社会和人口机会

社会和人口机会是随着社会和人口的变革而产生的创业机会。人口状况的变化包括人口数量、人口构成、就业、教育状况和收入变化。人口状况的变化，其结果是完全可以预见的。对人口状况变化的描述，人们常以为只是历史学家和统计工作者的事情。实际上，从人口状况的变化中，也是可以捕捉到商机的，如人口结构对人们将购买什么商品、购买主体是谁以及购买多少有着重大的影响。再如，随着人口老龄化趋势的出现和日益加剧，那些经济发达和较发达国家中刚退休的人，将形成一个巨大的旅游市场。

人的需求是变化着的，不同时期的社会和人口的变革会产生不同的需求，随着现代社会发展的加快，这种变化中的需求更加明显。大量女性加入就业，创造了家政服务业和快餐食品的市场机会；人口平均寿命延长导致的老龄化问题，创造了老龄用品市场；计划生育政策使得教育市场高速发展；“单身贵族”的产生，促进了小户型商品房的热销。社会和人口是紧密联系在一起的，有时候社会文化的变革也是创业机会产生的引擎。例如，随着中国国家实力的增强，中国文化产业的相关市场得到了蓬勃发展，越来越多的外国人学习中医、太极拳和中国传统文化，中餐、中国结和唐装等中国文化产品在国外的市场也越来越大。

【案例拓展】

王女士在偶然的一次机会中发现，婴儿用品市场前景很好。由于生活的压力增大，各方面的开支增加，越来越多的年轻父母不想为刚出生的婴儿买新的婴儿车、婴儿床，但又买不到二手的，迫于无奈只得掏钱买新的。王女士想，如果能办一个婴儿用品租赁公司，应该会有很多客户。王女士的婴儿用品租赁公司很快开张，在公司中，全新的婴儿用品租价比商场售价便宜1/3～2/5，二手的婴儿用品租价更便宜，只有商品售价的1/5。王女士的公司很快就吸引了许多年轻的父母，生意非常红火。

三、创业机会的分析

无论创业者选择创业项目还是风险投资者选择投资项目，创业机会的甄别和评估都是十分重要的一步。项目本身是否合适，能否给创业者提供足够的发展空间，创业者能否充分利用自身优势抓住创业机会，都是围绕创业机会出现的问题。一个好的创业机会意味着成功了一半，科学地识别和筛选创业机会，能为创业管理的顺利进行奠定良好的基础。

创业机会的分析一般分为创业环境分析、财务分析和人力资源分析。

（一）创业环境分析

创业环境分析分为市场环境分析、技术环境分析和政策环境分析。市场环境分析是指分析创业机会所在市场布局、发展趋势和竞争态势；技术环境分析是指对创业机会所涉及的相关技术的发展状况和掌握程度的分析；政策环境分析是对涉及创业项目的相关法规政策的分析。三者都属于对创业的外部环境的分析，都必须从宏观和微观两个角度考虑。宏观上，国民经济的变化、产业结构的调整、进出口政策的变化，以及人均收入的变化都会影响创业机会；微观上，竞争者的变化、相关产业政策变化，以及上下游讨价还价能力的变化也会使创业机会价值产生变化。创业者既要考虑市场中竞争对手、消费者、管理部门、供应商等和创业直接相关的因素，也要分析外围产业、地区经济、技术发展、社会文化等间接影响创业的因素。环境分析需要对整个创业环境的发展趋势做一个比较准确的预判，这个预判需要考虑更大范围、更长时间的环境变化。例如，创业者要投身房地产行业，不仅要考虑构成竞争的附近楼盘、消费者的消费能力和消费习惯，也要考虑整个地区甚至全国的宏观经济和相关政策因素对于房地产行业的影响。

（二）财务分析

财务分析是对创业者筹集和使用资金的规划。资金是创业最重要的资源之一。由于创业型企业没有足够的信用，筹资问题在创业初期总是困扰创业者的难题。面对一个创业机会，创业者对创业机会进行财务分析，有利于制定出未来筹资的规划，使创业者能有条不紊地完成创业的每个步骤，避免由于缺少资金而影响创业初期的发展。创业者在选择创业机会时如果没有进行财务分析，往往很容易低估创业对于资金的需求和融资的难度。创业过程中不断出现的新情况使得粗略规划的资金需求大大增加，而不同阶段的不当融资行为可能增加融资成本。就创业机会本身来说，低估一个创业机会所需的资金可能使得创业者投入一些超过自身融资能力的项目，造成不必要的时间与资源的浪费。

（三）人力资源分析

人力资源分析是创业者对于创业机会所需具备相关能力的人才的分析，也就是从创业者和创业团队的角度分析创业机会价值。创业者在评估创业机会的时候，必须把所需人才的使用成本计算在内，企业外雇人员需要考虑付给的相关费用等，创业者自身也要考虑劳动力的付出程度和创业行为的机会成本。好的创业机会能够充分发挥每个创业团队成员的竞争优势，包括创业者的从业经验、相关技能、性格特点等。很多大学生在创业过程中经常会遇到一个共性的问题——创业团队的分裂。因此，选择创业合伙人时，除了有共同的志向，还需具备互补性，既包括个性互补、资源互补，还包括知识能力结构的互补，这样才能真正成就“中国合伙人”。

四、创业机会的评价

创业机会的评价方法可以简单地分为定量分析和定性分析。两者分析的角度不同，前者是针对比较客观、容易量化的因素，后者主要分析的是难以用数字衡量和没有绝对的衡量标准的因素。

（一）定量分析

1. 标准打分矩阵

选择对创业机会成功有重要影响的因素，并由专家小组对每一个因素进行“极好（3分）”“好（2分）”“一般（1分）”3个等级打分，最后求出对于每个因素在各个创业机会下的加权平均分，从而可以对不同的创业机会进行比较，如表2-1所示。

表2-1　标准打分矩阵表

标准	专家评分			
易操作性	极好（3分）	好（2分）	一般（1分）	加权平均分
质量和易维护性				
市场接受度				
增加资本的能力				
投资回报				
专利权状况				
市场的大小				
制造的简单性				
广告潜力				
成长的潜力				

2. 珀泰申米特法

珀泰申米特法给出了计算创业机会的成功潜力指标，通过让创业者填写针对不同因素的不同情况，预先设定好权重的选项式问卷，快捷地得到特定创业机会的成功潜力指标。对于每个因素来说，不同选项的得分可以是 $-2 \sim 2$ 分，所有因素得分的总和即最后的总分。总分越高，说明特定创业机会成功的潜力越大。只有那些最后得分高于15分的创业机会才值得创业者进行下一步的策划，低于15分的都应被淘汰。具体内容如表2-2所示。

表 2-2 珀泰申米特法评价表

序号	因素	分值
1	对于税前投资回报的贡献	
2	预计的年销售额	
3	生命周期中预期的成长阶段	
4	投资回收期	
5	占有领先者地位的潜力	
6	商业周期的影响	
7	为产品制定高价的潜力	
8	进入市场的容易程度	
9	市场试验的时间范围	
10	销售人员的要求	
11	从创业到销售额高速增长的预期时间	

（二）定性分析

1. 蒂蒙斯机会评价法

蒂蒙斯（Timmons）提出了包括 8 个大类、53 项指标的机会评价框架，针对不同指标做权衡打分，是现在应用得非常广泛的，也是公认比较容易应用的框架。蒂蒙斯创业机会评价框架如表 2-3 所示。

表 2-3 蒂蒙斯创业机会评价框架

经济因素	1. 达到盈亏平衡点所需要的时间为 1.5～2 年
	2. 盈亏平衡点不会逐渐提高
	3. 投资回报率在 25% 以上
	4. 项目对资金的要求很大，能够获得融资
	5. 销售额的年增长率高于 15%
	6. 有良好的现金流量，能占到销售额的 20%～30%
	7. 能获得持久的毛利，毛利率要达到 40% 以上
	8. 能获得持久的税后利润，税后利润率要超过 10%
	9. 资产集中程度低
	10. 运营资金不多，需求量是逐渐增加的
	11. 研究开发工作对资金的要求不高

续表

行业和市场	1. 市场容易识别，可以带来持续收入
	2. 顾客可以接受产品或服务，愿意为此付费
	3. 产品的附加价值高
	4. 产品对市场的影响力大
	5. 将要开发的产品生命长久
	6. 项目所在的行业是新兴行业，竞争不激烈
	7. 市场规模大，销售潜力达到 1 000 万～10 亿元
	8. 市场成长率为 30%～50%
	9. 现有厂商的生产能力几乎完全饱和
	10. 在 5 年内能占据市场的领导地位，市场占有率达到 20% 以上
	11. 拥有低成本的工艺功能，具有成本优势
收获条件	1. 项目带来的附加价值具有较高的战略意义
	2. 存在现有的或可预料的退出方式
	3. 资本市场环境有利，可以实现资本的流动
竞争优势	1. 固定成本和可变成本低
	2. 对成本、价格和销售的控制较高
	3. 已经获得或可以获得专利所有权的保护
	4. 竞争对手尚未觉醒，竞争较弱
	5. 拥有专利或具有某种独占性
	6. 拥有发展良好的网络关系，容易获得合同
	7. 拥有杰出的关键人员和管理团队
管理团队	1. 创业者团队是一个优秀管理者的组合
	2. 行业和技术经验达到本行业内的最高水平
	3. 管理团队的正直廉洁程度能达到最高水准
	4. 管理团队知道自己缺乏哪方面的知识
致命缺陷	不存在任何致命缺陷
创业家的个人标准	1. 个人目标与创业活动相符合
	2. 创业家可以在有限风险下实现成功
	3. 创业家可以接受薪水减少等风险
	4. 所创办的事业顺应时代潮流
	5. 创业家渴望进行创业这种生活方式，而不只是为了赚大钱
	6. 创业家在压力状态下状态依旧良好

续表

理想与现实的战略性差异	1. 理想与现实情况相吻合
	2. 管理团队是最好的
	3. 在客户服务管理方面有很好的服务理念
	4. 所创办的事业顺应时代潮流
	5. 所采取的技术具有突破性，不存在许多替代品或竞争对手
	6. 具备灵活的适应能力，能快速地进行取舍
	7. 始终在寻找新的机会
	8. 定价与市场领先者几乎持平
	9. 能够获得销售渠道，或已经拥有现成的网络
	10. 能够允许失败

2. 刘常勇的创业机会评价框架

该评价框架涉及市场评价、回报评价两个方面的 14 项指标，比蒂蒙斯创业机会评价框架更简单、易操作，且更加符合中国企业的特点，具体见表 2-4。

表 2-4　刘常勇的创业机会评价表

评价方面	具体内容
市场评价	1. 是否具有市场定位，专注于具体顾客需求，能为顾客带来新的价值
	2. 依据波特五力竞争模型 * 进行创业机会的市场结构评价
	3. 分析创业机会所面临的市场规模大小
	4. 评价创业机会的市场渗透力
	5. 预测可能取得的市场占有率
	6. 分析产品成本结构
回报评价	1. 税后利润至少高于 5%
	2. 达到盈亏平衡的时间应该低于 2 年
	3. 投资回报率应高于 25%
	4. 资本需求量较低
	5. 毛利率应该高于 40%
	6. 能否创造新企业在市场上的战略价值
	7. 资本市场的活跃程度
	8. 退出和收获回报的难易程度

* 波特五力竞争模型是迈克尔·波特于 20 世纪 80 年代初提出的。他认为行业中存在着决定竞争规模和程度的五种力量，即同行业内现有竞争者的竞争能力、潜在竞争者进入的能力、替代品的替代能力、供应商的讨价还价能力、购买者的议价能力。

第四节 创业风险与防控

【案例拓展】

露营旅游热 风险需防范

游客周某与家人及朋友一起前往某景区组织的“露营音乐季”参加活动，其家人及朋友购票后进入景区，周某持残疾人证免票入场。周某在景区内部“星空露营地”的公共浴室洗浴过程中，不慎滑倒受伤。家人发现后，立刻将其送往医院，并将其受伤情况通知了景区工作人员。经医院诊断，周某为L2椎体压缩性爆裂性骨折。

出院后，周某将景区起诉至法院，认为景区提供的浴室地板砖未铺设防滑垫，浴室内外未张贴或设置安全提示、警示标语，未尽到安全保障义务，导致其摔伤；购票时其家人明确表示要购买保险，但景区未为其提供购买服务；摔倒后，景区未尽到及时救助义务，而是由其家人及朋友开车送往医院治疗。综上，景区未尽到安全保障义务和及时救助义务，应承担赔偿责任。

景区称，周某是免票进入景区，且景区已经尽到了合理限度内的安全保障义务；原告摔伤是其自身过错行为造成的，也是因其亲属监护失职所致，故不同意承担赔偿责任。

民法典第一千一百九十八条规定，宾馆、商场、银行、车站、机场、体育场馆、娱乐场所等经营场所、公共场所的经营者、管理者或者群众性活动的组织者，未尽到安全保障义务，造成他人损害的，应当承担侵权责任。同时，《最高人民法院关于审理旅游纠纷案件适用法律若干问题的规定》第八条规定：“旅游经营者、旅游辅助服务者对可能危及旅游者人身、财产安全的旅游项目未履行告知、警示义务，造成旅游者人身损害、财产损失，旅游者请求旅游经营者、旅游辅助服务者承担责任的，人民法院应予支持。”

本案中，周某按政策免票进入景区，并在景区内“星空露营地”租用帐篷，景区经营者应履行积极的安全保障义务。但景区“星空露营地”的公共浴室地面湿滑且未铺设防滑垫，浴室内外均未张贴或设置安全提示、警示标语，未尽到安全保障义务，景区从事经营活动和自身业务过程中存在过失，且对周某遭受损害未给予足够的重视，未及时给予救助，故应承担相应责任。同时，周某作为具有完全民事行为能力人，负有保障自身安全的义务，其自身有残疾，应预料到洗浴时地面湿滑容易滑倒等潜在危险性，但其未尽到谨慎注意安全义务，对自身损害结果发生亦存在过错，也应承担相应责任。

综上，针对周某人身损害后果的发生，结合双方的过错程度，法院认定景区、周某各承担50%的责任。

近年来，露营活动颇受民众喜爱，成为旅游“新风口”。但在亲近自然的同时，露营带来的风险也应引起参与者的重视。

【思考与讨论】

创业过程中如何防范风险?

世界上没有100%安全的事，创业更是如此。风险对于聪明的创业者来说并非坏事，因为许多成功的机会就隐藏在风险之后，而且往往风险越大，成功的机会就越大。创业者要做好充分准备，抵御前面的风险，才能迎接紧随风险的成功。

一、创业风险的来源与类型

创业风险是指在企业创业过程中存在的风险，即由于创业环境的不确定性、创业机会与初创企业的复杂性，创业者、创业团队与创业投资者的能力与实力的有限性而导致创业活动偏离预期目标的可能性及其后果。

（一）创业风险的来源

创业的过程往往是将某一构想或技术转化为具体的产品或服务的过程。在这一过程中，存在着几个基本的、相互联系的缺口，它们是上述不确定性、复杂性和有限性的主要来源，也就是说，创业风险在给定的宏观条件下往往就直接来源于这些缺口。

1. 融资缺口

融资缺口存在于学术支持和商业支持之间，是研究基金和投资基金之间存在的断层。其中，研究基金通常来自个人、政府机构或公司研究机构，它不仅支持概念的创建，还支持概念可行性的最初证实；投资基金则将概念转化为有市场的产品原型（这种产品原型有令人满意的性能，对其生产成本有足够的了解并且能够识别其是否有足够的市场）。创业者可以证明其构想的可行性，但往往没有足够的资金将其实现商品化，从而给创业带来一定的风险。通常，只有极少数基金愿意鼓励创业者跨越这个缺口，如富有的个人专门进行早期项目的风险投资以及政府资助计划等。

2. 研究缺口

研究缺口主要存在于仅凭个人兴趣所做的研究判断和基于市场潜力的商业判断之间。当创业者最初证明一个特定的科学突破或技术突破可能成为商业产品基础时，他仅仅停留在自己满意的论证程度上。然而，这种程度的论证后来不可行了，在将预想的产品真正转化为商业化产品（大规模生产的产品），即具备有效的性能、低廉的成本和高质量的产品，从市场竞争中生存下来的过程中，需要大量复杂而且可能耗资巨大的研究工作（有时需要几年时间），否则就会形成创业风险。

3. 信息和信任缺口

信息和信任缺口存在于技术专家和管理者（投资者）之间。也就是说，在创业中，存在两种不同类型的人：一是技术专家；二是管理者（投资者）。这两种人接受不同的教育，对创业有不同的预期、信息来源和表达方式。技术专家知道哪些内容在科学上是有趣的，哪些内容在技术层面上是可行的，哪些内容根本就是无法实现的。在失败的案例中，技术专家要承担的风险一般表现在学术上、声誉上受到影响，以及没有金钱上的回报。管理者（投资者）通常比较了解将新产品引进市场的程序，但当涉及具体项目的技术部分时，他们不得不相信技术专家，可以说管理者（投资者）是在拿资金冒险。如果技术专家和管理者（投资者）不能充分信任对方，或者不能够进行有效的交流，那么这一缺口将会变得更深，带来更大的风险。

4. 资源缺口

资源与创业者之间的关系就如颜料、画笔与艺术家之间的关系。没有颜料和画笔，艺术家即便有了构思也无从实现。创业也是如此，没有所需的资源，创业者将一筹莫展，创业也就无从谈起。在大多数情况下，创业者不一定也不可能拥有所需的全部资源，这就形成了资源缺口。如果创业者没有能力弥补相应的资源缺口，则要么创业无法起步，要么在创业中受制于人。

5. 管理缺口

创业者并不一定是出色的企业家，不一定具备出色的管理才能。创业活动主要有两种：一是创业者利用某一新技术进行创业，他可能是技术方面的专业人才，但不一定具备专业的管理才能，从而形成管理缺口；二是创业者往往有某种奇思妙想，可能是新的商业点子，但在战略规划上不具备出色的才能，或不擅长管理具体的事务，从而形成管理缺口。

【案例拓展】

智能水杯创业项目中的五类创业风险实践

某电子工程专业背景的创业者，基于市场对健康饮水的需求，计划开发“能实时监测水质 + 提醒饮水”的智能水杯项目。从技术研发到商业化落地的过程中，项目先后暴露五类典型创业风险，每类风险都成为制约项目推进的关键障碍，具体表现如下：

1. 融资缺口：技术验证与商业化的资金断层

创始人凭借个人研发资金，成功做出智能水杯样品——能实现基础水质检测、APP 联动饮水提醒功能，初步验证了技术可行性。但进入商业化环节时，资金问题凸显：批量生产需要模具开发、供应链磨合、质量检测等环节投入，这些费用远超个人资金承受范围；而投资基金因项目尚未形成成熟产品和市场反馈，暂不考虑介入，导致

“实验室样品”到“可售商品”的转化陷入资金断层。

分析 融资缺口的核心矛盾在于：科研性质的资金（如研发资金）仅能支撑技术验证，而商业性质的资金（如投资基金）需看到明确的商业化前景才会注入，两者之间的空白期成为项目推进的“资金死穴”。

2. 研究缺口：实验室技术与市场需求的脱节

创始人原本认为样品性能已达标，但在推向市场前的测试中发现，技术与市场需求存在明显差距：一是水杯续航仅 2 天，远低于用户期待的 7 天使用周期；二是水质检测精度不稳定，在井水、矿泉水等复杂水质环境下，数据误差较大；三是量产成本比初期预估高 30%，若按原定价策略，将失去市场竞争力。

分析 这些问题暴露了“研究缺口”的本质：实验室环境下的技术验证，未充分考虑实际使用场景（如续航需求、水质多样性）和商业化成本（量产工艺、原材料价格），导致技术成果难以直接适配市场，需额外投入研发优化电池技术、校准检测算法、控制生产成本，才能让产品符合商业化落地标准。

3. 信息和信任缺口：技术语言与商业语言的沟通壁垒

为争取投资，创始人多次与投资者沟通，但双方始终难以达成共识。创始人作为技术专家，沟通焦点集中在“检测传感器灵敏度达多少”“水质分析算法有多精准”等技术细节上；而投资者更关注“用户愿意为这个功能付多少钱”“和普通水杯比核心竞争优势是什么”“市场同类产品的差异化在哪里”等商业问题。

分析 信息和信任缺口的根源在于：技术方与投资方的沟通逻辑错位——技术方习惯用技术参数证明价值，投资方习惯用商业价值判断潜力，双方缺乏共同沟通语言，导致信任难以建立，投资决策迟迟无法推进。

4. 资源缺口：核心构想与落地资源的不匹配

创始人手握智能水杯的核心技术和产品构想，但关键落地资源严重缺失：一是供应链资源，找不到能批量生产高精度水质检测传感器的供应商，样品中的传感器仅能小批量定制，无法满足量产需求；二是渠道资源，没有对接电商平台、家居用品店等销售渠道，即便产品量产，也难以触达目标用户；三是售后资源，未建立售后维修合作网点，用户购买后出现故障无法及时处理。

分析 资源缺口如同“有设计图却无颜料画笔”：创始人的创意和技术是“设计图”，但供应链、渠道、售后等资源是“颜料画笔”，缺乏这些资源，再好的创意也无法转化为实际产品和市场价值。

5. 管理缺口：技术能力与企业管理的能力错位

项目组建团队后，创始人的管理短板逐渐暴露：一是市场定位模糊，不清楚核心目标用户是“健身人群”“办公人群”还是“家庭用户”，导致产品功能设计和推广方向摇摆不定；二是定价策略混乱，未结合成本、竞品价格、用户付费意愿综合测算，初步定价要么过高影响销量，要么过低压缩利润；三是团队管理松散，未明确技术、运营、市场等岗位的分工，也未建立研发周期管控机制，导致产品迭代缓慢，核心技术人员因工作方向不清晰、成长空间不明朗选择离职，项目推进陷入混乱。

分析 管理缺口的核心问题在于：技术专家不等于合格管理者——创始人具备技术研发能力，但缺乏企业运营所需的市场定位、成本核算、团队管理能力，最终让技术优势被管理短板抵消。

风险启示 五类风险的暴露，印证了创业风险的根本来源：创业环境的不确定性（如市场需求变化、资源可得性）、创业机会的复杂性（如技术商业化的多环节衔接）、创业者能力的有限性（如管理能力不足、资源整合能力薄弱）。只有针对性地解决每类风险——如通过政策补贴填补融资缺口、结合市场需求优化技术、建立技术与商业的通用沟通逻辑、主动整合供应链与渠道资源、提升管理能力或引入专业管理者，才能让项目逐步走向正轨。

（二）创业风险的分类

按风险来源的主客观性划分，创业风险可分为主观创业风险和客观创业风险。主观创业风险，是指在创业阶段，由于创业者的身体与心理素质等主观方面的因素导致创业失败的可能性。客观创业风险，是指在创业阶段，由于客观因素导致创业失败的可能性，如市场的变动、政策的变化、竞争对手的出现、创业资金的缺乏等。

按创业风险的内容划分，创业风险可分为技术风险、市场风险、政治风险、管理风险、生产风险和经济风险。技术风险，是指由于技术方面的因素及其变化的不确定性而导致创业失败的可能性。市场风险，是指由于市场情况的不确定性导致创业者或创业企业蒙受损失的可能性。政治风险，是指由于战争、国际关系变化或有关国家政权更迭、政策改变而导致创业企业蒙受损失的可能性。管理风险，是指因创业企业管理不善产生的风险。生产风险，是指创业企业提供的产品或服务从小批量试制到大批量生产的风险。经济风险，是指由于宏观经济环境发生重大变化或调整而使创业者或创业投资者蒙受损失的风险。

按创业过程划分，创业风险可分为机会的识别与评估风险、准备与撰写创业计划风险、确定并获取创业资源风险和初创企业管理风险。机会的识别与评估风险，指在机会的识别与评估过程中，由于各种主客观因素，如信息获取量不足、市场把握不准确或推理偏误等使创业一开始就面临方向错误的风险。另外，机会风险的存在，即由于创业而放弃了原有的职业所面临的机会成本风险，也是该阶段存在的风险之一。准备与撰写创业计划风险，指创业计划的准备与撰写过程带来的风险。创业计划往往是创业投资者决定是否投资的依据，因此创业计划是否合适将对具体的创业产生影响。创业计划制订过程中各种不确定性因素与制订者自身能力的限制，也会给创业活动带来风险。确定并获取资源的风险，指由于存在资源缺口，无法获得所需的关键资源，或即使可获得，但获得的成本较高，从而给创业活动带来一定风险。初创企业管理风险，主要包括管理方式，企业文化的选取与创建，发展战略的制定、组织、技术、营销等各方面的管理中存在的风险。

【知识链接】

风险与陷阱的区别

风险是与不确定性紧密联系的。对于风险的理解，一般有两个角度，一个角度强调了风险表现为结果的不确定性，另一个角度则强调风险为损失的可能性。前者属于广义上的风险，表明未来利润多寡的不确定性，可能是获利（正利润）、损失（负利润）或无损失也无获利（零利润）；后者属于狭义上的风险，只能表现为损失，没有获利的可能性。

无论以何种语言定义风险一词，其基本的核心含义都是“未来结果的不确定性或损失”。如果采取适当的措施，或者说通过智慧的认知及理性的判断，继而采取及时而有效的防范措施，那么，不确定性可能带来机会。

市场经济中，收益总是与风险相伴相随的。风险越大，回报越高，机会越大。因此，如何判断风险、选择风险、规避风险，继而驾驭风险、管理风险，在风险中寻求机会创造收益，意义更加深远且重大。

陷阱比喻陷害人的圈套。创业风险可以通过技术手段来解决，但创业陷阱需要依靠市场经验来规避。

从性质上来看，创业陷阱比创业风险更可怕。我们通过创业者对陷阱的规避来检验创业者是否具备最起码的市场熟悉度和判断能力。

只有分清楚创业风险和创业陷阱的关系，创业者才能够让自己更清醒地做到规避风险，改进工作思路，降低创业失败率。

创业风险主要是指技术风险、市场风险、环境风险、财务风险等。创业陷阱主要是指信息不对称、商业欺诈、伪机会等。

二、创业风险的诊断

目前，我国大学生创业还处于起步阶段，自主创业的人数不多，占大学生总数的比例不大。虽然有较好的创业环境，但大部分毕业生由于自主创业要承担相当大的风险，还是不会选择创业。大学生创业面临风险的原因主要有以下几种。

（1）社会资源贫乏。由于长期身处校园，大学生掌握的社会资源非常有限，而企业创建、市场开拓、产品推介等工作都需要调动社会资源，大学生在这方面会感到非常吃力。

（2）缺乏创业能力。很多大学生创业者眼高手低，既不了解创业的相关政策法规，也没有在相关企业的工作、实践经历，缺乏能力和经验，却对创业的期望值非常高。当创业计划转变为实际操作时，才发现自己根本不具备解决问题的能力，这样的创业无异于纸上谈兵。

（3）管理过于随意。由于长期接受应试教育，不熟悉经营“游戏规则”，一些大学生创业者虽然在技术上出类拔萃，但理财、营销、沟通、管理方面的能力普遍不足。此外，一些人存在一定的性格缺陷，如自以为是、刚愎自用等，这些都会影响创业成功。

（4）项目选择盲目。目前，大学生创业的项目选择多集中在高科技领域和智力服务领域，如软件开发、网络服务、网页制作、家教中介、设计工作室等。此外，快餐、零售等连锁加盟店也是大学生青睐的创业项目。但是，大学生并不了解市场，如果缺乏前期的市场调研和论证，只是凭自己的兴趣和想象来决定投资方向，甚至仅凭一时心血来潮就决定干哪一行，一定会碰得头破血流。

（5）融资渠道单一。资金难筹几乎是每一个大学生创业者都会遇到的难题。银行贷款申请难、手续复杂，如果没有更广阔的融资渠道，创业计划只能是一纸空谈。

【知识链接】

规避风险有九招

规避风险有以下九招。

1. 以变制胜。所谓“适者生存”，强调的就是“变”，经营者要适应外部环境的变化，随时做出调整。

2. 出其不意，攻其不备。核心是一个“奇”字，用出奇的产品、出奇的经营理念、出奇的经营方式和服务方式去战胜竞争对手。

3. 以快制胜。机不可失，时不再来，比对手快一分就能多一分机会。对什么都慢慢来、四平八稳、左顾右盼的人必然被市场淘汰，胜者属于那些争分夺秒、当机立断者。

4. 后发制人。从制胜策略看，有时后发制人比先发制人更好，可以更多地吸收别人的经验，时机抓得更准，制胜把握更大。

5. 集中优势，重点突破。这一策略特别适用于小企业，因为小企业人力、物力、财力比较弱，如果不把有限的力量集中起来就很难取胜。

6. 趋利避害，扬长避短。经营什么产品，选择什么样的市场，都要仔细掂量，发挥自己的优势。干应该干的，干可以干的，有所为，有所不为。

7. 迂回取胜。小企业与大企业竞争不能搞正面战，搞阵地战，而应当搞迂回战，干别人不敢干的，干别人不愿干的。

8. 积少成多，积微成著。积少成多是一种谋略，一个有作为的经营者要用滴水穿石、聚石成山的精神去争取每一个胜利，轻小利、追暴利的经营者未必能成功。

9. 以廉制胜。薄利多销是不少经营者善于采用的一种经营策略。薄利多销的前提是能多销，薄利少销则是不可取的。

三、创业风险的管控

（一）创业风险分析

创业的风险，可以从管理、技术、市场、财务、环境等几个方面进行评估。

管理风险主要包括：管理层的综合素质风险、团队稳定性风险、决策风险、组织风险和股权结构风险等。

技术（产品）风险主要包括：技术上成功的不确定性风险、技术效果的不确定性风险、配套技术的不确定性风险、技术发展前景的不确定性风险、技术的可替代性风险等。

市场风险主要包括：市场接受能力的不确定性风险、市场接受时间的不确定性风险、赢得市场竞争优势的不确定性风险、创新产品扩散速度的不确定性风险等。

财务风险主要包括：融资方资金不能按期到位的风险、产品成本提高的风险、销售价格降低的风险、通货膨胀的风险等。

环境风险主要包括：国家产业政策风险、社会服务环境风险、社会文化风险等。

（二）企业风险规避策略

1. 应对技术风险

为应对技术风险，创业企业除了要加大研发投入、缩短研发周期，还要加强市场调研，迅速获得现有与潜在市场的产品信息，引领所在领域产品的潮流，并继续开展与相关高校的研究合作，快速完成技术更新。另外，要注意申请技术专利保护，防止技术的扩散给企业带来的损失。可以从以下两个方面采取有效措施。

一是采用模仿创新战略。模仿创新就是在创新者已经成功的技术创新基础上，投入不多的资金，模仿该项技术，并对其进行补充、改良、提高、完善的过程。模仿创新虽然有跟风之嫌，却可以节省大量的开发费用，提高成功率，缩短从技术到市场的时间，从而大大降低技术风险。

二是组建技术研发联合体。企业进行技术创新，特别是自主技术创新，风险大、时间长、复杂性高，单个企业往往难以承受。这时如能组建技术开发联合体，可以在一定程度上化解技术开发风险。技术联合体是指两个及两个以上的国内外法人组织联合致力于某一技术或产品的研究开发，实现优势互补、风险共担、利益共享的一体化组织。技术联合体通常是企业、科研机构及大学之间的联合。建立技术联合体，可以获得符合本企业特点的新技术，并能迅速将技术转化为新产品，有效避免企业与科研院所的体系脱节，以及缺乏必要的中介组织所导致的企业不易获得具有开发价值的新技术问题，从而在较低风险的条件下，获得自主创新的技术，形成企业的核心竞争力。

2. 应对市场风险

企业要结合发展战略，针对目标市场要求，根据外部环境因素，最有效地利用自身的人力、物力和财力资源，制定企业最佳的市场营销组合策略，最大限度地起到缓解市场风险的作用。可以从以下两个方面采取有效措施。

一是树立以市场为导向的整合营销理念。要在瞬息万变、竞争激烈的市场中生存，创业企业必须树立正确的市场营销理念，重视市场营销的作用，这是企业开展一切营销活动的前提。无论是微软还是华为，这些成功的高科技企业不一定拥有最先进的技术和最好的产品，但他们一定拥有正确的营销理念和最好的营销策略。因此，创业企业要规避市场营销风险，首先应该增强现代营销观念，把市场营销工作放在重要的地位。此外，在进行产品规划、价格制定、渠道选择、促销策略制定时都要以市场为导向，从顾客角度出发。同时，生产研发部门应注意与营销部门配合，响应市场需求，实现技术与市场的完美结合。

二是生产适销对路的产品。面对消费需求的不断变化和竞争对手产品更新步伐的加快，加快新产品研发的速度是预防产品风险的重要途径。面对业已发生的产品风险，尽快开发出符合市场需要的新产品，这是企业走出困境的有效举措。企业应根据市场需求和企业目标，对产品组合的宽度、深度和关联度进行决策。在一般情况下，扩大产品组合的宽度、增加产品线的深度和加强产品组合的关联度，可以使企业降低投资风险，增加产品的差异性，适应不同顾客的需求，从而提高企业在某一地区或某一行业的声誉。

3. 应对财务风险

创业企业可从以下三个方面采取措施应对财务风险。

第一，根据企业的经营战略确定合理的债务结构。企业应当根据企业的经营战略安排企业的资产结构和负债结构，最优的资本结构是企业综合资金成本率最低、股东投资利润率最高的资本结构，同时这也是财务风险最小的资本结构。企业要根据自身生产经营发展状况来合理设计资本结构中的各种比例关系，如负债和总资产的比例关系，负债中短期负债和长期负债的比例关系，通过对不同来源、不同时期、不同层次的各种资本要素的有机协调，达到降低财务风险、利于企业发展的目的。

第二，做好现金预算，加强财务预算控制。创业企业在借款时就应注意安排未来还本付息的资金，否则将被迫借新债还旧债，但创业企业举债能力较弱，容易面临无法支付债务的现金流量风险。企业可以通过编制现金预算，合理调度资金，加快资金周转，加强开支管理，加强财务预算控制，控制未来的发展规模。加强现金预算和其他财务预算的监督，避免因盲目发展而陷入资金不足的困境。

第三，保持资产流动性。企业资金流转总是周而复始地进行的，因此流动性是企业的生命。企业必须加速存货周转，缩短应收账款周转期，以保持良好的资产流动性。企业应降低整体资产中固定资产的比重，这样就可以大大降低产品中固定成本的比重，降低企业的经营风险。

4. 应对管理风险

创业企业需要建立一套完整的管理制度和科学的决策程序。可以从以下三个方面采取措施，应对管理风险。

第一，建立健全现代企业制度。建立科学的决策和监督机制是高技术企业控制管理风险的前提，而这些又离不开合理的产权制度与健全的企业内部治理结构。所以，为减少企业管理风险，企业必须按照现代企业制度的要求，建立起真正完善的法人治理结构。经营者激励机制是法人治理结构中不容忽视的重要问题，解决好经营者特别是中高层管理人员的利益分配问题，不仅可以引导他们致力于企业利益最大化，尽可能把决策风险和操作风险降到最低程度，减少经营者的短期行为，而且可以对企业的“内部人控制”现象起到遏制作用。

第二，完善企业的内部控制制度。完善企业的内部控制制度的一个重要手段就是建立严密的内部控制系统。企业内部控制系统必须覆盖企业的各项业务、各个部门和人员，并渗透到投资决策、执行、监督、反馈等各个环节。同时，企业还必须建立科学的授权制度和岗位分离制度，对掌握企业内幕信息的人员实行严格的批准程序和监督处罚措施。

第三，提高决策者、管理者的自身素质。对企业中高层管理人员必须坚持德才兼备的用人标准，在人员甄选过程中，两方面的素质都应该列入考核内容，同时还应加强员工的职业道德教育和业务培训工作。

创业过程中，机遇与风险并存。风险控制应采取分类重点控制和阶段性控制相结合的方式，同时要进行风险的整体监控，建立风险监控体系，使风险的控制措施更趋系统化。

【案例拓展】

创业是一个充满风险、艰辛与坎坷的过程，也是一个充满激情与喜悦的过程。如何才能尽量规避与防范可能出现的创业风险，使创业过程能够顺利一些，尽快掘得第一桶金，是每一个创业者都十分关注的问题。下面通过几个具体的案例对规避创业风险问题进行详细的阐述。

1. 选择创业项目阶段，如果不熟悉相关政策、法律、法规，则会有一定风险

案例　魏先生欲在医院设立大屏幕药品广告播放系统，合作医院已经找到，相关药品生产厂家也十分愿意投放产品广告，正在紧锣密鼓地实施过程中，遭遇了相关执法部门的制止。

分析　不熟悉新修订的《药品管理法》，是该项目失败的直接原因。

规避办法 不管从事哪一行业，都必须先了解相关的政策、法律、法规，这是项目可行性分析首先要研究的问题。如果遭禁，只能重新选择项目。

2. 创业阶段，如果对产品技术的成熟度了解不深入，则将有一定风险

案例 张先生与开发出计算机远程控制全色护栏灯的朋友合作，注册了一家公司，拟进行产品的推广。刚刚做出样机，就有客户找上门来，看到计算机模拟演示效果后，便签订了一个很大的工程订单。由于工期较紧，公司便直接开始大批量生产。投入工程安装后，由于抗干扰性能不过关，遭到客户退货，造成了巨大的经济损失。

分析 没有进行充分的产品可靠性试验，尤其是缺乏模拟现场工况的试验，是该项目失败的主要原因。

规避办法 凡是在创业选项中选择新发明、应用新技术或投资于高科技新产品的时候，产品的可靠性、技术的成熟度是必须进行重点考核的可行性指标。在产品投入市场之前，必须进行产品质量的相关测试，做出产品质量检测报告，如有条件应提供给部分客户使用，做出客户使用报告，全面、客观地反映出客户的使用情况，使创业者能够正确地做出是否可以投入市场的决定，有效地规避贸然进入市场的经济风险和信用风险。

3. 对所选行业未来发展趋势不了解，将有一定风险

案例 金先生某次出差去深圳，看到很多闹市区的路边正在安装一些停车计费咪表，于是投入资金，研制停车计费咪表。尽管他很快研制出号称当时最先进的车载式停车计费咪表，但是公司因为没有订单而长期亏损，两年后倒闭。

分析 路边停车收费，不符合中国国情。于是，咪表计费行业便成为陷阱，仅深圳就先后有70余家咪表研制企业倒闭。金先生成为闯入陷阱行业的牺牲者。

规避方法 不管进入哪一行业进行创业，都必须对该行业的未来发展趋势做出正确判断，如果把握不准，宁可不进入！

4. 对渠道建设的难度估计不足，将有一定风险

案例 王先生研制出一种矿泉水直饮机，水质好，使用方便且成本低，并自建销售渠道。由于没有一个好的营销策略，又缺乏营销渠道的建设经验及资金，市场始终没有打开，勉强坚持了两年，企业还是倒闭了。

分析 没有一个好的市场营销方案，是王先生失败的原因。市场营销渠道建设是一件似易实难的事，项目持有人或发明人在创业时常常会忽视渠道建设的难度而盲目创业，最终导致失败。

规避办法 如果企业创办人没有市场营销方面的经验，就一定要吸纳一位有市场营销经验的人加入创业团队；如果没有合适的人选，就一定要请教专业咨询机构，花一点钱在营销策划上是十分必要的。但是，现实中有很多创业者为节省一点咨询费而前仆后继地牺牲在渠道建设的路上。

5. 在创业项目实施阶段，易出现经营风险

案例 孙先生开发出一种新型节电装置，找到一位颇有营销经验的李先生合作，创

办了公司。李先生市场拓展能力很强，很快打开了市场，订单源源不断，却因为产品质量不稳定遭遇客户大量退货，导致企业倒闭。

分析 营销队伍与研发、生产队伍不平衡，是创业失败的直接原因。

规避办法 对于生产、研发型企业创业者来说，组建一支研发、生产与市场营销相平衡的团队，是创业者必须思考的问题；否则，轻者会使企业的发展速度受到影响，重者会导致创业的失败。

6. 上游供应链不稳定，存在风险

案例 陈先生在农产品市场租了一个摊位做菌类生意，开始有稳定低价的货源，市场销路很好。不久，为其供货的菌农自己也在批发市场租了一个摊位。供货渠道中断，陈先生的经营陷入了困境。

分析 仅仅依赖一两个供应商，没有及时开发新的供货渠道是其经营出现问题的主要原因。

规避办法 经营者必须要有居安思危的意识，尤其是在产品销路好的时候，一定要及时开拓新的供应商，加强供应链建设，才能使自己处于优势地位，立于不败之地。

7. 下游市场渠道不稳定，存在风险

案例 艾先生开了一家手机批发点，位于省城，辐射到各地市，有40多家外地经销商从他那里进货，开业伊始生意兴隆，各经销商回款也比较及时。可是，随着经营手机的批发商渐渐增多，开始出现回款不及时且经销商不断流失的现象，经营一度出现困难。

分析 竞争者的不断增加、下游渠道的不稳定，是其问题的症结所在。

规避办法 分析竞争对手的销售策略，利用自己的先发优势予以反击；同时采取与下游销售渠道实现共赢的办法夯实销售渠道。例如，采取与下游渠道互相参股的方式是十分有效的方法；另外，对下游渠道进行培训、营销指导等也是切实可行的办法。

综上所述，创业的过程实际上就是不断挑战风险的过程，只要不断学习，勤于研究，就可以战胜风险，取得创业的成功。

【拓展活动】

一、在社区里寻找你的创业机会

思路1 在社区里努力寻找你想要却又找不到的产品或服务。这里有几个例子供你参考，不过，它们并不一定适合你的情况。希望在这些例子的启发下，你能产生自己的想法。

1. 在社区的商店里，玩具的品种很少，顾客的选择余地不大。
2. 社区没有令人感到舒适的、可作为与朋友会面场所的休闲咖啡店。
3. 社区里没有办法既快捷又可靠地为住户发运包裹。

4. 当地最近香菇缺货，得买别的来代替。

你的想法：

____

____

____

思路 2 判断社区里哪些产品或服务质量较差。这里有几个例子供你参考，不过，它们并不一定适合你的情况。希望在这些例子的启发下，你能产生自己的想法。

1. 社区的粉刷工不肯细心地刷墙，总是拖泥带水，地上涂料星星点点。

2. 到社区商店买东西，碰到售货员结账或整理货物，他（她）就会把你晾在一边，你只得耐心等待。

3. 在车站排队时，你从来搞不清哪儿是队头，哪儿是队尾，特别是在上下班客流高峰期，人们总因秩序混乱而深感不满。

你的想法：

____

____

____

二、假如你要创立一家图书公司，试进行风险预测和控制。

创办该企业可能面临的风险有：

1. ____

____

2. ____

____

3. ____

____

对风险进行预测和评估后，将采取以下措施规避风险：

1. ____

____

2. ____

____

3. ____

____

【思考题】

1. 什么是创业？创业的类型主要有哪些？
2. 创业活动主要有哪些阶段？
3. 如何正确认识大学生创业？
4. 如何把握创业机会？
5. 创业风险的来源主要有哪些？
6. 采取哪些措施可以有效防范创业风险的发生？

第三章 创业者必备素质

【导学案例】

"90后"返乡创业青年：一根网线连接小城和世界

32岁的陈俊璋家住祁连山下的甘肃省武威市天祝藏族自治县。从小生活在这里的他渴望走出大山，于是上大学时选择了滨海城市辽宁大连。大学期间，他首次"触网"，尝试在电商平台销售甘肃中药材。

电商销售不仅为陈俊璋赚来人生"第一桶金"，更让他意识到"一根网线+特色产品"的商业潜力。"家乡有不少品质优良的土特产，却被'困'在深山里走不出去。"大学毕业后，陈俊璋决定返乡创业："用互联网让家乡产品的'酒香'飘出'深巷'！"

2014年，回到家乡的陈俊璋创立了甘肃金农商电子商务科技有限公司，吸引了设计、运营、策划、销售等专业的本地人才，组建起一支电商团队。团队挖掘本地农产品特点，精心策划、传播推广，借助电商平台，让大山里的特色农货走向大江南北。

天祝白牦牛肉、民勤蜜瓜、陇南土蜂蜜、天水苹果……不出几年，陈俊璋的电商产品几乎涵盖了甘肃的名优特产。

"爱折腾"的陈俊璋并不满足于简单销售，他将精力主要放在创新挖掘新产品上。

2017年，天祝开始引种藜麦，如今已成规模。在陈俊璋眼里，这种原产自南美洲的"舶来品"，不仅是富含高蛋白的健康食品，更有摇曳的藜麦花。成熟后的藜麦花田像调色板，黄色、青色、红色，极具观赏价值。

"藜麦花好看，花期却很短。怎么能留住它的美丽？"陈俊璋日思夜想。在与云南一家花卉企业达成合作后，陈俊璋引进永生花技术。2021年，金农商公司打造的藜麦永生花在第十届中国花卉博览会上惊艳亮相，荣获多个奖项。

藜麦干花制成的挂饰、胸花、伴手礼等深受消费者欢迎，销售火爆。截至目前，藜麦永生花已为公司带来近700万元的销售额，并且走出国门，出口到韩国、荷兰、日本等国家。

在陈俊璋的带动和影响下，越来越多懂技术、善经营的返乡青年站上了乡村振兴的“C位”。为了给年轻人提供更广阔的就业创业舞台，天祝县以大学毕业生、未就业青年、小微网商等群体为重点，成立以创业培训、电商服务、物流仓储等功能为一体的青年电子商务孵化基地，目前有8家企业入驻。

一根网线，一头牵着家乡，一头通往世界。从事电商行业十多年，陈俊璋说，自己最大的心愿，就是让家乡的产品走出大山、走向世界。

【思考与讨论】

大学生创业者有哪些优势和劣势？

第一节　创业知识

【案例拓展】

荷田里的创业者

在重庆市北碚区静观镇双塘村，有位爱花之人扎根荷田，通过种植观赏荷花，售卖荷花相关产品创业。这位创业者名叫尹学颖，毕业于重庆大学。从2018年开始，尹学颖就在静观镇双塘村种植观赏性荷花，他刻苦钻研荷花培育技术，目前已种植了数十种荷花。他还开设网店出售种藕、鲜切花、荷花盆栽、莲子等产品，产品远销山东、广东、福建、江苏等地。

尹学颖表示，希望能利用自己的特长，在荷花特色种植及相关产品领域拓宽销售渠道，带动周边村民增收致富。

创业者是创业的主体。创业者既可以是一个单独的个体，也可以是一个团队。创业者既是初创企业的意志主体，又是行为主体。广义的创业者是指参与创业活动的全部人员，狭义的创业者是指参与创业活动的核心人员。要想成为一名成功的创业者，首先必须满足以下知识结构要求。

一、创业者的知识结构要求

随着经济的发展和国内外形势的变化，大学生创业的外部形势趋紧，竞争日益激烈，单凭热情、胆识、经验或单一专业知识，想要成功创业难度非常大。创业者若要闯出一条路，开辟出一片天地，就必须有全局战略眼光和创造性思维，能审时度势，做出正确决策，这就要求创业者必须掌握广博的知识，具有一专多能的知识结构。具体来说，创业者要掌握以下几类知识。

（一）熟练掌握创业的专业、职业知识

创业的专业、职业知识涉及范围广泛、全面。专业知识是寻找创业机遇的切入点，而创业是全面外化和施展自己才华的全过程。对于一名创业大学生来讲，除了要学好创业所涉及领域的专业知识，更要注重该领域的职业知识学习。

1. 夯实专业知识基础

大学生在校学习期间，要刻苦学习本专业技术知识，为自己走出校门施展创业才华奠定理论基础。在当前形势下，大部分人往往会选择与自己的专业背景相吻合或相近的领域进行自主创业，而这种契合性较高的创业要想获得成功，其前提条件就是大学生必须具有丰富的专业知识储备。唯有如此，创业成功才有较大的可能性，否则，创业只能是无源之水、无本之木。如果你是一名财务管理专业的学生，毕业后想自己创立一家理财公司，那么，你除了要知晓设立公司的基本流程和条件，更要有丰富的财务管理等相

关专业知识，只有这样，创业才具有可行性。

2. 广泛涉猎职业知识

如果说过硬的专业知识是大学生创业成功的基石，那么拥有广泛的职业知识就是创业成功的助推器。职业知识相对于专业知识来讲，具有领域宽广、归口特殊等特征。对于大学生来说，首先要学好自己的专业知识，掌握一技之长。但对于立志自主创业的大学生来说，仅仅掌握一技之长，难以让“一叶扁舟”在无垠的大海上有所作为，这就需要大学生充分利用在校时间广泛涉猎、认真研究自主创业领域的相关职业知识。假如你是一名建筑专业的大学生，想自主创业，首先要确定创业的目标；若要成立一支建筑施工队，那么你必须要有过硬的专业知识，同时更要有建筑行业的职业知识，比如你要了解建筑施工队的职能，以及如何才能获得进入工地施工的资质等。

3. 寓职业知识于专业知识

大学生在校期间要立足当前、着眼长远，确定创业目标，脚踏实地，认真钻研专业知识，积极利用各种业余时间广泛涉猎相关知识，寓职业知识于专业知识，为自己未来创业打下坚实的理论基础。对于大学生来说，在校期间的求学经历会给他们的一生增添无穷的色彩，更会为他们带来机遇和财富。立志创业施展抱负，必须要内外兼修、苦练内功，即在夯实专业基础知识的同时，全面掌握各领域准入所需的相关职业知识，唯有如此，创业胜算才能具有可预期性。

（二）深刻钻研企业经营管理知识

1. 学习经济学知识

了解基本的经济学常识，如经济政策、市场构成、项目投资、市场营销与广告等相关知识。

2. 学习商业知识

掌握经营企业所不可或缺的财务、税收、金融、营销、人力资源、企业组织结构与战略等专门知识。

3. 学习企业经营管理知识

创业者要掌握科学的经营管理方法，提高企业管理水平。如企业战略管理、生产管理、市场营销管理、研发管理、人力资源管理，以及助推企业持续发展的融资渠道等相关知识。作为企业的所有者和经营决策者，创业者虽然可以聘用职业经理人来管理企业，但熟练掌握企业管理知识乃至成为所涉领域的行家里手，无论是对于企业长远发展还是自身创业能力的提升都具有重大的现实意义。如一家金融服务公司，创业者应该是金融理财的专家；而一家快速消费品公司的老板，应该是市场营销的行家里手。

（三）全面了解社会综合知识

1. 熟谙创业的相关法律法规

相关法律法规主要包括：① 关于设立企业的法律法规；② 关于出资的法律法规；

③ 关于会计、财务、税收等的法律法规法规；④ 关于知识产权的法律法规法规；⑤ 关于劳动人事关系方面的法律法规。以上只是简单列举创业常用的法律知识，在企业实际运营中还会遇到大量法律问题，一些专业的问题可以由律师去处理。但是，作为创业者或者企业经营者，应当对这些问题有一些基本的了解，知法守法，合法经营，学会用法律手段保护自己的合法权益。

2. 学习借鉴前人的成功经验

作为刚刚踏入社会的大学生，创业是展现自我活力风采、提升人生价值的创新之举。当你在筹谋着创业宏图时，似乎感觉创业并非像外界所说的成少败多；但当创业蓝图遇上现实，你会发现似乎进程并非一帆风顺。你可能会说大名鼎鼎的比尔·盖茨、乔布斯等创业名人大学没毕业就开始创业并大获成功，但你往往忽略了一点：他们经历过无数痛苦的失败，并在不断总结经验教训的基础上，逐步走上成功之路。可见，积极借鉴他人的创业成功经验，汲取自身创业教训，融合内外积极因素，创业之旅才有可能事半功倍。

积极借鉴他人创业成功经验。大学阶段是人生的黄金学习时期，扎实的专业知识基础会让你的创业之路如虎添翼，但相信大部分的大学生创业者都有一个疑问，那就是："为何我一切准备工作做得都很完美，而我的成功来得这么曲折?"其实，对于这一疑问，可以用"三人行必有我师"这句话加以解答。譬如你是一名电子商务专业的学生，想通过自己的努力建立一个 B2C（Business to customer，企业对消费者的电子商务模式）平台，那么你首先要做足功课，但仅此还是不够的。因为功课只能解决你的技术问题，如何能让你的平台更易被人认知、信任？这就需要你借鉴一些成功的案例，如淘宝、京东商城等电子商务平台的做法，这样既可以让你的创业更易成功，又能让你节约成本、提高利润。

科学认识自主创业的优势和劣势。大学生创业之前，应对自己的创业计划、实施步骤等环节进行可行性分析，并根据 SWOT（优势 Strength、劣势 Weakness、机会 Opportunity 和威胁 Threats）理论分析企业内外部环境，对于这些因素要高度重视，认真加以对待，并在创业过程中努力扭转劣势，化解威胁。假如你想创立一家特色餐饮店，首先你要制定一个创业实施细则，理清每一步骤需要做哪些事情，并对这一实施环节进行风险评估，即你的饭店所处位置如何、人流量怎么样、当地消费者的喜好如何等，综合分析后得出你的饭店优势是什么、劣势是什么、机会如何、威胁是什么，从而做到有的放矢，有所为有所不为。

让借鉴成功经验成为创业的内生动力。学习借鉴创业成功经验，固然可以让我们少走弯路、错路，但要把握一个度。如果照搬照抄他人经验，难免会"水土不服"，导致创业"半路夭折"；如果埋头苦干，而不借鉴成功、先进经验，难免会一条路走到黑，导致创业迷失方向。因此，大学生创业者要科学把握自力更生与学习借鉴的关系。

3. 了解大学生创业的相关优惠政策

近年来，为支持大学生创业，各级政府出台了许多优惠政策，涉及融资、开业、税收、创业培训、创业指导等诸多方面。对打算创业的大学生来说，了解这些政策，才能走好创业的第一步。

根据全国高校就业中心公众号 2022 年 4 月 20 日推送的《普通高校学生自主创业政策公告》，当前大学生自主创业可以享受以下优惠政策。

（1）税收优惠政策。

① 持人社部门核发的就业创业证的高校毕业生在毕业年度内创办个体工商户的，可按规定在 3 年内以每户每年 12 000 元为限额（最高可上浮 20%，具体由各省、自治区、直辖市人民政府根据本地区实际情况确定）依次扣减其当年实际应缴纳的增值税、城市维护建设税、教育费附加、地方教育附加和个人所得税。

② 对高校毕业生创办小微企业的，可按规定享受小微企业普惠性税费优惠政策；创办个体工商户的，对其年应纳税所得额不超过 100 万元的部分，在现行优惠政策基础上减半征收个人所得税。

（2）担保贷款和贴息政策。

① 创业担保贷款和贴息支持：可在创业地申请创业担保贷款，最高贷款额度为 20 万元，对符合条件的个人合伙创业者，可根据合伙创业人数适当提高贷款额度，最高不超过总额的 10%。对 10 万元及以下贷款、获得设区的市级以上荣誉的高校毕业生创业者免除反担保要求；对高校毕业生设立的符合条件的小微企业，最高贷款额度提高至 300 万元，财政按规定给予贴息。

② 创业担保贷款申请程序：申请创业担保贷款贴息支持的个人和小微企业应向当地人力资源和社会保障部门申请资格审核，通过资格审核的个人和小微企业，向当地创业担保贷款担保基金运营管理机构和经办银行提交担保和贷款申请，符合相关担保和贷款条件的，与经办银行签订创业担保贷款合同。

（3）资金扶持政策。

① 免收有关行政事业性收费：毕业 2 年以内的普通高校毕业生从事个体经营的，3 年内免收管理类、登记类和证照类等有关行政事业性收费。

② 求职创业补贴：对在毕业学年有就业创业意愿并积极求职创业的低保家庭、贫困残疾人家庭、原建档立卡贫困家庭和特困人员中的高校毕业生，残疾、获得国家助学贷款的高校毕业生，给予一次性求职创业补贴。

③ 一次性创业补贴：对首次创办小微企业或从事个体经营，且所创办企业或个体工商户自工商登记注册之日起正常运营 1 年以上的离校 2 年内高校毕业生，试点给予一次性创业补贴。

④ 享受培训补贴：对大学生在毕业年度内参加创业培训的，按规定给予培训补贴。

（4）工商登记政策。

简化注册登记手续：创办企业时，只需填写“一张表格”，向“一个窗口”提交“一套材料”，登记部门直接核发加载统一社会信用代码的营业执照，“多证合一”。

（5）户籍政策。

取消落户限制：高校毕业生可在创业地办理落户手续（直辖市按有关规定执行）。

（6）创业服务政策。

① 免费创业服务：可免费获得公共就业和人才服务机构提供的创业指导服务。

② 技术创新服务：各地区、各高校和科研院所的实验室以及科研仪器、设施等科技创新资源可以面向大学生开放共享，向大学生提供低价、优质的专业服务。

③ 创业场地服务：鼓励各类孵化器面向大学生创新创业团队开放一定比例的免费孵化空间。政府投资开发的孵化器等创业载体应安排 30% 左右的场地，免费提供给高校毕业生。有条件的地方可对高校毕业生到孵化器创业给予租金补贴。

④ 创业保障政策：加大对创业失败大学生的扶持力度，按规定提供就业服务、就业援助和社会救助。毕业后创业的大学生可按规定缴纳“五险一金”。

（7）学籍管理政策。

① 折算学分：各高校要设置合理的创新创业学分，建立创新创业学分积累与转换制度，探索将学生自主创业等情况折算成学分的措施。

② 弹性学制：学校可以根据情况建立并实行灵活的学习制度，可放宽学生修业年限，保留休学创新创业学生的学籍。

二、创业知识的获得途径

大学生可通过以下几种途径获取创业知识。

（一）大学教育

大学教育最独特的功能在于，通过教育和辅导，开启青年学生的思维能力，使其能够广纳新知、活跃思维，同时指导他们利用自己的才智和学识为自己的人生目标服务。

因此，创业者可以通过大学课堂的学习为将来铺垫道路，树立正确的人生观和道德观，扎实地学好专业知识和职业技能；充分利用大学图书馆，找到创业指导方面的报刊和图书，广泛阅读以增加对创业市场的认识；参加大学社团活动，锻炼各种综合能力；全方位体验大学生活，建立广泛的人际关系网，结交志同道合的朋友。大学生活是创业者积累经验必不可少的实践过程。

（二）媒体资讯

一是纸质媒体，人才类、经济类媒体是首要选择，如比较专业的《21 世纪人才报》《21 世纪经济报道》《IT 经理人世界》。

二是网络媒体，管理类、人才类、专业创业类网站是必要选择，如中国营销传播网、中华英才网、中华创业网等。此外，各地创业中心、创新服务中心、大学生科技园、留学生创业园、科技信息中心，以及知名的民营企业的网站等都有许多创业知识。

（三）创业实践

真正的创业实践开始于创业意识萌发之时。大学生的创业实践是学习创业知识的最好途径。

直接的创业实践学习可以通过课余、假期在外兼职打工来获得，也可通过举办创意项目活动、创建电子商务网站、策划书刊出版事宜等多种方式来获得。

间接的创业实践学习主要可以借助学校举办的某些课程的角色扮演、情景性模拟参与来完成。例如，积极参加校内外举办的各类大学生创业大赛、工业设计大赛，对知名企业家成长经历、知名企业经营案例开展系统研究等也属于间接学习范畴。

（四）曲线创业

刚毕业的大学生，各方面阅历和经验都不够，可以到实体单位锻炼几年，积累一定的知识和经验再准备创业。先就业再创业是很多创业大学生的选择。

（五）小本创业

创业前期，或者是大学生初入社会创业，可以选择小本创业，甚至是无本创业，这样即使你的投入没有回报，也不至于损失太大而影响以后的生活。在创业的过程中，要不断积累创业知识与经验。

因此，大学生创业一定不要好高骛远，而要脚踏实地从点滴做起，慢慢沉淀自己，总结经验。比如利用网络，在淘宝网、京东商城等处开设网店，经营自己比较熟悉的业务也是一个很不错的实践创业的选择。

第二节　创业素质

【案例拓展】

新经济催生新机遇　年轻创业者正在改写生产生活

“我国创业者众多，为世界创造了大量的行业独角兽和领军企业。近几年，在科技创新乃至各个赛道上，都有我国年轻一代创业者的身影，这本身就是对世界发展的重要贡献。”

世界青年发展论坛举办前夕，优客工场创始人、董事长毛大庆接受《中国青年报》、中国青年网记者专访时谈到，与十年前对技术懵懵懂懂的“开盲盒”式创业不同，如今成熟技术转向市场应用，使得年轻一代创业者更理性地选择合适的赛道，“他们会更加接近这次技术革命最能真实抵达的目的地，也更有成功的必然性”。

2022 年 7 月 22 日下午，世界青年发展论坛就业创业主题论坛在北京举办。与会嘉宾共同探讨新经济催生的就业创业新机遇。

穿越疫情阴霾，两年多以来，创业圈里绕不开的话题是“拼命自救”和“转型升级”。很多创业者发出疑问：当下的创业环境真的比以往更加艰难了吗?

毛大庆谈到，自 2014 年掀起全国范围内的创新创业热潮以来，资本市场充裕，激发了大批独角兽企业的上市热潮，2019 年达到“极致”。但新冠肺炎疫情暴发以来，情况急转直下。“加上中美贸易战和中概股下跌等一系列问题，新兴经济和新科技公司上市更加艰难，这一系列问题传导回一级市场的股权投资，使得创业环境发生了巨大变化。”

不过，在毛大庆看来，经历疫情，一批企业倒闭，一批企业艰难前行，重新步入了正轨。与此同时，“在这个‘冬天’诞生的新创业公司，尽管融资不易，但其存活率反而会更高。他们更注重企业安全和保有现金流，对融资难有充分思想准备，也因此，他们更加务实、理性”。

“90 后”“95 后”正成为创新创业的生力军。毛大庆也观察到，“90 后”“95 后”的新一代创业青年越来越多，“他们选择创业，一方面是谋生，也有很多人是为了兴趣爱好和实现自己的理想。尽管外部环境不好，但他们会更加坦然地面对，或许未来的确能产生一批生存能力强、抗压能力强，愿意用匠人精神经营企业和打磨产品的创业者，‘冬天出生的孩子’会有自己特定的本领”。

当下处在全球科技创新和产业变革的新时期，新经济蕴藏着新的机遇。“后疫情时代，同时也是第四次技术革命的中后期。如今畅想或已定型的新技术，或将在下一个十到十五年间，逐渐转化为直接生产力。这会让这一批年轻人更能够把握实际价值，创新创业更加接近生产生活的真实性，他们也更容易成功。”

毛大庆建议，“这一代年轻人有自信、更从容，不见得都瞄准科技赛道，还可以在文创、生活方式、网红 IP 等各种赛道中，发挥自己的想象力和本领，这是很值得鼓励的。”在他看来，很多年轻人已经将原来传统生活中司空见惯的事物，用他们的爱好和审美进行了改写，重新激活了市场。

创办优客工场 8 年，毛大庆观察到，随着科技化和数据化的发展，办公场景发生了很大的灵活性变化。“尤其当下，办公的主力人群从‘80 后’‘85 后’，逐渐过渡到了‘90 后’‘95 后’乃至‘00 后’，加上灵活用工兴起，企业用工的组织结构变化和疫情影响，人们越来越喜欢和重视灵活办公、远程办公和敏捷办公。可以说，工作场景已经变成了一种城市生活的创新型场景。”

“我们有理由相信，敏捷办公的服务会在下个阶段存在几十年。再到下一阶段，人工智能、大数据等科技变成主导生产的主要技术驱动力时，办公会变成什么样，是远程移动，还是以更加元宇宙化的形态出现，这确实值得我们去研究。”

在很多年轻创业者眼里，“创业老将”毛大庆拥有很多“成功”标签。但他坦言：“真正的创业总是如履薄冰，这就是创业的本质。穿越疫情，需要警醒的是，创业者应当回归创业本心，扎实有效地管理企业，解决原来不敢甚至没有下决心去断腕处理的企业 bug，艰难时刻往往会激发创始人真正的创业智慧和真正克服困难的内在本领。”

2021 年，毛大庆在北京国贸美食城开了一间“毛大庆包子铺”，引发很多人关注。他介绍说，公司新开设了美食孵化器，专门支持一批年轻人，希望在餐饮创新、餐饮品牌上进行突破。“如今已累计帮助了 150 多个不同种类的小餐饮品牌，这都是我们在做的一些生活方式创新方面的日常工作。”

对于亲自开一间包子铺，他笑称，自己还没有真正从小企业主的角度看待经营状态和经营办法，孵化品牌过程中要经历什么，需要给被孵化的人和企业提供什么帮助和服务等问题，“如果不自己跑一下过程，可能也体会不到，这就太不接地气了，特别是很多年轻人喜爱的新方式方法，如在美团开店、小红书推广等，我未必会用。这次也迫使我们自己体会真实的小品牌创业的不容易和其中的乐趣、规律”。

【思考与讨论】

创业者应具备什么样的素质？

一、创业者的素质结构要求

大学生创业方兴未艾，其中的成功者为我们树立了榜样，受此影响，很多大学生纷纷摩拳擦掌、跃跃欲试，努力成为创业大军中的一员。《孙子兵法》告诉我们，“道、天、地、将、法”是决定一场战争胜败的基本要素。商场如战场，大学生如果正准备进行创业，期待有朝一日能够成为一名优秀的创业者，成为社会争相效仿的创业榜样，那么，就应当具备以下基本素质。

（一）矢志不渝的创业毅力

“只要功夫深，铁杵磨成针。”大学生要想取得创业成功，必须具备追求卓越、持之以恒的强烈创业意志。创业成功看似容易，实则是思想上长期准备的结果，而创业成功也必然属于意志坚定、矢志不渝、臻于至善的人。

对于大学生来说，创业领域没有任何捷径可走，只有专心致志和坚持不懈的人，才能在通往目标的道路上化解危机，扫除障碍。大学生要有创业必胜的理想信念；要有不怕吃苦、迎难而上、勇于奋起的人生魄力；要有放眼未来的战略眼光，加强对社会需求、经济发展规律的敏锐洞悉和精准把握，做到“运筹帷幄之中，决胜千里之外”；要有“千里之行，始于足下”的实践特质，真抓实干，不达目的誓不罢休，有条件上，没条件创造条件也要上；要努力将自己储备的一切知识和社会实践有机结合，走出一条有自己特色的创业之路，决不做“语言上的巨人，行动上的矮子”。

（二）驾驭风险的创业魄力

成功的创业者总是先对成功的可能性和失败的风险进行分析比较，选择那些成功的可能性大而失败的可能性小的目标。为此，大学生创业者要有创业的魄力，这就要有敢冒风险、驾驭风险的勇气。但魄力不等于鲁莽、草率，在创业的过程中，创业者还要拥有理性的探求欲，要具有评估风险程度的能力和驾驭风险的有效策略。而创业者的魄力来源于其自身的勇气、理性、诚信和自信的品质。

1. 勇气

创业需要勇气，很多人总是说想创业却没有行动，最大的障碍也许不是他们不知道该怎么做，而是没有创业的勇气。他们总是有很多的顾虑，面对未来的许多不确定因素，越想越可怕，而无数的可能性也许就在这些犹豫和等待中化为乌有。阿里巴巴创始人马云的创业经验让我们看到的是他在互联网的勇于开拓，但如果多年前他只安分地做着自己的外语教师，也就没有当今的阿里巴巴。在创业的道路上，没有付出就没有收获；没有走出来，创业的梦终究是个梦。所以，怀揣着梦想的创业者要勇于跨出创业的第一步。

2. 理性

大学生创业中，往往最迷茫的就是行业的选择，不知道自己到底该投身于何处，哪里更适合自己的发展。那么到底该如何选择呢？激烈的市场竞争宣告“暴利时代”已经结束，取而代之的是“微利时代”。市场经济刚起步时，机会特别多，好像做什么都能赚钱，只要你有足够的胆量和能力。但如今每个行业、每个领域都有人做，因此，创业机会必须靠创业者自己发掘。刚刚毕业的大学生，血气方刚、勇于拼搏，这是他们身上特有的精神品格，值得推崇，但也就是这种初生牛犊不畏虎的意气，往往容易导致对项目的选择缺乏科学性和理性，总想着只要激情在，成功只是时间问题。因此，大学生创业者可以放手一搏，但必须谨慎求证。

3. 诚信

创业者的魄力与创业者的诚信是相关的。人无信不立，诚信作为市场经济的重要内容，日益成为创业者的立足之本与发展源泉。所以，对于一个成功的创业者而言，在创业之初，都要经受诚信的考验。诚信是塑造创业者形象和赢得企业信誉的基石，是竞争中克敌制胜的重要砝码，能够使企业由小变大、由弱变强。

4. 自信

对创业者来说，自信就是创业的动力。有了自信，就能够激发起强烈的成功欲望，在战胜困难时，能够表现出果断的勇气和必胜的信心。创业者的自信来源于其正确的自我认知，即对自我的尊重和接纳，能够认识到自己存在的价值，能够发挥自身的优势，能够更好地战胜困难。

（三）扎实强劲的创业内力

大学生创业者要想取得成功，不仅要具备矢志不渝的毅力、驾驭风险的魄力，更要有扎实强劲的实力。

1. 扎实的理论知识

大学生创业者要夯实专业理论知识，广泛涉猎创业领域职业知识；掌握科学、先进的管理方法，提高企业管理水平；掌握创业领域的科学技术知识，增强企业核心竞争力；掌握市场经济知识，自觉形成敏锐精准的市场战略眼光；掌握国家法律法规政策，做到用足、用活政策，依法经营管理，维护自身合法权益；了解世界各地民俗风情、文学艺术；等等。

2. 善于学习的态度

刚刚踏入社会的大学生，虽有一定的理论基础知识，但社会经验不足是不争的事实。创业是一种实现自我价值的社会行为，仅靠大学生的理论知识是难以成功的。大学生不要盲目地认为自己是天之骄子，具有将理论知识与创业实践融会贯通、有机结合的运用能力，这样只会让自己成为“井底之创业者”。成功的创业者善于学习经验、总结教训，并能将学习成果内化为创业成功的源泉和动力。

3. 提升创业技能

很多大学生创业者眼高手低，当创业计划转变为实际操作时，才发现自己是“行动上的矮子”，根本不具备解决问题的能力，这样的创业无异于纸上谈兵，创业风险也就会随之加大。为此，大学生在校期间应充分利用假期去企业兼职或实习，积累相关的管理和营销经验；积极参加学校、社会组织的创业培训，积累创业知识，接受专业指导，提高创业成功率。

4. 和谐的人际交往

人际交往所形成的交际圈正日益成为创业成功的助推剂，有时甚至会成为创业成功的第一动力。人脉圈日益成为创业信息、资金、经验的“蓄水池”，通过朋友掌握更多信息、寻求更大发展，日益成为成功创业的捷径。

对于大学生创业者来说，在创业过程中，需要与客户、公众媒体、外界销售商、企业内部员工打交道，这就要求大学生诚实守信，清晰地认识到人际交往的重要性；学习并掌握娴熟的人际交往技巧，增强人际沟通能力，排除障碍，化解矛盾，降低工作难度；学会尊重和欣赏他人，增加信任度，这样有利于增强凝聚力，提高创业成功率。

5. 健康的身体体格

健康的身体是创业成功的本钱和必要条件。虽说大学生精力充沛、体格健壮，但随着工作的日益繁忙，久而久之，身上担子重了，锻炼身体的时间逐渐减少，如果身体素质不能同时跟上，必然会导致力不从心，难以承受创业重任。因此，无论在什么情况下，大学生创业者都不能放弃锻炼身体，同时还要培养一种积极乐观的心态、宽广坦荡的胸怀，做到身体健康、精力旺盛。

6. 良好的心理素质

心理素质是指创业者的心理条件，包括自我意识、性格、气质、情感等心理构成的要素。作为大学生创业者，其自我意识特征应为自信和自主，其性格应刚强、坚韧、果断和开朗，其情感应更富有理性色彩。成功的创业者大多是不以物喜、不以己悲的，成功时不沾沾自喜、得意忘形，在碰到困难、挫折和失败时不灰心丧气、消极悲观。

二、创业素质的提升途径

（一）未雨绸缪，做好创业思想准备

凡事预则立，不预则废。大学生创业必须牢固树立投身创业的理想和志向，未雨绸缪，认真做好创业的各项准备。否则，在真正开始甩开膀子准备大干一场时，易被现实的困难、挫折所吓倒。有创业志向的大学生在校期间就应树立创业的志向，有意识地培养创业的意志品质。大学生创业者要将创业理想与实际学习目标有机结合，不怕困难和挫折，严于律己，顺利完成学业；积极参加各种社会实践活动，在确定目标、制订计划、选择方法、执行决定和开始行动的整个实践活动中，锤炼意志品质；加强意志的自我锻炼，注意培养提高自我认识、自我监督、自我评价、自我鼓励的能力；积极参加体育活动，在锻炼身体的过程中磨炼自身坚强的意志品质。

（二）寓学于行，提高创业素质水平

大学生要想取得创业成功，不仅要做好思想准备，还要自觉培养商业意识，潜心钻研相关商业知识。特别是要在创业实践中敏锐观察、科学分析，探求事物发展规律，去伪存真，把握事物本质；要自觉培养自身的信息处理能力，善于收集和利用信息，摸清市场运行的基本规律，积极主动寻找和创造商业机会；深挖掘智慧潜能，激发创业活力，自觉形成立足现在、着眼未来的战略理念。因此，大学生创业者在锻炼和培养自己的创业才能时，绝不能仅仅从使自己成才的方面去寻求提高的捷径，而必须在多方面打好扎实的基础，既要通过理论学习增长知识，提高智力，也要通过创业实践来提升职业技能，更要通过创业的竞争和自我否定提升才能，以求得创业才能的综合性提高，努力做到寓学于行、知行合一。

（三）坚持不懈，科学调整创业心态

创业之路充满荆棘，成功和失败并存，大学生创业者要有面临创业顺境时的忧患意识，更要有面临创业逆境的抗压能力。在整个创业过程中，大学生创业者一般会经历如下阶段：首先，不甘学习、生活和发展现状—建立创业发展规划目标—组织创业团队—为目标实现奋斗；其次，不考虑任何物质利益的尝试—挫败—失败—再尝试—挫折—局部成功；最后，成功点逐步增多—成功从量的积累到阶段性的飞跃—走向成功。伴随着创业的发展历程，大学生创业者的心态也将发生变化，起初是兴趣、特长和爱好—目标和热情—团队工作的乐趣—梦想和理想化的前景激励；然后是挫折、怀疑和信心的反复摧残和重建；最后是重新评估和对目标、自身的再认识—责任—新的乐趣和兴奋点。为此，大学生创业者要坚信“天生我材必有用”，增强创业自信心；在创业实践中科学调

整心态，增强面对创业逆境时的思维反应能力和抗挫抗压能力。正所谓“长风破浪会有时，直挂云帆济沧海”。

第三节　创业能力

一、创业者的能力结构要求

如果说学习能力是衡量一个在校学生综合实力的重要指标，那么创业能力作为一种特殊的技能，是直接影响创业效率高低、创业成功与否的主要因素。一般说来，创业能力主要包括职业驾驭能力、组织领导能力和社会综合能力等。

（一）职业驾驭能力

职业驾驭能力是一个涵盖专业技术、职业职场等的综合性概念。具体来说，职业驾驭能力就是创业者运用所学的一切知识，使之“嫁接”至创业领域，实现“开花”和“结果”的本领。职业驾驭能力主要包括专业技术能力、经营管理能力、综合协调能力和勇于创新能力等。

1. 专业技术能力

专业技术能力指创业者运用专业知识进行专业生产的本领和能力。

对于大学生创业者来说，专业技术能力的提高并非一朝一夕就能实现的，而是专业技术知识的日积月累、创业实践的艰苦探求和能力经验的厚积薄发。大学生创业者要具有较强的理论学习能力，扎实打牢专业理论基础，广泛涉猎创业领域的专业知识，为专业技术能力的提高奠定坚实的理论基础。积极参与创业实践活动，博采众长，认真分析利弊，科学归纳总结，逐步探索出具有个性色彩的创业之路。坚持知行合一，在学习中实践，将学习专业知识与创业实践相结合，自觉将学习成果转化为实践动力；在实践中学习，科学准确定位，高度重视创业实践过程中专业技术知识和创业经验的积累，适时调整创业战略，努力形成个性化的创业经验特色，逐步完善创业理论知识体系。

2. 经营管理能力

经营管理能力是指创业者对创业项目的内部运营、资金、人力资源的管理能力。在竞争日益激烈的市场经济中，经营管理水平正逐渐成为影响创业成功与否的直接因素。可以说，经营管理能力是一种较高层次的运筹能力，更是促进企业发展的生产力。

一要懂得经营。大学生创业者要想取得创业成功，不仅要有锐意进取的创业精神，还必须要精通经营之道。大学生创业者要遵循市场规律，通过消费者需求分析、市场定位分析、自我实力分析等过程，了解和掌握生产经营活动的内容、策略和手段；要具有信息管理能力。信息是企业生存发展的重要资源，是企业管理活动赖以展开的前提。要能够准确快速地掌握信息和传递信息，对比选优，多设方案，做到兼收并蓄。要知晓市场经营策略、销售策略、定价策略，熟悉生产经营的组织和管理等。

二要善于管理。所谓管理，就是根据企业的内在活动规律，综合运用企业中的人力及其他资源，有效地实现企业目标的过程。大学生创业者要具有项目管理能力，通过任务项目化，将任务切割成各个项目，并加强对其的管理，着力化解企业需跨领域解决的复杂问题，提高企业运营效率；要具有目标管理能力，通过项目目标化，将目标划分为组织目标和个人目标，实现系统管理与整体管理的有机结合，从而盘活关键的管理活动；要具有节点管理能力，通过目标节点化，将目标完成的进度切割为各个时间节点，加强计划管理，实行倒逼机制，促进目标实现。此外，大学生创业者还必须了解生产环节，掌握管理的窍门，精通经营核算，做好生产管理与质量控制等工作。

三要科学理财。理财是对资金运动过程进行正确的组织、指挥和调节，保证生产活动顺利进行，从而减少劳动和物质资源的损耗，降低产品成本，提高资金利润率的重要环节，也是创业成功的重要保证和标志。为此，大学生创业者要具有理财分析能力，通过精确的财务管理分析，比较项目的优劣，确保企业不因盲目上马项目而导致企业经营运作陷入困境；要具有运用财务杠杆的能力，财务杠杆是解决企业盈利问题、实现利润最大化的有效举措，要能确定杠杆支点，在控制企业风险的前提下，以较低的代价获取较高的利润。

四要知人善任。在生产力的诸要素中，人是最活跃的、起决定作用的因素，也是企业发展的决定性因素。善于用人，就能调动人的积极性，使人尽其能，人尽其才，使个人的长处得到充分发挥。对于大学生创业者而言，要做到知人善任、任人唯贤，必须建立和完善企业的人力资源管理制度，统一思想，权责相配，制定规章，民主管理，信守承诺，按劳取酬。

3. 综合协调能力

综合协调能力是指能够妥善处理和有效协调企业与公众（政府部门、新闻媒体、客户等）及企业内部人员之间关系的能力。良好的外部环境（企业与政府、新闻媒体、客户等的关系）与内部环境（企业内部的人际关系）是创业成功的必要条件。

大学生创业者要努力营造良好的外部环境。积极争取工商、税务等部门的支持与理解，同时要善于团结一切可以团结的力量，求同存异、协调发展，做到不失原则、灵活有度，善于巧妙地将一切有利于企业发展的积极因素调动起来，要倾力打造和谐的内部环境。

正确协调企业内部人际关系是创业成功的重要条件。协调交际能力作为一种社会实践能力，仅凭书本是学不到的，需要在实践活动中学习，不断积累、总结经验。大学生创业者要敢于冒险和接受挑战，敢于承担责任和压力，对自己的决定和想法充满信心和希望。要养成观察与思考的习惯，特别是在复杂的人和事面前更要多观察、多思考，做到三思而后行，才能掌握准确的信息，才能为思考做准备，进而做出正确的决策。要正确处理好内部人际关系，特别是上下级关系，可以说，企业的科学发展就是靠这种关系来维持的，要动之以情、晓之以理，把诚意传达给下属，使其受到感应，并达成共识，自愿接受自己的观点；同时，要严于律己、率先垂范，为企业内部员工树立榜样。总之，大学生创业者只有搞好内外团结，处理好人际关系，才能建立有利于自己创业的和谐环境，为成功创业打好基础。

4. 勇于创新能力

勇于创新能力是创业能力素质的重要组成部分。作为一种综合能力，它与人们的知识、技能、经验、心态等有着密切的关系。具有广博的人文社会知识、扎实的专业基础知识、熟练的专业技能、丰富的实践经验、良好的心态的人容易形成创新能力。它取决于创新意识、智力、创造性思维和创造性想象等。

（二）组织领导能力

1. 战略决策能力

战略是依据企业的长期目标、行动计划和资源配置优先原则设定企业目标的方法。一个及时、果敢、英明的战略决策是创业成功的最初推动力，相反，错误的战略决策会葬送一家企业。换言之，战略决策能力是一个创业者的核心领导能力。因此，大学生创业者要具有权衡取舍的魄力和能力，在瞬息万变的市场竞争中，有果断决策的能力。当创业者需要在一个目标与另一个目标之间有所取舍时，就必须将决策建立在对现实条件充分分析的基础上，选择一种风险较小、较为满意的目标方案，实现现实性与先进性的无缝对接。

2. 决策学习能力

正确决策是确保创业活动顺利进行的前提。创业机会的识别和选择、创业团队的组建、创业资金的融通、企业发展战略及商业模式的设计等重大决策，直接关系着对创业全局的驾驭和创业的成功。若要决策正确，大学生创业者必须具有较强的决策学习能力，包括能快速准确地获取和处理信息，能敏锐地洞察环境变动中所产生的商机和挑战，形成有价值的创意并付诸创业行动。特别是要随时了解同行业的经营状况及市场变化，了解竞争对手的情况，做到知己知彼，以便适时调整创业中的竞争策略，使所创之业拥有并保持竞争优势。

3. 化危为机能力

当创业者面对与社会大众或顾客有关的重大事故时，处理事故时所采取的态度和决策，以及企业在面对危机时的态度和采取的方法，将对塑造良好的企业形象产生不可估量的影响。企业经营运作中一个小小的意外或者事故，其影响可能会迅速扩大到整个行业，甚至在更大的范围内产生恶劣影响。所以，创业者要有随机应变、化危为机的能力，要灵活机动，能根据社会舆论的风向标迅速做出回应，并采取相应对策，将企业危机降到最低。

【案例拓展】

智能垃圾分类设备公司的组织领导能力实践

创业者小陈毕业后创立了一家专注于开发智能垃圾分类设备的公司，核心目标是通过技术手段提升城市垃圾回收效率。创业之路并非一帆风顺，小陈凭借扎实的组织领导能力，在关键节点做出正确决策，成功化解多重危机，推动企业稳步发展。

1. 战略决策能力：精准选赛道，抢占市场先机

创业初期，团队在发展方向上产生严重分歧。部分成员认为传统垃圾处理设备市场成熟、技术门槛低，拿来就能卖，风险更小；但小陈坚持通过实地调研判断市场趋势——他走访多个城市，发现随着环保政策日益严格，以及 AI 技术的普及，小区、街道等场景对智能垃圾分类解决方案的需求正在快速增长，传统设备的技术局限性逐渐显现，未来必然会被市场淘汰。

面对争议，小陈力排众议，坚定选择智能垃圾分类设备赛道，并制定“先夯实核心技术，再逐步拓展社区覆盖”的长远战略。为落实战略，他将初期大部分资金投入研发，还主动与高校实验室合作，联合打磨核心算法，确保产品在技术上具备竞争力。

若小陈缺乏战略眼光，盲目跟风选择传统设备赛道，大概率会陷入低价竞争的红海，难以形成差异化优势，最终被市场迭代淘汰。

2. 决策学习能力：快速纠错，优化产品与团队

第一批智能设备投放到社区后，问题很快暴露：老年用户反馈操作界面复杂，对着屏幕无从下手；社区维护人员抱怨设备故障维修繁琐，维护成本过高。同时，技术团队因过度关注技术研发、忽视用户体验，导致产品与市场需求脱节，内部出现理念分歧。

小陈没有固执己见，而是快速启动纠错机制。产品层面，简化操作界面，新增语音指导功能，让老年用户轻松上手；团队层面，针对性地招聘具备社区服务经验的运营人才，专门对接用户需求、优化服务流程；管理层面，定期组织团队学习行业标杆案例，召开复盘会议，梳理问题、调整方向，确保产品与服务持续迭代。

若小陈拒绝承认问题、不愿调整，产品会因用户体验差逐渐滞销，团队也会因理念冲突、效率低下而瓦解，创业项目将难以为继。

3. 化危为机能力：危机中逆袭，重塑品牌形象

正当业务逐步步入正轨时，一场突发危机来袭——一台投放在小区的设备因电路故障引发小型火灾，相关新闻快速传播，“智能设备存在安全隐患”的质疑声四起，部分合作社区提出解约，品牌信誉面临严峻考验。

小陈没有选择隐瞒或推诿，而是迅速采取行动化解危机：第一步，第一时间召开新

闻发布会，诚恳道歉并承诺全额赔偿损失，同时宣布召回所有已投放设备进行全面检查；第二步，联合第三方权威检测机构制定整改方案，为设备加装防火材料、升级自动断电功能，从根源上消除安全隐患；第三步，发起公益活动，免费为老旧社区安装升级后的智能设备，用实际行动展现企业责任感。

这套组合拳不仅成功挽回合作社区的信任，还通过危机处理提升了品牌知名度和美誉度，不少新社区主动上门寻求合作，订单量逆势增长。若小陈当时选择回避问题或推卸责任，不仅可能引发法律纠纷，还会彻底摧毁品牌信誉，导致企业一蹶不振。

小陈的创业经历充分证明，组织领导能力是创业者的核心竞争力：战略决策能力决定企业发展方向，避免走弯路；决策学习能力确保企业能快速响应问题、持续优化；化危为机能力则让企业在危机中找到转机，实现逆势成长。三者相辅相成，共同支撑企业在复杂的市场环境中稳健前行。

（三）社会综合能力

1. 自我管理能力

创业者要具有剖析自我和企业、超越自我的勇气和能力，必要时能够将自己和企业交给专业的咨询管理公司，通过专业公司一层层剖析查找不足，并积极解决问题。要具有持之以恒的学习能力，未来最成功的企业将是一种学习型组织，企业未来唯一持久的竞争优势，就是具备比竞争对手更快的学习能力。大学生创业者要不断地自我充电、自我加压，吐故纳新，始终以学习者的姿态从容面对纷繁复杂的社会环境。

2. 商务谈判能力

商务谈判是指不同的经济实体为了自身的经济利益和对方的需求，通过沟通、协商、妥协、合作、策略等各种方式，把可能的商机确定下来的活动过程。通过商务谈判所获得的效益，都是企业的纯利润，是创业成功的助推器。为此，大学生创业者要认真学习商务谈判知识，具备制定客观、全面的谈判策略的能力；要注重运用“柔道战略”，掌控商务谈判的主动权；要善于运用心理策略，“知己知彼，百战不殆”，提高谈判成功率。

3. 社会交往能力

创业的过程就是不断熟悉社会，同时让社会了解自己、接纳自己的过程。为此，创业者一定要敢于面向社会、闯入社会，把社会看成自己获得支持的来源，在实践中逐步提高自己的创业意识，从而提高创业能力。同时，必须把社会的需要、利益、价值标准与评价原则作为自己行动的参照，把自己所从事的事业与集体的、社会的事业联系起来；提高自己的社交能力，扩大交往，与人合作，取信于他人，取信于社会，为自己创造一个开放的创业环境。

4. 恪守道德能力

创业不仅涉及法律，还涉及道德层面的相关内容，而严格遵守职业道德正是彰显创业能力的重要体现。道德与责任同在，大学生创业者在任何时候都不能透支自己的道德；相反，应该认真践行职业道德，决不做出危害祖国、人民、社会的不道德行为，始终自觉培养严于律己的道德风尚。

【知识链接】

创业中的杠杆理论

设想在杠杆上依次站了 10 个人，如果要利用杠杆去摘一个果子，最先摘到果子的一般来说是站在杠杆两端的人，即站在最前面的第 1 个人与站在最后面的第 10 个人，因为他们最容易抢得先机。那么，杠杆理论给我们什么启迪呢？第 1 个人代表勇于开拓创新者，往往在市场经济中掘得第一桶金。第 10 个人代表思想保守、稳重老练者，在市场经济中先按兵不动，等待时机，一旦机会来临，时机成熟，就果断出手，这样的人也能取得成功。而那些排在中间、瞻前顾后者，则难以取得成功。

二、创业能力的获得途径

在当前严峻的就业形势下，有哪些途径能让大学生创业者提升自主创业能力、提高创业成功率呢？以下建议供大家参考。

（一）端正认知态度，更新创业观念

一直以来，我国高校传统的“精英式”培养模式，让广大的大学生存在一个隐形的心理契约惯性，认为自己就是天之骄子，毕业后将拥有常人所没有的就业创业优势。但当大学生即将毕业，纷纷涌入人才市场时，才如梦初醒般地意识到竞争有多么激烈，抑或心理预期与社会现实落差巨大，甚至严重脱节。此时，有的大学生往往就会怨天尤人，发泄不满情绪。大学生创业者不应把主要精力都聚焦在社会机会和规则的不均等方面，而应当正确认识现实，从分析市场需求着手，从中找到创业灵感与机会；要端正认知态度，更新创业观念，科学合理定位，找准目标方向；应该理性规划个人的职业生涯，有效规避盲目竞争，弥补能力不足，脚踏实地，从一点一滴做起，逐步提升自身的创业能力，提高创业的成功率。

（二）分析市场需求，科学选择行业

尽管当今高校在专业设置方面仍残留着计划经济时代的烙印，个别专业社会生存空间狭小且需求量小，并没有针对市场经济环境做出相应的调整。但大学生创业者应当将此作为创业契机，认真分析各专业的市场需求，科学探究行业发展规律，进而合理选择创业领域。在创业选择上，创业者要保持清醒的头脑，不要光凭想象、冲劲、理念做事。选择创业项目时，要尽量选择与自己的专业、经验、兴趣、特长相匹配的创业项目；创业者要具备敏锐的市场洞察能力，在确定创业项目之前，先要考察当地市场，了

解市场的特征与需求。

（三）掌握必备技能，助推创业成功

创业者应具备诸如语言表达、写作、思维创新、应变、适应、沟通、外语、计算机操作等方面的能力。大学生创业者可以通过日常教学的引导、校园文化的潜移默化、社会实践的锤炼逐步提升这些能力。对于从事具体岗位必备的特定技能，大学生创业者可通过课堂听讲提高理论功底，借助教师的案例教学和师生互动环节加深理解；通过实验室情景模拟由感性认识向理性认识飞跃；借助实习基地的操作演练达到专业培养的无缝对接。基于此，大学生创业者才能克服传统教学模式偏重理论讲解、“务虚”成分过多的弊端，不断增强自身的创业能力。

第四节　创业精神

一、创业精神及内涵

（一）何为创业精神

学生的创业能力决定了创业的总体水平和创业成功率。尽管大学生创业意愿强烈，但对创业的理解还存在偏差，实际的创业动力并不足，特别是创业精神等核心能力不强。

什么是真正的创业精神？对此，理论界和学术界众说纷纭，莫衷一是。哈佛大学商学院的定义是：“创业精神就是一个人不以当前有限的资源为基础而追求商机的精神。”从这个角度来讲，创业精神代表着一种突破资源限制，通过创新来创造机会、创造资源的行为，而不是简单地体现为创造新企业，可以理解为“没有资源创造资源，没有条件创造条件，用有限资源去创造更大资源”。

当今大多数经济学家认为，创业精神是在各类社会中刺激经济增长和创造就业机会的一个必要因素。成功的小企业是创造就业机会、增加收入和减少贫困的主要动力。

不难看出，创业精神是一个涵盖创业者意识、意志、品质等主观方面的科学理论体系。换言之，创业精神是指在创业者的主观世界中，那些具有开创性的思想、观念、个性、意志、作风和品质等。据此，创业精神实质上是创业者对于创业实践的主观反映，这种主观的反映正是创业成功的重要动力。

（二）创业精神的科学内涵

创业精神主要包含创业思想与观念、创业个性与意志、创业作风与品质这三个维度。其中，创业思想与观念是创业者对于创业的理性认识，属于哲学层次；创业个性与意志是创业者创业的心理感知，属于心理学层次；创业作风与品质是创业者创业的行为路径，属于行为学层次。

（三）创业精神的主要内容

1. 信念坚定

大学生创业者要有创业必胜的信念。一个人如果连创业成功的自信都没有的话，他也就不可能争取和追求卓越。15 岁辍学，做过锻工，出身农村的鲁冠球创造了一个细分领域的民族品牌——万向集团，他本人也被党中央、国务院授予“改革先锋”称号，颁授改革先锋奖章；获评“乡镇企业改革发展的先行者”，这些都源于他对创业成功的自信。

从事任何开创性的工作都是关隘遍布、险阻重重的，没有坚定的必胜信念做精神支柱，不可能克服一个又一个困难，顺利到达彼岸。苹果电脑公司的两个创始人，当年创业时靠的是 400 美元贷款，租借一间废旧汽车库，在旧货摊上购买一些元器件。他们抱着定能成功的信念，连续两年每周工作 7 天，每天 15 个小时，克服了诸多困难，争分夺秒地推出新产品，最终获得成功。

2. 勇于创新

企业创新是以新思维、新发明和新描述为特征的一种概念化过程。在如今的知识经济和智慧经济时代，一个企业要生存、发展和繁荣，必须紧紧依靠创新，针对市场变化敏锐地做出反应，寻求能够及时发现并解决问题的新方法、新工具、新模式、新主意。唯有如此，企业才能在波涛汹涌的市场竞争中生存下来。

3. 执行落实

就大学生创业者而言，执行力就是把想干的事情干成功的能力；对企业团队而言，执行力就是将企业战略规划一步步落实到位，提高企业经营能力和市场竞争能力。华为技术有限公司总裁任正非有个非常著名的理论：在引进新管理体系时，要先僵化，后优化，再固化。他对手下的干部讲：“5 年之内不允许你们进行幼稚创新，顾问们说什么，用什么方法，即使认为不合理，也不允许你们动。5 年以后，把系统用好了，我可以授权你们进行局部的改动。至于结构性改动，那是 10 年之后的事。”正因为这种对制度的尊重和始终如一的贯彻，才创造了华为的今天。

4. 社会责任

大学生作为祖国的未来、民族的希望，担负着复兴中华民族、实现“中国梦”的历史责任，为此，必须增强社会责任感。而就大学生创业者而言，要勇于担当，践行社会责任，上能为国家添砖加瓦，下能为自己谋出路，还可以为企业赢得良好的口碑、树立业内模范典型，吸引人才集聚。

5. 敢为人先

敢为人先，才有机会。善于尝试、敢冒风险是开启创业成功大门的钥匙。很多时候，只要积极地尝试过、努力过，人的精神意志就会在不断尝试的过程中得到锻炼和提升。大学生创业者不可能在安全等待中成功，而应当在冒险中创造机遇，获得成功。

【创业聚焦】

敢为人先的温州精神

温州是一个特别能创业的城市，联合国工业发展组织确定温州为“全球最具活力的城市”。活力何在？源于一方水土养一方人，特定的历史传统加上特定的地理环境，形成温州特定的人文环境，从而成为温州民营经济发展的内生条件。

温州人特别能创业，具体表现为“三强”。

一是创新意识特别强。具有第一个“吃螃蟹”的冒险精神，曾经涌现了“胆大包天”“胆大包地”“胆大包海”“胆大包江”等一批典型。

二是创业欲望特别强。“人人想当老板，人人争当老板，人人都有创业冲动”，这种强烈的创业欲望使他们能够义无反顾地打拼天下。哪里有市场哪里就有温州人，哪里有温州人哪里就有市场。

三是吃苦精神特别强。“白天当老板，晚上睡地板”“白天吃冷馒头，晚上睡车站码头”，都是温州人艰苦创业的真实写照。

温州人特别能创业的精神还集中体现在“四敢”上：敢想、敢干、敢闯、敢为人先。

一是敢想。市场经济的规律告诉我们：唯思路常新才有出路。温州人能想别人不敢想，做别人不敢做，自然就能发现别人视而不见的商机。正所谓：脑袋空空口袋空空，脑袋转转口袋满满。成功与失败，富有与贫穷，只不过是一念之差。温州人借力（脑）赚钱，集思广益，多想对策。经济学家把温州民营经济蓬勃发展的现象比喻为“草根”经济，“一有土壤就发芽，给点阳光就灿烂”。

二是敢干。“不唯书，只唯实”。温州人兴办企业，做生意赚钱，不看伟人讲了没有，也不看别人做过没有，只看实践中需不需要，实践中能不能行得通。只要实践中需要而且又行得通的，他们都会千方百计地去做。对一些是非一时难以说清楚的事，他们不是先争论清楚再干，而是不争论，先干起来，理论总结以后再说。温州人的思维中，没有“等、靠、要”这些概念，白手起家当老板，从小老板到大老板，生意从国内做到国外，能做别人不愿做的事，能吃别人不愿吃的苦，能忍别人无法忍受的事，因而能挣别人挣不了的钱。

三是敢闯。温州人骨子里信奉的是“时间就是金钱”“时间就是效率”“时间就是商机”等信条，因而其创业意识与众不同：敢闯敢试。不管做什么生意，只要能使企业生存发展，只要能赚到钱，不管别人怎么讲，都要试一试、闯一闯。温州人生活观念与众不同：把吃饭睡觉叫生活，把做工创业叫“做生活”。这种原始的主观能动性无疑就是推动温州民营经济发展的内在动力。

四是敢为人先。有人说，淘金者要有梦想，发财者要有胆量。温州企业家恰好具备这两种素质。他们认为，创业本身就是一项冒险活动，需要有胆量，有赚钱的强烈意愿，也要有不怕输的心理素质，敢拼的人最适合创业。凭着敢想敢为和高人一筹的见识，温州人先后创造了一个又一个“全国第一”。随着企业的发展和新时期新要求，很多成功企业家都在抓紧时间充电。如今，有的经过努力，由原来的小学、初中文化程度变为硕士、博士；有的每月一次坐飞机到北京、上海、深圳等地听专题讲座，更新知识，提升能力。他们认定一个理：“打天下”主要靠胆量，长久地“坐天下”必须靠见识。

二、创业精神的培养途径

创业精神是创业的灵魂，是推动社会发展的精神动力。作为中国特色社会主义建设的主力军和接班人，当代大学生不仅要有创业的一腔热血，而且要有实现创业梦的精神灵魂，而这种精神灵魂就是创业精神。

（一）坚持知识、能力、素质的辩证统一

知行合一、德才兼备是创业精神的时代特质。大学生创业者要成为具有独立创业精神的新型人才，真正担负实现“中国梦”的历史使命，必须坚持知识、能力、素质的辩证统一。知识是能力和素质的载体，包括科学文化知识、专业基础与专业知识、相邻学科知识；能力是在掌握一定知识的基础上经过培养和实践锻炼而形成的，丰富的知识可以促进能力的增强，能力的增强可以促进知识的获取，能力主要包括获取知识的能力、运用知识的能力、创新能力；素质是指人在先天生理基础上，受后天环境教育影响，通过个体自身的认识和社会实践，养成的比较稳定的身心发展的基本品质。较高的素质可以使知识和能力更好地发挥作用。只有坚持知识、能力、素质的辩证统一，注重素质教育，重视创新能力的培养，才能适应21世纪经济社会发展对人才的需求。

（二）培养自身创新能力

创新是社会发展的永恒动力。大学生，尤其是大学生创业者，作为国家未来发展的接班人和推动社会进步的主力军，理应自觉担负起改革创新的重担。为此，大学生创业者要自觉培养自身的创新能力。

1. 牢固树立创新理念

大学生创业者要始终坚信，一成不变注定不会进步，而开拓创新，成功只是时间问题。思维的独立性是增强大学生创业者创新能力的必备前提。这就要求大学生创业者在学习和创业实践中，自觉培养独立思考的能力；在思维实践中不迷信前人，不墨守成规，不依赖已有经验，独立发现问题、思考问题，着力培养独立解决问题的能力；对待

创业实践中的新问题，要独立思考，独立研究，找寻解决问题的有效方法。

2. 加强创新学习

坚持用最新、最先进的理论成果武装自己。创新作为创造性思维的活动指向，必须以丰富的知识储备为前提条件。没有坚实的知识储备，就不可能产生联想，也就不可能引发头脑风暴、实现思维创新。

3. 积极借鉴成功经验

坚持扬弃原则，取人之所长，补己之所短，切不可照搬照抄或全盘否定他人经验，应在借鉴中学习、在学习中创新。

（三）提高创业实践能力

理论与实践的脱节、动手能力不强是当前大学生创业失利的重要原因。为此，在高等教育中，要充分尊重学生的主体创新地位，改变长期以来形成的单向传授知识、以考试分数作为衡量教育成果的唯一标准的做法，以及过于呆板的教育制度。创建学生能进行综合动手试验的外部环境，鼓励学生利用课余时间参加一定的社会实践活动，增强学生对社会的了解，进而增强对社会的适应能力。21 世纪是信息时代，要重视和加强培养学生收集处理信息的能力、获取新知识的能力、分析问题和解决问题的能力。

总之，创业精神的培养既取决于客观条件的许可，又依赖于学生主观的努力，无论社会、学校还是个人，都要积极营造有利于人才脱颖而出的氛围，努力培养学生的独立创业精神，为打造现代社会所需要的人才而努力。

【知识链接】

创业素质及能力测试

创业是一个充满成就感、吸引力的词语，但并非每一个人都适合走这条路。美国创业协会设计出了一份试卷，可以令你在做出决策前对自己有一个初步的了解。如果你正准备或正在创业，不妨做做下面的试卷，你就会明白下一步自己该怎么走了。

1. 在急需做出决策的时候，你是否在想：“再让我考虑一下吧！”

□经常　□有时　□很少　□从不

2. 你是否为自己的优柔寡断找借口：“是该慎重考虑，怎能轻易下结论呢？”

□经常　□有时　□很少　□从不

3. 你是否为避免冒犯某个或某几个有相当实力的客户而有意回避一些关键性的问题，甚至表现得曲意逢迎呢？

□经常　□有时　□很少　□从不

4. 你是否无论遇到什么紧急任务，都先处理琐碎的日常事务？

□经常　□有时　□很少　□从不

5. 你非得在巨大的压力下才肯承担重任吗？

□经常　　□有时　　□很少　　□从不

6. 你是否无力抵御或预防妨碍你完成重要任务的干扰与危机?

□经常　　□有时　　□很少　　□从不

7. 你在决定重要的行动计划时常忽视其后果吗?

□经常　　□有时　　□很少　　□从不

8. 当你需要做出可能不得人心的决策时，是否找借口逃避而不敢面对?

□经常　　□有时　　□很少　　□从不

9. 你是否总是在快下班时才发现有要紧事没办，只好晚上回家加班?

□经常　　□有时　　□很少　　□从不

10. 你是否因不愿承担艰巨任务而寻找各种借口?

□经常　　□有时　　□很少　　□从不

11. 你是否常来不及躲避或预防困难情形的发生?

□经常　　□有时　　□很少　　□从不

12. 你总是拐弯抹角地宣布可能得罪他人的决定?

□经常　　□有时　　□很少　　□从不

13. 你喜欢让别人替你做自己不愿做的事吗?

□经常　　□有时　　□很少　　□从不

计分:“经常”得4分，“有时”得3分，“很少”得2分，“从不”得1分。

分析

50分以上:你的个人素质与创业者相距甚远。40～49分:你不算勤勉，应彻底改变拖沓、效率低的缺点，否则创业只是一句空话。30～39分:大多数情况下你充满自信，但有时犹豫不决，不过没关系，有时候犹豫是成功稳重和深思熟虑的表现。15～29分:你是一个高效率的决策者和管理者，更是一个成功的创业者。

如果你在做了上述测验后还不是很有把握的话，你还可以进行以下自我分析:

1. 你是不是认为，如果没有必要，别有太多的钱，如果有必要，别太缺钱?

2. 你妈妈让你去买酱油，而你在路上发现自己被吹面人的手艺吸引，用买酱油的钱买了面人，结果回来挨打，但你觉得值得。

3. 当你工作时，你是不是说“上帝保佑，又到星期一了”?

4. 你是否有白日梦?

5. 你去一个小岛开拓皮鞋市场，当你发现岛上的人没有穿鞋的习惯时，兴奋地向总部回电“太好了，这个岛上的人还没穿过鞋”，而不是“真失望，这里的人不穿鞋”。

6. 当你考虑一个问题没有答案时，能否换个角度，甚至从逆向角度考虑?

7. 如果在战场上，你能否抓到一个把自己背回来的俘虏?

8. 小时候，你能不能一天都在看蚂蚁搬家?

9. 你喜不喜欢解决问题？如果不喜欢就别当老板，因为做老板每天都要解决许多非解决不可的问题。

10. 你是否会感到孤独，自己的想法常常不能让别人理解？

11. 上学时，你是否尝试过骑自行车长途旅行？

12. 对于一桩生意，你绝不会认为来得太晚。

13. 你对成功的理解是，“试验第 32 次还是失败，那么成功就是尝试第 33 次”。

14. 你是否认为拥有 20% 比 100% 什么都没有要强得多？

15. 你是不是受不了别人的管束，不想给别人做事？

16. 你是否相信，“因为不可能，所以可能”，常人的不可能、常规的不可能意味着更多的机会、更大的可能？

17. 你是否在做好一件事之前，不考虑做另一件事？

18. 你总是相信“车到山前必有路”，而义无反顾地往前走。

19. 你是不是总是在看世界上有什么需要做的，然后就开始做？

20. 你想做老板，不仅仅是为了钱，而是因为你喜欢做这件事。

分析　在你当老板前可以对照一下，如果具备其中 10 条以上，而且有 1～2 条非常突出，那么你可能具备当老板的条件，就像是一块好钢，能够经得起千锤百炼。老板这个行当要承受太多的压力与磨难，若不是块好材料就很难坚持下来，半途而废还不如不做。

【拓展活动】

实现你的梦想

不论你的梦想是大是小，只要按照这个步骤去实践，都可以实现。

企业家提示

一个人的自信是在实践中逐步积累起来的，最初的目标宜低不宜高，因为这样的目标很容易实现，人的勇气不至于受到挫伤，相反还会激发起更大的兴趣和热情，随着目标的逐渐提高，自信心和能力自然会越来越强。

创业能力实践训练项目

参考表 3-1，实践成功的步骤。

表 3-1　实现梦想的步骤

编号	步骤	提示	操作	备注
1	我的梦想	我想要__________	把梦想填在横线上	
2	开口说	我要告诉__________	要把你的梦想告诉别人	
3	问对人	我要去问__________	问已经取得成功的人	
4	问什么	我的问题是：① ______ ② ______	明确问最重要的环节、步骤	
5	问到底	我要问什么呢？结果怎样？怎么做的？__________	问清每一个环节和细节、构想、结果	
6	先付出	我要为他先做点什么？__________	要先为你要问的人创造价值	
7	后行动	今天就开始做__________	制定策略，马上行动	
8	预期结果	在一周之内一定要实现__________	最好给自己一个时间表	

我的梦想

（可以填任何事物，也许是喜欢一个人、一件东西、一本书，不管是什么，只要是你内心想要的事物，你内心想获得的成果。）

____

____

开口说

不要把梦想放在心上，而是要主动大胆地写出来，然后去寻求相关信息：问百度或者问相关的人。只留在心底的梦想，有时候仅仅像做梦一样，过段时间就忘记了。

问对人

问那些已经取得成功的人，只有他们才能给你正确的答案，因为他们亲身经历过。

在选择你要问的人时，你先要考虑：他是否比你成功？他是否已经取得了你想要的这个成果？如果不是，继续想下一个人选。因为在山脚下徘徊的人，永远没法告诉你如何登上顶峰，而成功的关键就在于问对人。

问错了，他所指的方向就是错的。你如果按他说的去做，就是在重复一个错误的技巧，只会使你错得更离谱，而绝对不会使你成功实现梦想。

问什么

你需要了解的最重要的环节、具体的实施方案和面对的问题等。把这个表格复印几份带在身上，想起来什么问题就随时记下来，等到找到合适的人问好以后，再随手记下来（表 3-2）。

表 3-2 实现梦想的难题

问题（有疑问的地方）	谁可以给我帮助	答案	解答情况

问到底

从开始的动机到最后的结果，问清每一个细节，了解对方的构想、做法和观点，当时的环境和条件，整个事情发展的全过程。

先付出

你需要先为你要问的人做出贡献，对方才会主动想办法来帮助你。

后行动

要成功就马上开始行动。想好从哪里开始，应该怎样去做。

预期结果

按照你的策略，制定一个时间表，最好在一周之内可以达到。

【思考题】

1. 创业者需要掌握哪些知识结构？
2. 你在上学期间，参加了哪些创业实践？有什么收获或体会？
3. 创业者需要具备哪些基本素质？
4. 如何提升创业者的创业能力？
5. 什么是创业精神？其主要内容有哪些？

第四章 创业计划书的撰写

【导学案例】

李强的创业计划

李强毕业于某名牌大学，经过多年的业余研究，他在室内环境污染治理方面取得了重要突破。这项技术如果在实际中得到应用，前景非常广阔。于是李强便辞去原来的工作，准备自己创业。但由于多年的积蓄都用在了室内环境污染治理的研究上，在东拼西凑注册了一家公司后，已经无力再招聘员工、购买试验材料了。无奈之下，李强想到了风险投资基金，希望通过引入合作伙伴解决困境。为此，他多次与一些风险投资机构或个人投资者接洽商谈。虽然李强反复强调他的技术多么先进，应用前景多好，并拍着胸脯保证投资他的公司回报绝对低不了，但总是难以令对方相信，投资人也总是对公司的前景缺乏信心。

这时，曾经在李强注册公司时帮助过他的一位做管理咨询的朋友一句话点醒了他："你的那些技术有几个投资者搞得懂？你连一份像样的创业计划书都没有，怎么让别人相信你？投资者凭什么相信你？"于是，在向相关专家咨询后，李强又查阅了大量的资料，然后静下心来，从公司的经营宗旨、战略目标出发，对公司的技术、产品、市场销售、资金需求、财务指标、投资收益、投资者的退出机制等方面进行了分析和论证。当然，在这个过程中，他还需要做一些市场方面的调查。一个月后，他拿出了一份创业计划书初稿，经过几位相关专家的指点，又进行了修改和完善。凭着这份创业计划书，李强很快就与一家风险投资公司达成了投资协议，有了风险投资的支持，员工招聘问题也迎刃而解了。

现在，李强的公司经营得红红火火，年销售利润已达到500万元。回想往事，李强感慨地说："创业计划书的编制与我搞的环境污染治理材料的要求差不多，绝不是随便写一篇文章的事。编制计划书的过程就是不断厘清自己思路的过程，只有自己思路清楚了，才有可能让投资人、员工相信你。"

【思考与讨论】

(1) 为什么李强开始时拍着胸脯保证仍无法令投资者相信他，甚至连招聘技术骨干都很困难？

（2）创业计划书对李强的创业成功起到了什么作用？

第一节　创业计划书的概念、作用与撰写原则

一、创业计划书的概念

创业计划书是创业者或者创业团队为了梳理创业思路而整理的框架性文件，其主要用于创业初期讨论大致的行动计划和步骤指引。创业计划书重点描述创业做什么、准备怎么做（工作流程），以及相关工作和资源安排说明，内容涵盖生产计划、人力资源计划、销售计划、财务计划和市场营销计划等。

因编写内容大致一样，创业计划书和商业计划书经常被混淆。那么什么是商业计划书？商业计划书是企业对某一项具有市场前景的新产品或服务，向潜在投资者、风险投资公司、合作伙伴等游说以取得合作支持或风险投资的可行性商业报告。

从受众角度来理解，创业计划书是梳理创业思路的策划案，而商业计划书是创业者向他人展示项目的可行性报告。

创业计划书参照相对标准的模板进行编写，是全面介绍项目发展前景，阐述产品、服务、市场、优势、劣势、风险、投资收益和融资需求等与创业行动有关的书面材料。有了一份详尽的创业计划书，就好像有了一份业务发展路线图，它会时刻提醒创业者创业前应该注意哪些问题，创业时应该规避哪些风险，最大限度地指引创业者进行创业实践。

二、创业计划书的作用

1. 把计划中要创立的企业推销给自己

通过创业计划书的制订，创业者可以增强自信，让自己先过自己这一关。如果自己都没有信心，又怎么能让别人（尤其是外部的潜在投资者）相信呢？创业计划书首先应该给创业者自己看，创业者应该以认真的态度对自己所拥有的资源、已知的市场情况和初步的竞争策略做一个简单的分析，并提出一个初步计划，并通过写创业计划书使自己做到心中有数。

2. 把要创办的风险企业推荐给风险投资家

创业计划书是创业融资的必备工具。对于初创的风险企业来说，创业计划书的作用尤为重要，企业的成长基本上离不开外来资金。如果没有创业计划书，创业者就无从知

道创办这家企业所需资金的确切数目，也就不知道到底还缺多少资金，这样的创业者也很难得到其他组织的贷款或投资。风险投资家都要求创业者提供创业计划书，依据创业计划书进行评价和筛选，选择他们认为最有发展潜力的企业进行投资。但是，必须明确的一点是，即使创业者不需要融资、不需要寻找合作伙伴，也必须撰写详细的创业计划书。

3. 有利于获得银行贷款等其他资金

银行一般只要求申请贷款的企业提供过去和现在的财务报表，但是，对于银行来讲，初创企业的经营风险太大，它们往往不愿意为这类企业提供贷款。即使为这类企业提供贷款，银行一般会先要求创业者提供创业计划书。对于银行来说，一份制作规范、专业的创业计划书就等于一张考究的名片。一份书面的创业计划书会提供很多信息，是一份浓缩了的企业经营设想。当然，创业计划书也有利于初创企业获得其他形式的资金支持。

4. 有利于企业的经营管理

完美的创业计划书可以增强创业者的自信，创业者会明显感到对企业更容易控制、对经营更有把握。因为创业计划书描述了企业的全部现状和未来发展的方向，也为企业提供了良好的效益评价体系和管理监控指标，使得创业者在创业实践中有章可循。

三、创业计划书的撰写原则

撰写创业计划书应遵循以下原则。

1. 目标性原则

创业的目的不仅要追求企业的发展，而且要有创造性的可能，还要突出经济效益。

2. 完整一致性原则

创业计划书应完整陈述运营计划，涵盖创业经营的各项功能要素，前后基本假设或预估相互呼应，逻辑合理。

3. 优势竞争性原则

创业计划书应呈现出资源、经验、产品、市场及经营管理能力的优势。

4. 团队协作性原则

创业计划书应展现组建经营团队的思路及人员的互补作用，尽可能突出专家的作用、高管人员的优势、专业人才队伍的水平，明确领军人物。

5. 市场导向性原则

创业计划书应明确市场导向的观点，明确指出企业的市场机会与竞争威胁，把握并充分展示对市场现状的掌握与未来发展预测的能力。

6. 客观实际性原则

创业计划书中的所有数字尽量客观、实际，以具体资料为证，并尽量同时分析可能采用的解决方法，切勿凭主观意愿估计，高估市场潜力或利润，低估经营成本，夸大其词。工作安排循序渐进、有条不紊，具有可操作性。

第二节　创业计划书的撰写准备及注意事项

一、撰写创业计划书的准备

（一）由谁来撰写创业计划书最合适

创业计划书应该由创业者自己来撰写。创业计划书是创业者能力和创业构思的具体体现，创业者亲自撰写创业计划书可以帮助创业者理清思路，把创业的激情融入计划之中，有利于增强计划的感染力。但是，创业计划书写作的过程非常复杂，是各方面知识（如市场营销知识、企业管理知识、财务规划知识、人力资源知识、调查与预测知识等）的结晶。任何一位创业者都不可能是各方面的专家，所以为了尽可能使创业计划书更加符合现实，更加具有可操作性，在撰写时应向其他人员咨询。

（二）创业计划书的视角

创业计划书的阅读者是谁常常会影响创业计划书的实际内容和焦点问题。创业者首先必须明确创业计划书主要是给谁阅读的，然后充分考虑这个或这几个阅读者对哪些问题感兴趣，从而有针对性地撰写计划书。

在撰写创业计划时，创业者必须从不同的角度进行广泛而深入的思考，以确定创业计划书的范围。

1. 创业者的视角

创业者自己比任何人都了解包含在这家创业企业中的创造力和技术。创业者必须很清晰地表达出这家企业经营什么，有什么特色，有什么卖点。

2. 市场的视角

创业者如果是一位技术专家，他往往只会考虑技术和产品本身，而不考虑产品能否卖得出去，这是失败的前奏。因此，创业者必须以用户的眼光来审视企业的经营运作，采取以顾客为导向的市场营销策略。这就需要进行大量的市场调查工作，甚至还得亲自请教市场营销专家。

3. 投资者的视角

创业者应该试图用投资者的眼光来考察企业的生产经营。投资者往往特别关注计划中的财务规划。如果创业者不具有财务分析和预测的能力，就应该聘请外部的财务顾问提供帮助。

（三）需要搜集的信息

撰写创业计划书需要搜集的信息很多，主要的信息包括市场信息、运营信息、财务信息、生产信息等。信息的来源渠道多种多样，互联网可以为创业者提供大量有价值的信息资源。

1. 市场信息

产品或服务的潜在市场信息对创业者尤为重要，为了判断市场规模，创业者需要明确地定义市场：目标顾客是男性还是女性？是企业还是消费者个人？是高收入人群还是低收入人群？是城市居民还是农村居民？目标市场的确定将会使创业企业的市场规模和市场目标比较容易确定。为了更准确地了解真实的市场信息，创业者往往要花费较多的精力进行市场调查。

2. 运营信息

创业计划书撰写过程中，可能需要的运营信息主要包括以下几类：地点、生产方式、原材料、设备、劳动技能、工厂或办公场所的大小、其他相关的开支等。

3. 财务信息

财务信息主要是用于说服投资者因为初创企业将来会盈利而对该企业进行投资。主要的信息包括资金的需求和来源、未来的销售情况、资金的周转、企业的投资收益率、投资回收期、风险资本的退出机制等。

4. 生产信息

生产信息是有关生产经营场所、供应商、劳动力市场，以及技术和发展趋势方面的信息。这些信息决定着生产能力、生产成本、产品质量、生产经营环境等。

（四）准备一份优秀的创业计划做参考

创业计划书的写作有较大的难度，单纯地看几本参考书并不能解决问题，最好找一份类似的、已经成功的创业计划书作为参考，然后按照提纲来写。当然，只能是借鉴，绝对不能照抄，因为每一家企业都应该有自己的特色。

二、撰写创业计划书的注意事项

（一）尽量精练，突出重点

编制创业计划书的目的是让投资者了解创业计划，其内容必须紧紧围绕这一主题，开门见山，使投资者在最短的时间内了解最多的关于创业计划的内容，如要在第一时间让读者知道公司的业务类型，避免在最后一页才提及经营性质，要明确阐述公司的目标及预期目标，所制定的策略与战术，陈述公司需要多少资金及时间和用途，并给出一个清晰和符合逻辑的让投资者注资的策略。

（二）换位思考

撰写创业计划书的一个重要方法就是换位思考，即设身处地，假设自己是一位战略合伙人或风险投资人，自己最关心的问题是什么，自己判断的标准是什么。也就是说要按照阅读创业计划书的读者的思路去撰写创业计划书，弄清楚哪些是重点，应该具体描述，哪些可以简单描述，哪些是多余的内容，做到重点突出，有理有据，从而获得投资者的青睐。

（三）以充分的调查、数据、信息为基础

市场销售是投资获利的基础，对此，要充分考察市场的现实情况，广泛收集有关市场现有的产品、现有的竞争、潜在的市场、潜在的消费者等方面的具体信息，使市场预测建立在扎实的调查和数据之上，否则后面的生产、财务、投资回报预测就全成了空中楼阁。因此，创业计划书忌用含糊不清或无确凿根据的陈述或财务报表。同时，在收集资料时，一定要做到客观公正，避免只收集对自己有利的信息，忽略或回避对自己不利的信息。一般来说，战略投资者或风险投资家都是一些非常专业的人士，他们提出的问题会非常尖锐，倘若只收集对自己有利的信息，在遇到质疑时就会显得考虑和准备欠充分。

（四）实事求是，适度包装

创业计划书的作用固然重要，但它仍然只是一块敲门砖。过度包装是无益的，企业应该在盈利模式的打造、现场管理、市场开拓、技术研发等方面下硬功夫，否则，即使有机会也会稍纵即逝，把握不住。

（五）不过分拘泥于形式

创业计划书固然有很多约定俗成的格式，但很多资金供给方在实际运作中常常忽略这些格式，直接关注几个关键点，关注他们在意的和想看到的东西。因此，撰写创业计划书时，不要过分拘泥于固定的格式，只需把企业的优势和劣势都告诉对方，有可能就是最后的赢家。需要提醒的是，部分资金供给方或其代理机构有时候要求企业必须提供固定格式的计划书，在格式上做文章，这时候要谨防融资骗局。

【案例拓展】

王芳的眼镜创业计划与行动

王芳刚得了一个外号叫“中国移动”，因为她太忙了，销售、财务、税务、市场调研、产品都要把关，有关眼镜买卖的所有环节她都要过问，谁让她是公司的总经理呢？

王芳毕业后与几个同学成立了“××眼镜有限公司”。除了眼镜批发配送，公司还在他们毕业院校的新校区开了第一家零售店，经营状况很好。

其实他们最早的想法只是为了参加“挑战杯”创业大赛。但经过市场调研、反复论证后，他们被自己的创业计划书打动了：做眼镜中间商是完全可以实现的创业梦想。于是，他们在上海成立了公司。

当初为了参加比赛而构思创业项目时，王芳了解到眼镜行业的不少特点和规则：这个行业市场巨大，且正处在高速成长期。当时，中国有3亿多人戴眼镜，眼镜年需求量在1亿副以上。

创业团队在调研中还发现，就是这么一个非常普及的小产品，到目前为止还没有公认的品牌（除一些太阳镜外）。他们在同学中做了一个小调查，发现大家只知道近视眼镜的店面品牌，却几乎没有人能说出产品本身的品牌。

这个问卷结果更加坚定了他们的想法：创造自己的眼镜品牌。

半年后，他们的第一家店在毕业院校的新校区开张纳客。20万元的资金是以合资形式注入的，选址在新校区也是他们动了一番脑筋后定的。大学生是眼镜消费的主要人群，但是各种眼镜店已经把坐落在城市中的大学包围，而新校区一般都在市郊，眼镜市场几乎是一片空白。

他们聘请了一位专业配镜师。开店一个多月后，同学们都很认可这个店。公司开展的配送中间业务也打开了市场。目前，甘肃、陕西、江苏、安徽都已经有他们的产品，连一向挑剔的零售商都说："你们的产品质量真好。"王芳说这是严把进货关得来的。

公司的5名高管人员中，有3名是在校学生，另外2名也是刚刚毕业的。说起创业的酸甜苦辣，王芳说："经常会有许多意想不到的事发生。"

做一个产品要有品牌，当初设计商标时，他们几个人设计了几百种组合方案，然后筛选出30多种，又请四周的同学挑选，从中选出了4种视觉冲击力最强的。但当他们把这4种方案满怀信心地拿到一个商标注册咨询公司去时，没想到最被同学看好的"2.0"商标竟然首先被淘汰，因为眼镜商标不能有数字。

经过几轮挑选，最后他们的商标确定为"INOUS"，字面含义是"一诺"，标识是字母"O"中一个斜着的椭圆形，像一只眼睛在看着世界。这只小眼睛已经刻在了他们销售的每一副眼镜的镜腿上。

他们有一套吸引风险投资的设想：现自有运营资金50万元，据测算，若注入风险资金200万元，计划投资回收期为10个月，第2年预计盈利512万元，第5年预计盈利1 434万元，风险投资者在第5年撤出风险投资的前提下将获得1 450万元的投资回报。

目前，他们已经看好南京、天津等地新建的大学城，预备开第二家零售分店。

【思考与讨论】

（1）如何构思创业项目？

（2）王芳的眼镜创业计划成功的秘诀是什么？

第三节 创业计划书的基本内容

创业计划书主要包括以下内容：项目概况、产品（或服务）介绍、组织与管理、市场分析与预测、营销策略、生产经营计划、财务分析、风险与措施、附件等。

一、项目概况

项目概况应列在创业计划书的最前面。它是对整个创业项目的简要介绍，涵盖了创业计划的关键要点，要一目了然，以便阅读者能在最短的时间内了解项目是做什么的。

项目概况一般要包括以下内容：公司介绍，主要产品和业务范围，或者说明创办新企业的思路、新思想的形成过程，以及项目的目标和发展战略等，尽量简明扼要，要做到短而精。另外，在概况中要描述说明本项目的与众不同之处和能够取得成功的市场因素。

二、产品（或服务）介绍

在进行投资项目评估时，投资人最关心的问题是产品（或服务）能否解决实际问题，以及如何收费。因此，产品（或服务）介绍是创业计划书中必不可少的一项内容。通常，产品（或服务）介绍应包括以下内容：产品（或服务）的概念、性能和特点、市场竞争力、研究和开发过程、成本分析、市场前景预测、品牌和专利等。

在产品（或服务）介绍部分，创业者要对产品（或服务）进行准确、详细的说明。一般产品（或服务）介绍尽可能附上产品（或服务）图片。

在编写产品（或服务）介绍时，至少需要回答以下问题：

（1）顾客希望使用产品（或服务）后能解决哪些痛点？顾客能从产品（或服务）中获得什么？

（2）产品（或服务）与竞争对手的产品（或服务）相比有哪些优缺点？有没有可替代产品（或服务）？顾客选择本产品（或服务）的理由是什么？

（3）企业为产品（或服务）采取了何种专利保护措施？创业者拥有哪些许可证，或与已获得该专利的厂家达成了哪些协议？

（4）产品（或服务）定价能不能产生足够的利润？利润能达到多少？用户是否能接受定价？还有没有价格提升的空间？

（5）企业打算采用何种方式去改进产品（或服务）的质量、性能？企业对发展新产品（或服务）有哪些计划？

产品（或服务）介绍的内容比较具体，因而写起来相对容易。虽然夸赞自己的产品（或服务）是推销所必需的，但应该注意，创业者所做的每一项承诺都是“一笔债”，都要努力去兑现。要牢记，创业伙伴们之间建立的是一种长期合作的关系。空口许诺，只能得意于一时。如果创业者不能兑现承诺，将导致信誉受到极大的损害。

三、组织与管理

创业需要一支有战斗力的运营管理队伍。企业管理的好坏，直接决定了企业经营风险的大小；而高素质的管理人员和良好的组织结构则是管理好企业的重要保证。因此，投资人会特别注重对团队成员的评估。

所有制形式就是指新创的企业是独资形式、合伙形式还是公司形式。依据法律规定，不同的所有制形式下，创业者承担的责任有很大的差别。在创业计划中，应该说明企业采用的所有制形式、每一位投资者投入资金的金额和形式、每一位投资者承担责任的形式、投资者的责权利、企业的管理机构设置及其职权等。

管理就是强调管理团队的问题：哪些人将参与企业的经营管理；每个人将承担什么工作；每个人的学历、经历、特长，甚至每个人可能给企业带来的利益；管理层的薪酬；等等。在企业里，管理人员应该是互补型的，而且都要具有团队精神。一个企业必须要具备负责产品设计与开发、市场营销、生产管理、企业理财等方面的专门人才。在创业计划书中，必须要对这几大块的主要管理人员加以说明，介绍他们的能力、他们在本项目中的职务和责任、他们过去的详细经历及背景。此外，还应对创业团队结构做简要介绍，用结构图来直观地表达各个层级之间的关系，包括公司的组织机构图、各部门的功能与责任表、各部门的负责人和主要成员分工明细表、薪酬设计表、公司的股东名单及持股比例，以及各股东的背景资料等。

四、市场分析与预测

当企业要开发一种新产品（或服务）或向新的市场扩展时，首先要进行市场分析与预测。如果预测的结果不乐观，或者预测的可信度让人怀疑，那么投资者就要承担更大的风险，这对大多数风险投资家来说都是不可接受的。

（一）对市场需求进行预测

市场是否存在对这种产品（或服务）的需求？需求程度是否可以给企业带来所期望的收益？新的市场规模有多大？需求发展的未来趋势及其状态如何？影响市场的因素有哪些？

（二）对市场竞争的情况进行分析

市场中主要的竞争者有哪些？是否存在有利于本企业产品（或服务）的市场空白？本企业预计的市场占有率是多少？本企业进入市场会引起竞争者怎样的反应？这些反应

对企业会有什么影响？等等。

在创业计划书中，市场分析与预测应包括以下内容：市场现状综述、竞争者概览、目标顾客和目标市场、产品的市场地位、市场价格和特征等。

企业对市场的预测应建立在科学、严谨的市场调查基础上。企业所面对的市场本来就有变化不定、难以捉摸的特点。因此，创业企业应尽量扩大收集信息的范围，重视对环境的预测并采用科学的预测手段和方法。创业者应牢记的是，市场预测不是凭空想象出来的，对市场的错误认识是企业经营失败的最主要原因之一。

五、营销策略

营销策略是创业计划书的重要组成部分，它主要描述企业的产品（或服务）将如何进行分销、定价和促销。营销是企业经营中最富挑战性的环节。影响营销策略的主要因素有消费者的特点、产品的特性、企业自身的状况、市场环境方面的因素、营销成本、营销效益因素等。

在创业计划书中，营销策略的主要内容包括：

（1）市场机构和营销渠道的选择；

（2）营销队伍和管理；

（3）促销计划和广告策略；

（4）价格决策。

对创业企业来说，由于产品（或服务）和企业缺乏知名度，很难进入其他企业已经稳定的销售渠道中去。因此，企业不得不暂时采取高成本低效益的营销战略，如上门推销，投放广告，向批发商和零售商让利，交给任何愿意经销的企业销售。

六、生产经营计划

生产经营计划的主要内容有：产品制造和技术设备现状，新产品投产计划，技术提升和设备更新的要求，质量控制和质量改进计划。

在寻求资金的过程中，为了提高企业在投资前的评估价值，创业者应尽量使生产经营计划更加详细、可靠。一般生产经营计划应回答以下问题：企业生产经营所需的场地、设备情况如何；怎样保证新产品在进入规模化生产时的稳定性和可靠性；设备的引进和安装情况如何，谁是供应商；如何设计生产线与产品组装；供货者的前置期和资源的需求量情况如何；如何制定生产周期标准以及编制生产作业计划；物料需求计划及其保证措施如何；质量控制的方法是什么；相关的其他问题。

七、财务分析

财务分析计划需要花费较多的时间来做具体的分析，通常情况下需要财务顾问的帮助才能够完成。其中的内容包括：经营规划与资金预算，资金的来源与运用，预计的现金流量表、损益表和资产负债表，盈亏平衡点分析，等等。

（一）经营规划与资金预算

首先，制定销售预算，销售预算应该反映季节变化及营销策略对需求的影响。其次，制定经营成本预算，经营成本包括固定成本和变动成本。资金预算可以是估计购置新设备或者聘用新职员所需的费用，可以是评估自产还是购买的抉择，可以是购买和租赁的比较等。这些决策需要利用净现值的方法计算资金成本和投资的期望回报，因而有较大难度，一般需要寻求财务顾问的帮助。

（二）资金的来源与运用

资金的来源即融资渠道，包括发行股票融资、获得政府拨款、向银行或其他金融机构借贷等。企业资金的需求会随着企业的类型和规模的不同而改变。因此，创业计划书应列出合适的资金来源及融资组合。

资金的运用即帮助企业形成产能的资金支出，包括购买设备、开设办公地点或店铺、引进产品线、招聘员工等。资金运用决策对企业长期的盈利能力是非常关键的。因此，创业计划书中必须明确资金的运用，而且决策一旦实施，相关的产能必须跟上，管理层也必须确保效率和效果。

（三）预计的现金流量表

现金流量表是反映企业一定时期内现金和现金等价物流入和流出信息的财务报表。现金流量表可以评价企业的支付能力、偿债能力、周转能力，可以了解企业未来的现金流量，有助于分析企业收益质量及影响现金净流量的因素。这些信息对外部投资者来说非常重要，因为现金流量影响银行贷款的顺利收回、投资者资金的及时退出。有一些企业损益表上有大量的盈利，却无力偿还到期债务，就是现金流出现问题了。

（四）预计的损益表

损益表是反映企业一定会计期内经营成果的财务报表，主要提供有关经营成果方面的信息。利用这些信息，可以了解这一期间收入实现情况和费用耗费情况，了解生产经营活动的成果，了解企业的盈利能力和变化趋势。

（五）预计的资产负债表

资产负债表是反映企业在某一特定日期财务状况的报表。通过资产负债表，可以了解企业资产和负债的总额及构成情况、所有者所拥有的权益。企业未来的每一笔经济业务都会影响到资产负债表。资产负债表根据资产、负债、所有者权益之间的钩稽关系，按照一定的分类标准和顺序，把企业一定日期的资产、负债和所有者权益各项目予以适当排列。资产是企业拥有或者能够控制的能以货币计量的经济资源，包括流动资产、长期投资、固定资产、无形资产和其他资产。负债是企业对债权人的负债或欠款，包括流动负债和长期负债。所有者权益是所有者在企业资产中享有的经济利益，其金额为资产减去负债后的余额，包括实收资本、资本公积、盈余公积和未分配利润。

（六）盈亏平衡点分析

创业者自己应该清楚初创企业何时才开始获利，并且需要反映在计划书中。企业刚开始由于产销量小，一般都处于亏损状态，但随着产销量的增加，企业将出现既不盈利又不亏损的情况，这就是盈亏平衡点。这时的销售称为盈亏平衡点销售量，这时的销售额称为盈亏平衡点销售额。盈亏平衡点销售额向创业者指明了支付全部的固定成本和变动成本所需的销售额。如果销售单价低于或等于产品的单位可变成本，企业永远无法实现盈利。当销售单价高于产品的单位可变成本，随着产销量的增长，肯定会出现盈亏平衡点，如果产销量进一步扩大，企业就开始盈利。通过盈亏平衡点分析，可以预测为实现既定的利润目标，企业的产销量应该达到什么样的规模。

八、风险与应对措施

任何一家初创企业都会面临一些潜在的风险，创业者有必要进行风险评估，以便及早制定有效的战略来防范这些风险。初创企业可能面临的风险有技术不成熟、资源短缺、管理经验不足、市场和产品的不确定性、对关键人员的依赖性、竞争的残酷性、技术的进步导致产品过时等。针对企业可能面临的各种风险隐患，要认真分析，制定切实可行的措施，规避、降低或防范风险，这样才能取得投资者的信任，也有利于引入投资后双方的合作，增加企业收益。

九、附件

附件主要是为描述或证明创业计划书中涉及问题的细节的相关证书、图表等，如企业的营业执照、公司章程、验资报告、审计报告、税务登记证、高新技术企业（项目）证书、专利证书、鉴定报告、市场调查数据、主要供应商及经销商名单、主要客户名单、场地租用证明、公司及其产品的介绍、工艺流程图、各种财务报表及财务预估表、专业术语说明等。它与创业计划书的主体部分一起装订成册。

【拓展活动】

撰写创业计划书

运用所学知识，围绕创业项目撰写详细的创业计划书。

1. 内容与要求

以自愿的原则，将学生分为若干小组，每组6～8人，每个小组根据自己的创业项目撰写创业计划书。

创业计划书的撰写要规范，内容全面，重点突出。

2. 提示

（1）创业计划书一般包括摘要、产品（或服务）介绍、市场调查和分析、竞争策略、营销策略、生产运作、人员及组织结构、财务预测8个方面。

（2）创业计划书要重点突出，注重实效。每一份创业计划书都应有自己独特的个性，要突出每一个创业项目的独特优势及竞争力。

3. 测评方式

（1）书面成绩（60%）：各小组成员合作完成创业计划书，教师担任评委，根据内容进行打分。

（2）答辩成绩（40%）：各小组进行公开答辩，邀请3～5位教师当评委，组织答辩。

【思考题】

1. 创业计划书对于创业成功起到什么作用？
2. 创业计划书的基本内容有哪些？
3. 在创业计划书中，如何进行市场分析？
4. 在创业计划书中，营销策略的主要内容有哪些？
5. 撰写创业计划书应注意哪些事项？
6. 结合创新创业主流赛事，撰写一份创业计划书。

第五章　创业团队

【导学案例】

苹果树下种“杂草”：返乡创业青年带领博硕团队打造生态果园

李立君是土生土长的栖霞人，2017 年从中国科学院毕业后，他放弃高薪，回乡当起果农。从中国科学院回到栖霞老家，李立君用有机栽培方式为栖霞果农进行有益探索。

受到李立君返乡振兴乡村精神的感召，来自中国科学院、山东农业大学的有志于从事果业研究的硕士毕业生，纷纷聚拢到李立君身边，共同努力改变传统果业的种植管理理念。现在，团队已有两名硕士、两名学士，还有一名博士。

别人都想尽办法把果园里的草清除得一干二净，李立君团队却“引草入园”，任其恣意生长。“这不是瞎胡闹吗?”乡里乡亲质疑不断。

“你看看，我们果园里的土壤很疏松，很湿润，一捏就成团。”李立君扒开厚厚的草层，向记者展示黑黝黝的土壤。据他介绍，果园里种的“杂草”是团队专门挑选的一种叫“长柔毛野豌豆”的草。

其实，这种野豌豆还真不是一般的“杂草”。“这种草长势旺，能抑制其他杂草生长，还能涵养土壤水源、固氮培肥。”李立君介绍，土壤经过“杂草”改良，化肥施用过多造成的板结现象没了，蚯蚓也多了起来。

“除了野豌豆，我们还在园间地头种了矢车菊、百日菊等花草呢。”李立君把生态观念与苹果产业高质量发展有机融合，丰富果园生物多样性，发挥果园生态系统功能。

谈话间，一只小动物从草丛里跑了出来。“这是‘麻蜥’，不用怕!”李立君说，“由于果园形成了独特的小气候，小动物多起来了，从某一方面讲，有利于果园病虫害的防治。”

果园种草，不用化肥用饼肥，让积聚了丰富营养的土壤孕育出优质的苹果。试验园苹果亩产虽只有5 000斤，但苹果果香浓郁，甜度高，口感丰富，190多项农残和重金属零检出，且钙含量是普通苹果的近两倍。

生态化管理的苹果颜值不“高”，却因内在的“高”品质备受市场的追捧。立君生态果园的苹果售价为每斤20多元，而且还供不应求。

苹果产业是栖霞最大的富民产业，是乡村振兴的强劲引擎。“我愿先试先行，为栖霞苹果产业高质量发展助一臂之力!”李立君满怀憧憬，种下希望。

第一节　创业团队的组建

【案例拓展】

一个传奇的创业团队——新东方

2013年热播的一部电影《中国合伙人》讲述了3个小伙子怀着梦想艰苦创业、把梦想由小做大做强的故事，故事主人公的原型即新东方的创业团队。创始人俞敏洪，1991年从北京大学辞职后开始自己的创业生涯。1993年，他创办了新东方培训学校。1994年，新东方已经有几千名学员，在北京也已经是一个响亮的牌子，但是相应的问题也出现了很多。俞敏洪意识到需要找到更多的合作伙伴方能解决这些问题，从而把新东方做大做强。这样的合作伙伴不仅要有过硬的专业知识和能力，而且要和他本人有共同的办学理念。他首先想到的是远在美国的王强、加拿大的徐小平等人，他们符合业务扩展的要求，更重要的是作为北京大学时期的同学、好友，彼此在思维上有着一定的共性，能比其他人更好地理解并认同自己的办学理念，合作也会更稳固和长久。虽然两人当时有着条件优裕的工作，但在1995年仍然加盟了新东方。从1994年到2000年，杜子华、徐小平、王强、胡敏、包凡一、何庆权、钱永强、江博、周成刚等人陆续被俞敏洪网罗到新东方的门下，新东方最初的团队就此创立。

这是一个由不同才能的人组成的团队。徐小平开设的“美国签证哲学”课，把出国留学过程中一个大家关心的重要程序问题，上升到一种人生哲学的高度，让学员在会心大笑中思路大开；王强开创的“美语思维训练法”，突破了一对一的口语训练模式；杜子华的“电影视听培训法”已经成为国内外语教学培训中极有影响力的教学方法。新东方的很多老师都根据自己教学中的经验和心得著书立说，并形成了自身独有的特色，让新东方成为一个有思想、有创造力的地方。

这是一个由不同个性的人组成的团队。俞敏洪温厚，王强爽直，徐小平激情，杜子华洒脱，包凡一稳重，几个人的鲜明个性让新东方总是处在一种不甘平庸的氛围当中。新东方形成了一种批判和宽容相结合的文化氛围，批判使新东方人敢于互相批评、纠正错误，宽容使新东方人在批判之后能够互相谅解、互相合作。大家互相不记仇、不记恨，只计较到底谁对谁错谁公正。

这也是一个由牛人组成的团队。俞敏洪曾坦言：“论学问，王强出自书香门第，家里藏书超过5万册；论思想，包凡一擅长讲冷笑话；论特长，徐小平梦想用他沙哑的嗓音唱校园民谣。他们都比我厉害。”俞敏洪就带领着这帮牛人，将新东方从小做到大，完成了让局外人都为之捏把汗的股权改制，还将新东方带到了美国的资本市场，成为中国第一个在海外成功上市的民营教育机构。新东方成为一个传奇，它的成功就在于一支年轻而又充满激情和智慧的创业团队。

【思考与讨论】

（1）新东方创业团队成功的要素有哪些？

（2）面对教育的“双减”政策，俞敏洪是如何进行企业转型的？他的主要做法有哪些？

（3）怎样有效管理创业团队？

一、创业团队组成要素

创业团队是指在创业初期（包括企业成立前和成立早期），由一群才能互补、责任共担、愿为共同的创业目标而奋斗的人所组成的特殊群体。

创业关注的核心并不是个人英雄主义的个体创业者，而是卓有成效的创业团队。初创企业可能只为某个创始人或其亲友提供就业机会，也可能是一个具有较高发展潜力的公司，而前后两者之间的主要差别就在于是否拥有一支高质量的创业团队。

没有团队的创业并不一定会失败，但要创建一个没有团队而具有高成长性的企业则不太可能。

一般而言，创业团队由以下四大要素组成。

（一）人员

任何计划的实施最终还是要落实到人的身上。人作为知识的载体，所拥有的知识对创业团队的贡献程度将决定企业在市场中的命运。

（二）目标

目标是将人们的努力凝聚起来的重要因素。从本质上来说，创业团队的根本目标在于创造价值。

（三）团队成员的角色分配

角色分配即明确团队成员在初创企业中担任的职务和承担的责任。

（四）创业计划

创业计划即制订团队成员在不同阶段分别要做哪些工作及怎样做的指导计划。现代企业若要少走弯路，一开始就要走规范化的管理道路。因此，创业者在注册公司时就应该组建创业团队。新型风险企业的发展潜力与企业管理团队的素质之间有着十分紧密的联系。创业团队的凝聚力、合作精神、立足长远目标的敬业精神会帮助初创企业渡过危难时刻，加快成长步伐。

另外，团队成员之间的互补、协调和平衡，对新创科技型企业可起到降低管理风险、提高管理水平的作用。

二、创业团队的重要性

全球热销的《穷爸爸　富爸爸》一书讲到，要创业，想成功，有两种办法：一是自己创建一个成功的系统；二是跟着一个成功的系统走。这个所谓的系统，即为创业团队。

创业团队对企业的成立发展起着至关重要的作用。一项针对 104 家高科技企业的研究报告指出：年销售额达到500 万美元以上的高成长企业中，有 83.3% 是以团队形式建立的；而在另外 73 家停止经营的企业中，仅有 53.8% 有数位创始人。这一模式在一项关于“128 公路一百强”的研究中表现得更为明显：100 家创立时间较短、销售额高于平均数几倍的企业中，70% 有多位创始人。

我们当前置身于一个全球化与互联网高速发展的时代，这个时代的特点是，即便创业者专注于某个领域，勤奋耕耘，创意不断，还是会有非常多的竞争对手同时参与进来。如果能开发出特别吸引用户的功能，产品就可能一夜成名，这是比较理想的状态；如果创业者比较缺乏创意，缺少快速反应的能力，那么很可能从一开始就无法跻身市场，或者即使挤进去，也很容易被淘汰出局。

中国有句老话：三个臭皮匠，赛过诸葛亮。一个人纵使有天大的能耐，也难免有考虑不周、思虑倦怠的时候。在强调团队合作的今天，创业者想靠单打独斗获得成功的概率微乎其微。创业者在注册公司时就应该组建创业团队，一个好的创业团队对企业的成功起着举足轻重的作用。

（一）团队的意义首先在于，各方面起决定性作用的人才合而为一

在一个企业中，任何一个员工的作用好比某台机器或机器中的某个零部件，而团队

则是这些机器或零部件的组合。一台机器通常是做不出产品的，单独的一个零部件更发挥不了作用，只有组合才能使各个部分的作用得到充分发挥。

（二）团队更科学的意义在于“1 +1 >2”

同样一个组织，如果成员各自为战，就会受到各种条件的限制。在实际工作中，各自为战一方面造成人力资源的浪费，另一方面导致某些资源的紧缺，因为人不可能是全能的。而一个有机的组合，正是人力资源的充分利用和各种优势的互补，结果所发挥的作用较之前肯定有大幅度的提高。这就是哲学中的量变和质变的规律。

（三）团队的意义还反映在企业人才组合的凝聚力上

团队不只是人力资源的组合，更是一种意识的统一、激情的融合和理想的碰撞。员工与员工之间、员工与企业之间因为共同的信仰而产生“一荣俱荣，一损俱损”“与企业同呼吸、共命运”的思想。任何一个成功、伟大的企业，其背后一定有一个坚不可摧的优秀团队。而且，任何企业的成功、伟大都体现在团队的卓越和优秀之上。

（四）团队的意义还体现在企业的创新意识和创新能力上

创新决定企业的生命力，而人才和意识决定企业的创新能力和水平。一个优秀的创业团队正是企业创新所必需的条件和动力，因为创新不只是一个点子或某个妙招，创新是一种持续的创造和努力。面对企业发展的变数，只有将人才进行有机、科学和不懈的磨合才能成就更具高度的智慧，进而创造一个又一个奇迹。

三、创业团队组建的原则

创建一个目标一致、合作高效的创业团队，应该遵循以下几条原则。

（一）合伙人原则

一般企业都是招员工，而员工都是在做工作。但创业团队需要招的是合伙人，因为合伙人做的是事业。一个人只有把工作当作事业才有成功的可能，一个企业只有把员工当作合伙人才有机会迅速成长。所以，创业团队要先解决价值分配问题，然后去找自己的合伙人。

（二）激情原则

有无激情是衡量一个人是否能够成功的基本标准。创业团队一定要选择对项目有高度热情的人加入，并且要使所有人在企业初创时就要做好面对困难一往无前的准备。任何人，不管其专业水平高低，如果对事业的信心不足，就无法适应创业的要求，而这种消极因素对创业团队所有成员产生的负面影响可能是致命的。创业初期，整个团队可能需要每天十几个小时不停地工作，并要求在高负荷的工作中仍能保持创业的激情。

（三）协作原则

团队是企业凝聚力的基础，决定企业成败的是团队整体而非个人，成员能够同甘共苦，经营成果能够公开且合理地分享，团队就会形成凝聚力与一体感。团队中没有个人英雄主义，每一位成员的价值表现为其对于团队整体价值的贡献。每一位成员都应注重将团队利益置于个人利益之上，个人利益是建立在团队利益基础上的。因此，成员必须愿意牺牲短期利益来换取长期的成功果实，而不计较短期薪资、福利、津贴等，将利益分享放在成功之后。

（四）互补原则

建立优势互补的团队是创业成功的关键。创业者寻找团队成员，首先要弥补当前资源或能力上的不足，要针对创业目标与当前能力的差距，寻找所需要的配套成员。好的创业团队，成员间的能力通常都能形成良好的互补，而这种能力互补也会有助于强化团队成员间彼此的合作。此外，创业团队还要注意个人的性格与看问题的角度，团队里必须有总能提出建设性意见和不断发现团队问题的成员，一个所有成员都喜欢说好话、听好话的团队绝对不可能成为一个优秀的团队。

四、创业团队组建的要求

创业者在建立创业团队时，应该尽可能把“主内”与“主外”的不同人才、耐心的“总管”与具有战略眼光的“领袖”、技术与市场等方面的人才都考虑进来，保证团队的异质性。

（一）有共同的理念和愿景

创业过程听起来充满诗意，实则处处都是艰辛和风险。因此，成员间要有共同的或相似的价值理念，方能团结起来克服前进路上的困难。在这个基础之上，确定企业的愿景。个人的目标要与企业的愿景一致，即认同团队的努力目标和方向，也就是对企业文化的认可。把个人目标整合到团队目标中，增强团队的凝聚力。一个相互间有默契的团队，会比一般的团队更有弹性，有更快速解决问题的能力。

（二）团队利益划分科学合理

团队成立初期，很多企业都没有意识到团队利益划分的重要性，或者说基于兄弟的情义不好意思说出来。当企业发展到一定阶段时，利益划分问题也渐渐显现出来。所以，团队创立之初就要建立起明确的利润分配方案，真正做到“亲兄弟，明算账”。

（三）技能或背景互补

从人力资源管理的角度来看，建立优势互补的创业团队是保持创业团队稳定的关键。在创建一个团队的时候，不仅要考虑成员相互之间的关系，还要考虑成员之间的能力和技术上的互补性。不同的能力和技术能在团队遇到困难时，从各个角度出发做出相应的决策。

从创业资源的角度来看，在引进不同背景的创业人员的同时，也引进了不同的人际网络。想要创业就必须拥有一定的社会资源，这里的社会资源可以指客户资源、资金资源、供应链资源、市场资源、政府资源等。企业在社会中生存，若无任何资源，创业遇到的困难将不可想象。

（四）性格上要互补

世界上没有哪两个人的性格是完全相同的。我们可以把人群大致分为四种性格的群体：力量型、和平型、完美型和活泼型。一个优秀、长远的创业团队应该能够集合这四种人群，这也就是我们常说的性格互补策略。

性格互补最典型的例子是《西游记》中由唐僧率领的取经团队。四个人的性格各不相同，却又有着不可替代的优势。比如说，唐僧慈悲为怀，使命感强，有组织协调能力，注重行为规范和工作标准，所以他担任团队的主管，是团队的核心；孙悟空武功高强，是取经路上的先行者，能迅速理解、完成任务，是团队的业务骨干和铁腕人物；猪八戒看似实力不强，又好吃懒做，但是他善于活跃工作气氛，使取经之旅不至于太沉闷；沙僧勤恳、踏实，平时默默无闻，关键时刻能稳定局面。

（五）年龄上要互补

一个团队除了性格互补，年龄互补也非常重要。年轻人拥有无限的创业热情和信心，但是容易冲动，又没有资源和人脉；年长者虽然偏于保守，容易过于谨慎，害怕冒险而失去激情，却有很多社会经验和社会资源。所以，最佳的创业团队中，成员的年龄应该有梯度，实现激情与谨慎的平衡。

第二节　创业团队的风险认知与管控

一、创业团队的风险认知

创业团队的组建存在以下风险。

（一）盲目照搬成功的组建模式

创业团队的组建基本上可以分成三种模式：关系驱动、要素驱动和价值驱动。

关系驱动是指以创业领导者为核心的人际关系圈内成员构成团队。他们因为经验、友谊和共同的兴趣结成合作伙伴，共同发现商业机会后共同创业。

要素驱动是指创业团队成员分别贡献创业所需的创意、资源和操作技能等要素。由于这些要素存在互补关系，故团队成员之间处于相对平等的地位。

价值驱动是指创业成员将创业视为一种实现自我价值的手段，他们的使命感很强，成功的意愿也很强。

不同的组建模式适用的条件不尽相同。如果盲目照搬照抄某种组建模式，会给企业带来巨大的风险。初创团队应用最广泛的是关系驱动模式，它比较符合中国文化的特点，其团队的稳定性相对较高。但是，关系的远近亲疏经常会成为制约团队发展的瓶颈。要素驱动模式比较符合西方文化的特点，现在的互联网创业团队大多属于这种模式。如果团队成员之间磨合顺利，可以缩短企业成功所需的时间；如果团队成员磨合不顺利，就很容易面临解散的风险。价值驱动模式中的团队成员虽然是为了追求自我实现结合在一起的，但是一旦产生分歧，就容易走向内部斗争，甚至导致团队解散。

（二）团队成员选择随意和偶然

创业团队要将个体的力量整合为集聚的攻击力，并保持这种攻击力的持久性。英国学者梅雷迪思·贝尔宾曾经考察了 1 000 多支团队，研究理想创业团队的构成，最后提出了“九种角色”论，即成功的团队必须包含九种不同角色的人。

这九种角色分别是：提出创新观点并做出决策的智多星；将思想语言转化为行动的执行者；将目标分类，进行角色职责与义务分配的协调者；促进决策实施的鞭策者；引进信息与外部谈判的外交家；分析问题与看法并评估别人贡献的审议员；给予个人支持并帮助他人的凝聚者；强调任务的时效性并完成任务的完成者；具有专业技能和知识的专家。

但是，团队组建初期由于受规模和人数的限制，创业团队在成员选择方面考虑不够全面，过于随意和偶然，甚至只是因为碰巧谈到创业问题而一拍即合，所以不可能具备这九种角色。之后若没有进行及时的补充，或在团队中承担某种角色的人才过多，则团队成员之间角色和优势重复，这些都会引发各种矛盾，最终导致整个创业团队散伙。

（三）缺乏明确和一致的团队目标

美国心理学家亚伯拉罕·马斯洛指出，杰出团队的显著特征是具有共同的愿景与目标。凝聚人心的愿景与经营理念是团队合作的基础。目标则是共同愿景在客观环境中的具体化，能够为团队成员指明方向，是团队运行的核心动力。

事实上，在创业初期，创业团队的目标一般并不十分清晰和明确，可能只是一个模糊的发展方向，有些人甚至不明白自己为什么会走上创业道路。如果团队目标出现较大的不一致，那么团队就会面临解散的风险。

（四）激励机制尤其是利润分配方式不完善

有效激励是企业长期保持团队士气的关键。如果缺乏有效的激励，团队或者组织的生命都难以长久。有效激励的重点是给予团队成员合理的“利益补偿”。根据某次对 200 多位在职工商管理研修班的学员进行的创业管理调查结果，造成中国现阶段创业团队散伙的前两个主要原因是团队矛盾和利益分配。团队矛盾的背后或多或少存在利益的影响，由此可以看出，利益分配对于创业团队的持续长期发展有着重要的意义。

实际上，在团队组建初期，由于企业前途未卜，各成员在创业企业中的作用和贡献无法准确衡量，因此团队无法给出一个明确的利润分配方案，可能只是简单地采取平均主义的做法。随着企业的发展和利润的增加，团队成员在利润分配时就会出现争议，从而导致创业团队解散。

二、创业团队的风险管控

（一）选择合理的团队成员

建立优势互补的创业团队是保持团队稳定性的关键，也是规避和降低团队组建模式风险的有效手段。在团队创建初期，人数不宜过多，能满足基本需求即可。在成员选择上，要综合考虑成员在能力和技术上的互补性，基本保证具备前述团队所需的九种角色，而且成员的能力和技术应该处于同一等级，不宜差异过大。如果团队成员在对项目的理解能力、表达能力、执行能力、社会资源能力、思维创新能力等方面存在较大的差异，就会产生严重的沟通和执行障碍。

此外，在选择成员时还要考虑创业激情的影响。在企业初创期，所有成员每天都需要超负荷工作，如果缺乏创业激情和对事业的信心，不管其专业水平多高，都可能成为团队中的消极因素，对其他成员产生致命的负面影响。

（二）确定清晰的创业目标

创业团队在实践中要不断总结和吸取教训，形成一致的创业思路，勾勒出共同的目标，以此作为团队努力的目标和方向。鼓励团队成员积极掌握工作内容并明确职责，竭诚与他人合作交流，贡献个人力量。

创业团队的目标必须清晰明确，能够集中体现出团队成员的利益，与团队成员的价值取向一致，并保证所有团队成员都能正确理解，这样才能发挥激励团队成员的作用。此外，创业团队的目标还必须切实可行，既不应太高，也不应太低，而且能够随着环境和组织的变化及时更新和调整。

（三）制定有效的激励机制

正确判断团队成员的“利益需求”是有效激励的前提。实际上，不同类型的人员对于利益的需求并不完全一样，有些成员将物质追求放在第一位，而有些成员则希望能够获得荣誉、发展机会或提高能力等。因此，创业团队的领导者必须加强与团队成员的交流，针对各成员的情况采取合理的激励措施。

创业团队的利润分配体系必须体现出个人贡献价值的差异，而且要以团队成员在整个创业过程中的表现为依据，而不仅是某一阶段的业绩。其具体分配方式要具有灵活性，既包括诸如股权、工资、奖金等物质利益，也包括个人成长机会和相关技能培训等内容，并且能够根据团队成员的期望适时进行调整。

【案例拓展】

“鲜直达”社区生鲜配送站的风险管控

周姐是一名家庭主妇，她发现社区里上班族、老人买菜不方便，萌生了做“鲜直达”社区生鲜配送站的想法。创业初期她单打独斗，结果订单错漏多，客户投诉不断，自己也累得够呛。后来她通过一系列风险管控措施，让项目逐步走上正轨。

1. 组建能力互补的团队：“社区联盟”破解资源缺口

周姐意识到一个人干不下去，开始找能互补的伙伴：首先拉来退休的超市采购经理老陈，他懂生鲜选品，会跟批发市场砍价，能够把住货源和成本关；然后叫上兼职程序员小林，开发了简易订货小程序，能自动汇总订单、规划配送路线，解决了人工统计容易出错的问题；最后邀请热心邻居王姨加入，她熟悉社区居民，负责维护社群、处理客户投诉，把居民需求摸得门清。

三人年龄、背景差异大，但技能刚好补上彼此的短板——老陈管货源、小林管技术、王姨管用户，团队沟通顺畅，真正实现了“社区的事，社区人一起解决”。

2. 聚焦清晰创业目标：从“大而全”到“少而精”

一开始周姐想做的太多：既要送菜，又要卖半成品净菜，还想开课教老人用手机下单。结果摊子铺太大，团队忙不过来，客户反而越来越少。

后来，周姐做了用户调研，发现大家最核心的痛点是“下班晚了菜市场关门，只能买高价超市菜”，而且基础生鲜配送的利润比半成品净菜高不少。周姐果断决定：把那些花里胡哨的服务全砍掉，就聚焦一件事——每天 18 点前把新鲜菜送到居民家里。

目标一明确，团队精力集中了，客户满意度也跟着上来了。

3. 设计有效激励机制：按需分配的“贡献值体系”

起初周姐靠“邻里互助”的情怀激励大家，结果很快就出问题：老陈觉得自己压价省的钱没得到认可，小林嫌兼职收入低没动力，王姨处理投诉太累也有情绪。

周姐赶紧调整，针对每个人的需求设计了激励方案：首先给老陈设置“成本节约提成”，他压价省下的钱能拿到分成，积极性立马就起来了；然后给小林定“用户增长奖”，用户数涨了就有额外奖励，他开发新功能更有动力了；最后给王姨设“满意度补贴”，客户满意度达标就有补贴，她处理投诉更用心了。

除了物质激励，还设计了“积分兑假期”“社区荣誉墙”，让大家既有短期收益，又有成就感；同时预留了部分利润作为未来股权池，把大家的长期利益绑在一起。这套激励方案让团队劲儿往一处使，业绩自然越来越好。

风险管控启示

周姐的案例说明，有效的风险管控要从三个维度发力：团队上，找能力互补的人组队，把短板变成长板；目标上，不贪多求全，聚焦最核心的需求才能做深做透；激励上，不能只谈情怀，要结合每个人的实际需求，把物质奖励、精神认同和长期利益结合起来。这三点做到了，创业路上的很多风险自然就化解了。

三、组建创业团队应注意的一些问题

不同的创业者在共同的创业愿景鼓舞下，形成了创业团队。组建一支优秀的创业团队对任何创业者而言，都是一项至关重要的工作，是创业团队围绕共同目标，求同存异，最后实现团队愿景的组织保障。组建创业团队应该注意以下几个问题。

（一）知己知彼

绝大多数创业团队的核心成员都很少，一般是三四人，多的也不过十来人，如此少的团队成员，从企业管理角度来看，几乎每个从事管理工作的人都能够轻易驾驭。实际上，创业团队成员虽少，但都有自己的想法、自己的观点，特别是当团队中具备领导特质的人有两个或两个以上时，团队成员内部就会产生互不服管的问题，这就会造成管理上的困难。

一个优秀的创业团队中，所有成员之间都应该非常熟悉、知根知底。《孙子兵法》云："知己知彼，百战不殆。"在创业团队中，团队成员都能非常清醒地认识到自身的优劣势，同时对其他成员的长处和短处也一清二楚，这样就可以很好地避免团队成员之间因为相互不熟悉而造成的各种矛盾、纠纷，从而迅速提高团队的向心力和凝聚力。同时，团队成员间的熟悉也有利于成员之间工作的合理分配，最大限度地发挥各自的优势。

现在，国内许多大学生选择创业，他们选择的合作伙伴也多是同学、朋友、校友，但不少团队还是很快就失败了。为什么呢？因为他们选择的合作伙伴虽然都是他们的"熟人"，但是这些"熟人"之间是缺乏交流、沟通的，彼此之间并没有真正做到知己知彼。说到底，团队成员还是相互陌生的。

（二）有能胜任的带头人

在企业管理和市场营销中，经常谈论领导者的核心竞争力。事实上，在创业团队中，带头人的作用更加重要。带头人正如大海航行中的巨轮的舵手，指引着创业团队的方向。

创业团队中必须有可以胜任的领导者，而这种领导者并不是单单靠资金、技术、资历来决定的，也不是谁提出什么好的点子谁就当带头人的。这种带头人是团队成员在多年共事过程中发自内心认可的，应该是在创业团队中有巨大的、无形的影响力，有一呼百应的气势和号召力的领导者。

许多创业团队在很短的时间内就消亡了，很重要的原因在于创业团队的带头人根本不是一个合格的领导者。而领导者是否胜任，直接决定团队的成败。

许多年轻人雄心勃勃，期望一鸣惊人，他们敢于第一个吃"螃蟹"，但是他们作为创业团队带头人不一定能胜任，最多只是起到了先锋示范作用。

（三）有正确的理念

要坚信初创企业能够健康发展下去，相信创业团队一定能够获得成功。不要一开始就想着失败，尤其不要用那些“经典”理论，如“只能共苦，不能共甘”“天下没有不散的筵席”等来支配自己的思想和行动，这种“经典”理论确有警示意义，但不能被其支配，而是应该树立坚定的信念，要坚信团队的事业一定会成功。

（四）有严格的规章制度

俗话说：“没有规矩，不成方圆。”最初创业时就应该制定出严格的规章制度，把该说的话说清楚，该立的字据一定要立好，不要碍于情面。把最基本的责、权、利说得明白透彻，尤其是股权、利益分配更要讲清楚，包括增资、扩股、融资、撤资、人事安排及解散等。这样在企业发展壮大后，才不会出现因利益、股权等分配上的分歧造成团队之间的矛盾，导致创业团队的失败。

【案例拓展】

AI绘画的版权争议——技术创新下的创业风险与防控

2022 年至 2024 年间，AI 绘画技术迎来爆发式增长，催生了大量基于 AIGC 工具的内容创作创业者。设计师林晨（化名）利用 Stable Diffusion、Midjourney 等软件，通过输入多达数十次、不断调整优化的复杂提示词（如“赛博朋克风格的东方古城，霓虹灯与古建筑交融，未来感雨夜”），并辅以 Photoshop 进行精修与合成，最终创作出数字艺术作品《机械飞升》。完成创作后，他迅速在国家版权局进行了作品登记，以期保护自身的劳动成果。然而，他很快发现，某商业地产项目在未获任何授权的情况下，将《机械飞升》的核心视觉元素直接用于其大型户外广告和线上宣传。林晨随即委托律师提起诉讼，主张其作为创作者享有著作权，要求对方停止侵权并赔偿损失。此案的关键在于，林晨提供了完整的创作过程记录，清晰地展示了从初始提示词到最终成图的迭代链条，证明了其付出了显著的创造性劳动和独特的审美选择。

与此同时，另一位内容创作者丰某某的遭遇则形成了鲜明对比。他同样使用 AI 生成了“幻之翼透明艺术椅”系列图片，但在指控他人侵权时，却因无法提供详尽、连续的创作过程原始记录（如具体的提示词演进、垫图素材、多次迭代修改的证明）而最终败诉。审理法院认为，其创作过程未能体现足以构成“作品”所需的“独创性智力投入”，简单输入指令生成的内容更接近于技术成果而非著作权法意义上的表达。这两起几乎同期发生的案件，深刻揭示了 AIGC 领域创业者面临的独特且复杂的风险图谱。一方面，如林晨一般，能深度参与创作流程并能系统证明自身创造性贡献的 AI 艺术实践，正逐步获得法律的有限保护；另一方面，如丰某某一样，若仅将 AI 视为“黑箱”式工具，缺乏对过程的管控与留痕，则不仅维权艰难，其商业模式本身的合法性与可持续性也会遭受根本性质疑。此外，AI 模型训练数据本身的版权合规性（即使用海量互联网图片训练模型是否构成侵权）仍是悬在整个行业之上的“达摩克利斯之剑”，为创业者埋下了潜在的、系统性的法律风险。

【思考与讨论】

AI 内容创业面临哪些法律风险、伦理风险和技术风险？创业者应如何通过创作过程全留痕等管理手段来规避和应对这些风险？

第三节　创业团队的薪酬福利与激励机制

一、员工薪酬设计

（一）员工薪酬设计面临的主要问题

对于创业团队来讲，如何设计员工薪酬制度是企业创建之初就面临的重要问题之一。这个问题的复杂性在于：首先，员工有不同的层次，要考虑对不同层次的员工究竟采取何种不同的激励制度。其次，有各种薪酬制度可供选择，如员工持股、期权制，远期来讲还有 MBO（经理层收购）等，要考虑哪一种制度最适合你的企业。最后，随着企业的发展，要考虑企业的薪酬制度是否应该做相应的调整。

（二）员工薪酬的设计

根据企业的规模、企业的发展目标、产品的生命力和被市场接受的程度等，设计符合企业自身发展规律的薪酬制度，以及足以使企业在激烈竞争环境中生存的薪酬管理体系。

创业团队有两种形式。一种形式是母公司在合资、合作情况下组建新公司，这需要一定的财力做后盾，同时往往也会引进一定的管理制度，这里不做讨论。另一种形式则完全是白手起家。刚开始公司规模可能很小，产品单一，无财力可言，但是依靠志同道合、具有强烈事业心的合作者，硬是将家庭式作坊发展成在商品市场中占有一席之地的企业。这段时间薪酬管理主要是要体现出公平，可以暂不形成制度。之后，如何将小企业继续发展壮大，在市场竞争压力下经得起风浪，就需要企业决策层在管理上作综合的考虑，而此时薪酬管理作为企业管理的重要一环，就显得十分重要。

（三）薪酬设计时要考虑的问题

1. 岗位设置

岗位设置考虑的重点是精简实用，尤其是关键岗位（主导企业运转、不可或缺的）

和特殊岗位（销售、管理），要设计符合本企业特点的薪酬制度。

2. 人才招用

企业的发展离不开人才的支撑，知识经济时代企业的竞争实质就是人才的竞争。人才的选用要注重其潜能，能力太强或太弱都会造成企业的损失，“适者为好”是企业招聘的原则。但是，关键岗位和特殊岗位的人员招聘要以“择优录用”为原则，希望通过引进人才来帮助企业更上一层楼。

3. 市场调查

人才市场价格是企业经理人必须了解的重要资料，它可以帮助企业在资金投入和运用上做出精确的预估。企业在做人才市场价格调查时，要寻找同类企业，如规模相似、管理模式接近，最好以市场竞争对手作为参考公司，这样企业可掌握最精确的信息，确定合理的价位。

4. 其他因素

在设计薪酬时，还要考虑国家和地区的经济状况、政府的政策导向、当地人才市场的需求情况、企业的经营状况、业务发展的目标计划，以及与薪酬相关的员工福利计划等。

5. 分配形式

企业薪酬制度的设计，要符合本企业的特点，要避免“人有我有，人无我也要有”式的面面俱到地考虑问题。但随着企业的发展，薪酬制度应该不断完善。企业初始阶段采用岗位奖励工资（或岗位等级工资）作为主要分配形式，以员工持股作为辅助分配形式，这样可以使员工与企业联系起来，彼此同甘苦、共命运，以企业的发展为唯一目标，推动企业加速前进。

（四）工薪制度与岗位匹配

企业在招募员工和设计工薪制度上，决定性的因素在于企业的创业团队规模、经济实力和商业模式的设计。其中商业模式的结构至关重要，创业者必须对商业模式进行仔细分析。

企业内部可以分为技术高度密集型岗位、部门，一般经营和服务型岗位、部门两类。两者在工薪制度上将有所区别：技术高度密集型岗位、部门，企业对所招募的员工有比较强的依赖性，所以为了招募到技术人才，在工薪设计上必须考虑企业的长远发展目标和相对的稳定性。为此，工薪制度可采取灵活的组合方式，如直接给股份、高薪加高福利等（而期权制对于小规模的企业不适用，多数员工将期权看作“画饼充饥、望梅止渴”，除非企业具有一定的市场基础和企业规模）。

对于一般经营和服务型岗位、部门，应采用岗位、级别的等级工薪制度，该项制度建立得越早越好。根据企业的岗位需求和员工的实际能力，以及员工的实际能力和水平，有目的地定岗、定员、定级、定薪。员工进入企业有明确的个人定位及发展目标，岗位的变化与薪水具有密切的联系。

（五）正确区分工薪制度和激励制度

企业的工薪制度和激励制度是两个不同的制度，尤其是初创企业更要对此加以区分，否则会导致基本工薪制度与激励制度的混乱，使员工的工作热情受到打击。企业管理者要对做出杰出贡献的员工给予奖励，就不能采用在原岗位直接加薪的简单方法，而应采用一次性奖励或升职加薪的方法。

在以创新求发展的今天，企业的薪酬设计同样要致力于改革创新，在设计薪酬制度时应“以人为本”，以员工的参与和潜能开发为目标，通过加大工资中的激励成分，换取员工对企业的认同感和敬业精神。其具体措施包括：

（1）加大员工薪金中奖励和福利的比例；

（2）使员工的基础薪金部分也处于变动中；

（3）将以往的以工作量测定为基础的付酬机制转变为以技能和绩效为基础的付酬机制等。

二、创业团队的激励机制

激励是人们朝某一特定方向或目标而行动的倾向，这种倾向来自人们所感知的内在驱动力和紧张状态。创业团队的激励机制就是激励员工的积极性和主动性，最终达到提升个人绩效和组织绩效的目的；个人绩效提升了，就会获得新的更大的激励。

（一）如何建立激励机制

1. 从领导力出发

激励需要从员工意愿、工作动力方面进行考虑，没有这些就无所谓激励。

团队的领导力对员工具有很大的激励作用，它既可以积极地影响员工的工作动力，也能够消极地影响员工的工作动力。若领导方式得当，就是正激励；反之，就是负激励。

2. 了解团队成员的需求

在工作实践中，对人员离职要特别重视，要面对面地去了解他们为什么离开。这有两个好处：一是可以了解员工真正的想法是什么，一般员工离职的时候说的都是真话；二是可以统计一下处于前几位的离职原因到底是哪些，从而改善工作环境，更有效地保留合格和优秀的员工。研究表明，排在前三位的离职原因并不与工资有关，第一是不公平对待，第二是沟通问题，第三是缺乏培训和发展的机会，第四才是待遇问题。一些人认为激励就是物质或金钱奖励。按照弗雷德里克·赫茨伯格的双因素理论，金钱只是一个保健因素，而不完全是一个激励因素，要客观地看待金钱、福利等在员工激励中的作用。

虽然金钱能够在一定程度上提升和保持员工的士气，但是金钱并不是万能的，金钱并不是决定员工工作效率高低和质量高低的根本性因素。

（二）激励措施

1. 股权激励

创业团队一定要精打细算地分配和利用资源，努力培养新人，如此，不仅有利于人才梯队建设和管理，还能够节约大量的成本。但新人都会逐渐成为行业老人，此时留住优秀人才的最有效的措施就是股权激励，它能够让员工对企业产生归属感和认同感，从而留在公司更加兢兢业业地工作。

2. 情感激励

人们的情绪具有一种动机激发功能，加强创业团队成员的感情沟通，尊重每一个创业团队成员，即情感激励，这样可以使每一位成员保持积极的工作状态。

3. 评价激励

创业团队领导者对创业成员进行激励要根据员工的实绩，将评价结果记入项目员工绩效档案，作为今后激励的重要依据。这种方式能激发员工的成就感，并使他们和企业目标、利益趋于一致。

4. 物质激励

国外曾有人对影响员工工作效率的各项激励方法进行研究，发现使工作效率提高的非常有效的激励手段就是物质激励。利用物质奖励来激励员工，能够将员工个人的经济利益和其工作绩效更紧密地结合起来，最大限度地提高员工的积极性。

第四节　企业文化建设

企业文化建设是指企业文化相关理念的形成、塑造、传播等过程。企业文化建设应突出“建”字。企业文化分为四个层面：理念层、制度层、行为层和物质层。要做好企业文化建设，就要从这四个方面着手开展。对于刚开始注重企业文化建设工作的企业来说，不妨先落实在能出业绩的事情上。

一、企业文化的含义和功能

（一）企业文化的含义

所谓企业文化，就是指企业在长期的生存和发展中所形成的，为企业多数成员所共同遵循的基本信念、价值标准和行为规范。它包括三个层面：精神层面、制度层面和物质层面。其中，精神层面主要指企业经营哲学、企业精神、风气、目标、道德等；制度层面指管理制度、特殊制度、企业风俗；物质层面指企业标志、标准字、标准色、厂容厂貌，产品特色、式样、品质、包装，企业的工艺设备特性，厂徽、厂旗、厂服、厂花、厂歌，企业的文化、体育、生活设施，企业造型和纪念建筑、纪念品，文化传播网络等。

（二）企业文化的功能

企业文化作为企业的一种软实力，是一种信念的力量、道德的力量，也是一种心理的力量。这种力量是企业战胜困难，取得战略决策胜利的无形法宝。特别是当它的力量十分雄厚的时候，就会形成一种强大的精神动力、精神支柱，对企业核心竞争力的影响远比产品、技术、市场、服务等因素更全面、更深刻、更持久。加强企业文化建设既有强烈的现实意义，又有深远的历史意义，它拥有一系列其他任何制度和规范所不具有的特殊功能。

1. 导向功能

优秀的企业文化一经形成和确立，就会产生一定的导向作用，可以引导团队成员规范自己的行为，激发成员把自己的理想与企业的具体发展目标结合起来，进而把企业目标与个人目标融为一体。企业文化对成员行为的引导是潜移默化的。成员在企业文化的熏陶下能够自觉地按照它来行动，即使没有各种硬性的规章制度约束，也能自觉地朝着本企业的目标努力。

2. 激励功能

所谓激励功能，就是企业文化通过满足成员的需要，引导成员产生强大的内驱力，起到激发、调动成员积极性的作用，使之为实现企业的目标而努力奋斗。根据马斯洛的需求层次理论，人的需求是有层次的，而需求的存在是促使人产生某种行为的基础。在一个企业中，积极的文化在满足成员工资福利、职业保障等基本需求的基础上，更加尊重和信任成员，激发成员的积极性、主动性和创造性。通过分享企业的成果，成员的自我价值得以实现，个人需求得到满足，并因此进一步受到激励。

3. 凝聚功能

企业文化的凝聚功能在于它可以增强企业的凝聚力，这种凝聚力来源于企业文化的同化、规范和融合。企业文化通过建立为成员所共同接受和遵循的价值观念，改变了成员以自我为中心的个人价值体系，如同黏合剂，将千差万别的成员团结起来，融合为一个整体，使成员形成强烈的群体意识，增强成员对本企业的认同感和归属感，使成员同心协力地为企业目标而努力工作。

4. 约束功能

企业文化的约束功能，不仅仅表现在通过各种物质形式和规章制度来约束员工的行为，更主要的是对成员的行为形成一种无形的群体压力。企业文化使组织的价值观念与成员的个人价值观相统一，成员对企业的理念、行为标准等产生共鸣，继而产生行为自我控制、自我约束的意向。同时，企业成员在受到企业文化的影响后，对企业的目标有了更深刻的理解，从而能更自觉地约束个人的行为。

二、企业文化建设的目标和要求

初创企业要生存发展，就必须寻求更科学、更系统、更完整的管理体系。企业文化构建了必要的企业组织结构和管理机制。当代企业要保持平稳和持续发展，应培育具有自己特色的企业文化。

（一）优秀的企业文化必须是具有独特个性的文化

这里所说的个性，一个是企业家精神个性，即企业领导者的追求、思想和理念；另一个是企业组织个性，即企业独特的经营理念、制度和行为方式等。这两种个性就构成了企业文化的整体个性。

通常，企业家的精神个性与企业的组织个性是有机融合的。企业家的精神个性，往往是指创业者的精神个性，如王石之于万科，张瑞敏之于海尔，休利特之于惠普，等等。个性是企业文化的生命。如果一个企业的文化不能充分体现这两种个性，那么，这种文化就很难说是优秀的。

优秀的企业文化，在个性上有四个共同点：第一，领导者的精神个性，实质上就是企业领导者对过去经验教训的总结和思考，更重要的是，只有当企业文化充分体现了企业领导者的精神个性时，企业领导者才可做到身体力行；第二，企业的组织个性，体现了企业在经营管理过程中一些成功的精神特质和做法，这些精神特质和做法，尤其是精神特质，对企业未来的成功具有极大价值；第三，品牌个性往往根植于企业的文化个性，换言之，没有文化个性就没有品牌个性，而没有个性的品牌，就不可能成为一个卓越品牌；第四，文化个性作为企业的灵魂，是竞争对手所无法模仿的，是企业核心能力的基本要素之一。

（二）优秀的企业文化必须是能够体现企业战略的文化

每个企业都是有战略的。一个企业的文化只有充分体现对其战略的全面支持，才能确保企业文化对企业绩效的提升作用。人们通常认为，优秀的企业文化必定能有效地提升企业的经营业绩，但事实上，企业经营业绩的提升只是优秀企业文化的结果而非原因。因此，我们在构建企业文化过程中，只能设法让企业文化充分体现对战略的全面支持作用，在企业文化和企业战略之间建立有效的结合点，以达到提升经营业绩的目的。

（三）优秀的企业文化必须是遵守商业准则的文化

基本商业准则，是指企业在市场竞争中的基本游戏规则，如诚实信用、公平竞争、双赢或多赢等。这些基本的商业准则，是企业必须遵守的底线之一。企业一旦违背这些游戏规则，就会被市场抛弃。某知名品牌瓜子，为减少亏损，怀着侥幸心理在一批优质瓜子中添加了劣质瓜子，推向市场，从此名声一落千丈。这类事件揭示了企业背离商业伦理准则所带来的深远危害。当生产者为追逐利润而牺牲基本道德底线，其行为直接侵害了消费者的权益，即使事后采取补救措施，也难以挽回公众信任。

（四）优秀的企业文化必须是体现人本的文化

一个企业的文化只有基于人性本源，才具有无限的包容性，并获得终极的认同和尊重，进而才会具有凝聚人心的作用。任何一个企业的文化，如果背离了人性，那就是一种扭曲的文化，一种缺乏包容性的文化，一种不可能被员工、消费者、社会公众所认同的文化。

我们可以从华为、通用等企业的文化中发现这一点，这些企业之所以能有今天的成就和地位，与它们以人为本（尊重人性）的企业文化是分不开的。华为的价值观中，有一条是“以人为本”，强调人与人之间的平等，强调同甘共苦，荣辱与共，团结协作，集体奋斗。保持对人不变的尊重，使用人、培育人、发展人，肯定个人尊严，确保员工的个人追求与公司的生存和发展的需要达到完美的结合，使公司成为员工的最佳选择。通用的价值观是公正评价每一个人的才能和贡献——不论是好是坏；团队合作依赖于相互信任、相互理解以及共同的价值观，即在任何环境下，每个人都将得到公正的对待。

上述四个方面的目标要求并不是相互独立的，而是层层递进的关系。也就是说，在构建企业文化的过程中，首先要找出企业家的精神个性和企业的组织个性，然后与战略对接，最后从商业准则和人性层面上进行完善和提升，这也是建立企业文化的方法。

关于企业文化的相关概念，可见图 5-1。

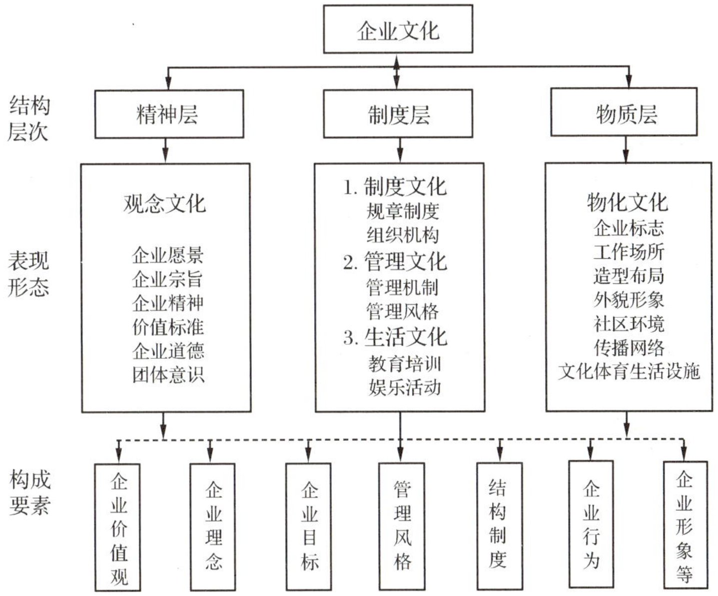

图 5-1 企业文化的相关概念

三、企业文化建设中存在的主要问题

当今社会不仅是知识经济、网络经济时代，更是文化经济时代，企业之间的竞争越来越表现为文化力的竞争，企业文化已经成为推动生产力发展的强劲动力。企业文化建设也越来越受到众多企业的重视，但目前很多企业对企业文化建设认识不足，企业文化建设中存在许多问题，主要反映在以下几个方面。

（一）企业文化建设缺乏个性和创造力

企业文化建设缺乏个性的表现有：一是模仿。很多企业文化理念，不是对生产经营实践中积淀起来的文化观念进行总结和升华的产物，也不是自下而上和自上而下互促互动的结果，而是简单地模仿的结果。二是复制。相当多的企业在开展文化建设时，喜欢寻找参考模式，一些成功企业的文化建设经验一度成为样板。我们在搞企业文化建设时提倡借鉴优秀企业的经验，比如提倡学习格力，学习华为，但不是照抄照搬、生搬硬套。

（二）把企业文化等同于企业的文化娱乐活动

这是很多中小企业常犯的毛病，对企业文化内涵理解得过于狭隘，把企业文化误以为是文化娱乐活动，所以组织了很多文化娱乐活动、文艺演出，就认为是在搞企业文化建设。相当多的企业文化建设在形式上热热闹闹，实际上缺乏效果。

（三）缺乏有效的宣传手段

我国一些优秀企业很重视企业文化，但在如何使企业文化理念真正贯彻落实到各项工作中等方面，都存在着不少的问题。企业文化的宣传也是一门学问。

（四）企业文化和企业战略缺乏互动

企业战略是企业文化的一种反映。有什么样的企业文化，便会产生什么样的企业战略。战略管理中使命和价值观的表达，都是基于一定的企业文化背景。一方面，优秀的企业文化往往会指导形成有效的企业战略，并且是实现企业战略的驱动力和重要支柱。另一方面，企业文化应该服务于企业战略。企业战略的实施必须有与之相匹配的企业文化来导航和支撑，在企业战略变革的过程中尤其如此。

四、加强企业文化建设的主要措施

加强企业文化建设，必须处理好继承和借鉴的关系，做到取其精华，去其糟粕，这样才能建设优秀企业文化。企业文化建设的主要措施有：

（一）清醒的定位

领导者对公司发展要有一个清醒的定位，要立足于公司成立的背景、发展愿景，因地制宜地创立企业文化。在前期的打造过程中，领导层要充分沟通，融合自身文化，招纳认同公司文化定位的员工，这样有利于打造符合公司实际的企业文化。一旦在定位过程中走进了误区，一定要冷静应对，适时调整。

（二）宣传倡导，贯彻落实

要想充分发挥企业文化的价值，就必须使企业领导和基层员工充分认识到企业文化的重要性，加强企业文化的宣传工作，营造企业文化建设的良好氛围。首先，企业领导和管理人员应该充分认识企业文化在管理中的重要作用，在日常管理中突出企业文化建设，在企业内部形成良好的文化氛围。其次，要加大对企业内部员工的宣传力度，使得员工认识到企业文化可以实现自身与企业的“双赢”，关系到自己的切身利益，从而主动去了解企业文化，熟悉企业文化，进而认可企业文化。最后，要将优秀的企业文化对外宣传，一方面可以提高企业在市场中的知名度，另一方面还可以提升员工的工作热情，将企业文化转变为生产力，促进企业的持续发展。

（三）学习氛围的培养

学习对组织的持续发展至关重要，建立学习型组织是企业文化得到认同和执行的有力保障。创建学习型企业，可以全面提高职工的能力素质：其一，企业要将员工个人的愿望整合为企业的共同愿望，全体职工凝聚在一起，形成强大的生命力；其二，企业要引导职工树立终身学习的意识，从而形成企业不懈的前进动力；其三，不断加快速度，不断提高素质，不断创新。

（四）推动企业文化的不断创新

创新是企业生命力的重要保证，是企业的灵魂所在，只有创新的企业文化才有生命力，才能使企业文化焕发活力。市场是不断发展变化的，企业在不同的发展环境中，其经营管理的决策也会出现一定的差异和变动。在这种情况下，企业应该顺应时代发展的潮流，坚持与时俱进，推动企业文化的不断创新。应该促进企业文化管理的职能化，将企业文化的运作机制作为企业管理机制中的重要组成部分，结合企业的发展需求和管理需求，吸收先进的企业文化和发展理念，结合企业自身的实际情况，对现有的企业文化进行整理、积累，摒弃不足的地方，传承优秀的理念，对企业文化进行创新，并将其转化为可以付诸实践的具体目标。这样，才可以有效推动企业文化的发展，充分发挥企业文化的作用和价值。

（五）尊重我国国情和本企业的实际情况

作为中国企业，要想建设企业文化，应当从中国国情和本企业自身情况出发。企业文化不仅要体现中华优秀传统文化的博大精深，还要体现出企业自身的特点，而不是生搬硬套。

【案例拓展】

傅章强的成功

年轻的傅章强用行动向我们展示了大学生创业的成功案例。

傅章强于 1998 年 12 月创建上海必特软件有限公司（以下简称“必特公司”），那时他还是在读研究生。在不到两年的时间里，资产从注册时的 100 万元增长到 800 多万元。目前，该公司已拥有两个子公司和一个分公司，并在北京设立了代表处。客户包括北京诺基亚、上海贝尔等国际著名企业，海外客户占10%，主要分布于美国等地。与此同时，傅章强在学校的学习成绩继续名列前茅。

短短七八年时间，从东北山村的穷孩子成长为身价上千万的“资本家”，傅章强以一种近乎完美的姿态演绎了一个完全中国版的知识经济神话。傅章强成功的秘密是什么呢？他的回答是：产品的优质和创新、优秀人才的集聚、客户群体的稳定扩展。

人才是必特公司发展的原动力。傅章强用人的原则是“事业留人、感情留人”。必特公司员工人数已经扩展到100多人，其中大专以上学历的占了90%。同时，靠着傅章强突出的人际关系和亲和力，网罗到了一大批元老级的IT专家聚集在必特旗下，如中国计算机学术界领军人物、高校首席教授等。

傅章强成功的另一个秘诀，就是他良好的人际关系给他带来的广泛而又稳定的客户群体。以前，熟悉他的教授、同学、朋友和客户都被他的朴实、谦和所折服；现有的客户都认为必特公司的产品质量优良可靠，傅章强和他的企业都具有相当良好的诚信度。其实，傅章强从大三开始做科研项目时，就经常参加一些鉴定会、研讨会、展示会。这使他有机会跟同行业里的很多人打交道，并有了了解市场的机会。创业之后，他又凭着最初仅有的一点市场，用优质的产品和服务快速地跟这些客户建立起了朋友关系。这些朋友又利用在同行中的影响帮助必特公司打开市场，从而形成了公司强大而稳定的客户群体。

傅章强在IT行业的成功，只是展现出了这个行业的一个缩影，回报周期短的特点吸引了很多人才在IT驻足，然而这并不能完全解释傅章强的成功。从必特公司的发展历程来看，充实的人力资源、良好的组织架构、外部空间的拓展都促进了公司的发展。优质的产品、良好的信誉在这里被反复地强调，从一个侧面说明了解决软件行业脆弱性的一个重要策略——将无形的产品与有形的人力资源进行有效的结合。

【思考与讨论】

（1）请你查找3～5个国内大学生创业团队创业案例，分析其成功或失败的原因。

（2）你认为大学生创业团队的最优人员构成是什么样的？

（3）针对本案例我们可以得到什么启发？

【拓展活动】

创业团队组建模拟

1. 目的

能够根据项目组建公司，了解现代公司的基本结构和部门职能分工。

2. 内容与要求

按照自愿的原则，将学生分为若干小组，每组6～8人，每个小组根据创业项目组建公司。

要求公司组织结构合理，部门分工明确。

3. 参考与提示

(1) 从不同的角度、层次和结构，创业团队可以划分为不同的类型，要根据所选择的创业项目组建适合的创业团队。

(2) 如果条件允许，模拟实训中通过仿真模拟环境，设置一个真实开放式的商业办公场所，配备一个小型公司所应具备的办公设施和办公用品，同样设有总经理、市场部、人事部、财务部等基本架构，让学员以创业者或雇员身份来参与公司的运营。

4. 成果与测试

(1) 每组确定一位 CEO（首席执行官），制作 PPT，介绍团队组建的理念和实施细则。

(2) 由教师对各组情况进行评估打分。

【思考题】

1. 什么是创业团队？
2. 创业团队组建的原则有哪些？
3. 创业团队有哪些风险？如何规避？
4. 企业文化主要有哪些功能？
5. 企业文化建设的目标有哪些？

第六章 创业融资

【导学案例】

垃圾堆创业团队的创业资源管理

“90后”的黄俊杰如果没有踏上一条创业路，现在可能在某家软件公司过着朝九晚五的白领生活。但是，黄俊杰和同学侯政力选择回收塑料瓶这样一个“捡破烂”的行当。亲友们都觉得这“不靠谱”，他们却坚信，垃圾堆里乾坤大。从小小的塑料瓶入手，培养社区居民垃圾分类的意识，这是小团队的美好愿景，也是他们创业之路的美好理念。

黄俊杰的创业梦源于2010年的一场环保创业讲座。当时，“绿色珠江”的发起人王华礼给他们这些学生代表讲课。会后，黄俊杰挤到前台问了王华礼许多问题。一年后，当黄俊杰告诉王华礼，自己打算做垃圾回收时，王华礼建议先选择一种垃圾，比如塑料瓶。“要与大家一起再生能源”，抱着这一理念，黄俊杰早在大三时就联合媒体学院4名同学组建团队，希望通过收塑料瓶的方式，让同学们养成垃圾分类的习惯。他们采取“上门回收塑料瓶，定量用塑料瓶换实用物品”的方式，提高学生们的参与积极性。从2011年9月开始，黄俊杰的团队回收了10万个塑料瓶，收集对象是学校的师生。选择回收塑料瓶这样一个“不靠谱”的创业之路，黄俊杰一直在努力去证明，这与传统的“收破烂”是不一样的。创业之初，有大二学生预约回收服务，并用30个塑料瓶换回一卷厕纸，另有大三的学生办了积分卡，攒够50个可以换礼品。2万多学生的校园里，有过半师生记住了这个创业小团队。

2012年7月10日，生源启动环保科技公司（以下简称“生源启动”）获得深圳市市场监督管理局颁发的营业执照，注册资本3万元，实收资本0元，这是深圳市鼓励应届大学生创业的政策。黄俊杰相当于免费注册了一个公司，3万元可于两年后开始缴纳。

创业瓶颈：资金困局

头一年的10万个塑料瓶，让小团队获得了很大的满足感。然而，翻开公司的账目，市场总监侯政力发现，一年下来，不仅没有盈余，前期投入的近4万元也全部打了水漂。资金困难、运作模式不清晰、与回收公司雷同，成为横亘在他们面前的“三座大山”。他们的资金支出中，租用仓库占用最多，其次是购买礼品、雇用兼职。由于没有经验，他们最开始的仓库租金达 1 000 元/月，后来，他们寻找地理位置较偏僻的仓库，只需 600 元/月。他们每两周可回收 7 000 个塑料瓶，然后花 200 元租用大卡车把塑料瓶拉到回收站，换回来的钱，抵扣完当月的租金，基本上所剩无几。此外，黄俊杰坚持礼品积分制，每个礼品成本 2 元，这也是一笔不小的开支。面对创业的艰辛，团队中的两个人选择退出，但是黄俊杰不愿放弃。最初他想把回收的塑料瓶加工成 T 恤、环保袋等产品，但工艺很复杂，国内只有少数几个大企业能做。他的下一步计划是，向江苏一家环保企业购买布料，通过设计加工，改造成 T 恤等产品，再以会员积分的方式卖出。

“我们团队已经没有钱了。”新学期开始，他们想出了一个新的营销策略，向 500 人每人借 10 元，用筹集到的 5 000 元来支撑新学期的塑料瓶回收。“我们打算从今年 10 月 1 日至明年 2 月 1 日，用四个月时间，让学校 7 000 个人养成收集塑料瓶的习惯。”为了完成这个目标，团队需要 10 795 元。黄俊杰列出了资金用途明细单：塑料瓶存放仓库 2 400 元，兑换礼品 5 834 元，兼职服务人员 2 560 元。他计划在网站上筹款 5 000 元，向学生们借款 5 000 元，团队自己出款 794 元，用以支持公司新学期的运营。如果还是借不到钱怎么办？黄俊杰思索片刻说：“也许我们就要告别大家了，这半年来的心血以及一个热衷于环保的组织将随之消失。”

对社会支持的期盼

垃圾分类回收，对于掌握诸多资源的政府来说，尚是棘手难题，对几名毫无社会经验的年轻人来说，其难度更是可想而知。王华礼却是非常赞赏这些大学生们的探索精神。他认为，未来国家的经济发展将倾向于服务产业，环保市场的潜力是巨大的，“学生环保创业的这条路，其实可以走得通，目前存在的问题，主要还是社会问题”。据他分析，人们还没有形成垃圾分类回收的意识，让这个事业变得非常艰难。黄俊杰的团队，服务对象全部是学生群体，“如果能够拓展社会渠道，争取获得大企业提供仓储、设备方面的支持，这群年轻人就可以不用这么艰难”。王华礼觉得，其实硬件不重要，重要的是观念和行动。“先培养分类的意识，带动社会企业回收垃圾的热情。政府可以通过补贴，让社会企业在回收过程中受益。”戴着黑框眼镜，微胖，穿着简单的 T 恤，谈及未来的愿望，黄俊杰憨厚地一笑，“当然希望我们的公司能继续运营下去，目前，最盼望我们能够扭转亏损局面，早日租到一间有热水器的房子。”

【思考与讨论】

（1）黄俊杰是如何为自己的创业筹备资金的？

（2）针对上述案例，谈谈你的创业融资方案。

第一节 创业融资概述

【知识链接】

大学生创新创业如何走稳走远

教育部数据显示，2015—2020届毕业生中共有创业大学生54.1万人，其中毕业生44.4万人，在校生9.7万人。大学生是大众创业、万众创新的生力军，近年来有越来越多的大学生投入创新创业的浪潮，但大学生创新创业实践也面临着融资难、经验少、服务不到位等问题。为提升大学生创新创业能力、增强创新活力，进一步支持大学生创新创业，国务院办公厅2021年印发了《国务院办公厅关于进一步支持大学生创新创业的指导意见》（以下简称《意见》），这是国务院办公厅出台的专门政策文件支持大学生创新创业，加大财税金融扶持，为创业初期“送炭”。

“大学生创业初期，资金是一大难题，虽然有一些好项目，但是因为资金链断裂无法继续，也很容易失败。”教育部有关负责人表示，针对该问题，《意见》明确提出要加大对大学生创新创业的财税扶持和金融政策的支持力度。

《意见》提出，高校毕业生在毕业年度内从事个体经营，符合规定条件的，在3年内按一定限额依次扣减其当年实际应缴纳的增值税、城市维护建设税、教育费附加、地方教育附加和个人所得税；对月销售额15万元以下的小规模纳税人免征增值税，对小微企业和个体工商户按规定减免所得税。

针对大学生创业融资难的问题，《意见》鼓励金融机构按照市场化、商业可持续原则对大学生创业项目提供金融服务。

《意见》提出，落实创业担保贷款政策及贴息政策，将高校毕业生个人最高贷款额度提高至20万元，对10万元以下贷款、获得设区的市级以上荣誉的高校毕业生创业者免除反担保要求；对高校毕业生设立的符合条件的小微企业，最高贷款额度提高至300万元。

对于大学生创业失败的情况，《意见》提出探索建立大学生创业风险救助机制，鼓励有条件的地方采取创业风险补贴、商业保险保费补助等方式对大学生创业予以支持。同时，毕业后创业的大学生可按规定缴纳“五险一金”，减少大学生创业的后顾之忧。

一、融资概述

（一）融资的概念

融资是指企业通过各种方式向金融机构或金融中介机构筹集资金的一种业务活动。

从广义上讲，融资就是货币资金的融通，是当事人通过各种方式在金融市场上筹措或贷放资金的行为。企业的发展离不开金融的支持，因此，企业需要全面地了解金融知识、金融机构和金融市场。

从狭义上讲，融资即一个企业筹集资金的行为与过程，也就是企业根据自身的生产经营状况、资金拥有状况，以及企业未来经营发展的需要，通过科学的预测和决策，采用一定的方式，从一定的渠道向企业的投资者和债权人筹集资金，组织资金的供应，以保证企业正常生产需要、经营管理活动需要的理财行为。企业筹集资金应该遵循一定的原则，通过一定的渠道和一定的方式进行。企业筹集资金主要有三大目的：企业扩张、企业还债和混合动机（扩张与还债混合的动机）。

（二）创业融资的分类

按照期限来划分，创业融资可分为短期融资和长期融资。企业选择短期融资或长期融资主要取决于融资的用途和融资人的风险偏好。

从资金用途上来看，如果融资是用于企业流动资产，则根据流动资产具有周转快、易于变现、经营中所需补充数额较小及占用时间短等特点，适宜选择各种短期融资方式，如商业信用、短期贷款等；如果融资是用于长期投资或购置固定资产，则由于这类用途要求资金数额大、占用时间长，因而适宜选择各种长期融资方式，如长期贷款、企业内部积累、租赁融资、发行债券、股票等。

从风险偏好角度来看，在融资期限决策时，可以有中庸型、激进型和稳健型三种类型。

中庸型融资是一种中等财务风险和资金成本的融资结构。其决策需同时兼顾两点：一是遵循期限匹配原则，即用于长期资产的资金主要由权益融资和长期负债提供；二是保持合理的资本结构，即将权益资本与债务资本的整体比例维持在较为合理的水平。

激进型融资是指企业用短期资金来满足部分永久性资产对资金的需求，余下的永久性资产和全部波动性资产都靠短期资金来融通。

稳健型融资是指企业用长期资金不但融通永久性资产，还融通一部分甚至全部波动性资产。

二、创业融资的原则

创业融资的效率是企业发展的关键。企业如何选择融资方式，把握融资规模以及各种创业融资方式的利用时机、条件、成本和风险，是企业进行融资前需要认真分析和研究的。创业融资要注意以下几条原则。

（一）融资收益大于融资成本

企业在创业融资前，首先应该考虑的是创业融资的投资收益如何。因为企业融资意味着需要承担成本，创业融资成本既有资金的利息成本，也有创业融资费用和不确定的风险成本。只有确信筹集的资金预期的收益大于创业融资的成本时，才有必要考虑融资。

企业融资成本是决定创业融资效率的决定性因素。对于创业来说，选择哪种融资方式有着重要意义。一般情况下，按照企业融资来源划分，各种创业融资方式取舍的排列顺序依次为：财政创业融资、商业创业融资、内部创业融资、银行创业融资、债券创业融资、股票创业融资。另外，在选择银行创业融资时，要充分注意各银行间不同的信贷政策，选择对创业最为有利、最为优惠的银行。

（二）量力而行确定融资规模

企业在筹集资金时，要确定创业融资规模。筹资过多，可能造成资金闲置浪费，增加创业融资成本；也或者可能导致企业负债过多，使其无法承受，偿还困难，增加经营风险。而筹资不足，又会影响企业创业融资计划及其他业务的正常发展。因此，企业在进行创业融资决策之初，要根据企业对资金的需要、企业自身的实际条件，以及创业融资的难易程度和成本情况，量力而行来确定企业合理的创业融资规模。选择企业最佳融资机会，一般来说，要考虑以下两个方面：① 创业融资决策要有超前预见性，企业要能够及时掌握国内和国外利率、汇率等金融市场的各种信息，了解宏观经济形势、货币和财政政策，以及国内外政治环境等各种外部环境因素，合理分析和预测能够影响企业创业融资的各种有利和不利条件以及可能的变化趋势，以便寻求最佳创业融资时机，果断决策；② 考虑具体的创业融资方式所具有的特点，并结合企业自身的实际情况，适时制定出合理的创业融资决策。

（三）尽可能保持企业的控制权

企业在筹措资金时，经常会导致企业控制权和所有权的部分丧失，这不仅直接影响企业生产经营的自主性、独立性，而且还会引起企业利润分流，使得原有股东的利益遭受巨大损失，甚至可能会影响企业的近期效益与长远发展。例如，发行债券和股票两种融资方式相比较，增发新股将会削弱原有股东对企业的控制权，除非原有股东也按相应比例购进新发股票；而债券融资则只增加企业的债务，并不影响原有股东对企业的控制权。因此，在考虑融资的代价时，只考虑成本是不够的。当然，在某些特殊情况下，也不能一味固守控制权不放。比如，对于一个急需资金的小型高科技企业，当它面临某一风险投资公司较低成本的巨额投入，但要求较大比例控股权，而此时企业又面临破产的两难选择时，一般来说，企业还是应该从长计议，在股权方面适当做些让步，选择最有利于提高企业竞争力的融资方式。

（四）寻求最佳资本结构

创业融资时，必须要高度重视融资风险的控制，尽可能选择风险较小的融资方式。企业高额负债，必然要承受偿还的高风险。在企业融资过程中，选择不同的融资方式和融资条件，企业所承受的风险大不一样。例如，企业采用浮动利率计息的方式贷款融资时，如果市场利率上升，则企业需要支付的利息额增大，这时企业需要承受市场利率风险。因此，企业融资时应认真分析市场利率的变化，如果目前市场利率较高，而预测市场利率将呈下降走势，此时企业贷款适宜按浮动利率计息；如果预测市场利率将呈上升趋势，则适宜按固定利率计息，这样既可减少融资风险，又可降低融资成本。对各种不同的融资方式，企业承担的还本付息风险从小到大的顺序一般为：股票融资、财政融资、商业融资、银行融资、债券融资。

企业为了降低融资风险，通常可以采取各种融资方式的合理组合，即制定一个相对更能规避风险的融资组合策略，同时还要注意不同融资方式之间的转换能力。对于短期融资来说，其期限短、风险大，但转换能力强；对于长期融资来说，其风险较小，但与其他融资方式间的转换能力较弱。

企业寻求最佳资本结构的具体决策程序是：首先，当一家企业为筹措一笔资金面临几种融资方案时，企业可以分别计算出各个融资方案的加权平均资本成本，然后选择其中加权平均资本成本最低的一种。其次，被选中的加权平均资本成本最低的那种融资方案只是这几种方案中最佳的，并不意味着它已经形成了最佳资本结构。这时，企业要观察投资者对贷出款项的要求、股票市场的价格波动等情况，根据财务判断分析资本结构的合理性；同时，企业财务人员可利用一些财务分析方法对资本结构进行更详尽的分析。最后，根据分析结果，在企业进一步的融资决策中改进其资本结构。

第二节 创业融资的渠道

【案例拓展】

张朝阳领导的搜狐借助风险投资获得成功

张朝阳领导的搜狐无疑是借助风险投资获得成功的一个经典范例。1996 年，张朝阳在麻省理工学院媒体实验室主任尼葛洛庞帝教授和麻省理工学院斯隆商学院爱德华·罗伯特教授的风险投资支持下创建了爱特信公司，这是中国第一家以风险投资资金建立的互联网公司。1998 年 2 月 25 日，张朝阳的爱特信正式推出“搜狐”产品，并更名为搜狐公司。从创建到 2000 年 7 月在美国纳斯达克挂牌上市，共经历了四次融资。第一次是从罗伯特、尼葛洛庞帝及罗伯特的学生处融得 22.5 万多美元的“种子资金”，这笔资金是以风险投资形式投入他的公司的。在资金几乎断档之际，借助“桥梁”风险投资得到了第二笔为数 215 万美元的融资，之后在 1999 年相继融入 600 多万美元和 3 000 多万美元。2000 年在美国纳斯达克成功挂牌上市（NASDAQ：SOHU）。在搜狐的股东中，包括英特尔公司、道琼斯公司、晨兴公司、IDG 公司、盈科动力、联想等巨型企业。搜狐公司对互联网在中国的传播及商业实践做出了杰出的贡献。

美国花旗银行原亚太区首席执行官夏保罗认为融资的次序很重要："第一阶段一定是利用自有资金；第二阶段是找战略合作伙伴，打造一个共赢的团队；第三阶段才去找风险投资者，这个时候你要讲一个有吸引力的故事让其兴奋；第四阶段才到相对保守的商业银行去；第五阶段是到货币市场去发行债券。"夏保罗强调："对照这五个阶段，不同的阶段找不同的投资者，次序不要搞错。"

一、常用的创业融资渠道

创业资金主要有以下几个来源。

（一）个人资金

个人资金主要来自创业者的自有资金、亲朋好友的资助，以及来自天使投资人（包括企业天使）的早期风险投资。

创业者自有的资金是创业者个人拥有的资金，它来自创业者的个人储蓄或其他收入，甚至是创业者变卖个人资产而获得的资金。在创立企业时，创业者必须投入一部分个人资金作为权益资本，这不仅是由于创业初期需要启动资金，而且是作为企业所有者地位的象征和外部融资的基础。没有自有资金的企业很难获得外部投资者的信任。

亲朋好友的资助是初创企业的重要资金来源，有时甚至是唯一来源。由于初创企业高度的不确定性，且规模小、无知名度，所需的资金数量不够大，所以很难吸引投资者和银行的资金。出于友谊、亲情及相互熟悉的缘故，这类资金最易获得。但是，这类资金来源也潜伏着一些问题。如果是负债融资，则应注意尽早归还，以免影响双方关系，尤其在经营困难时，可能会因不能按期归还而使双方关系紧张。如果是权益融资，则可能会导致这些人对企业的干预，使企业具有家族企业的色彩。这种性质的企业虽然增强了创业的力量，但也可能导致分歧、矛盾，甚至影响其他员工的积极性。无论是借款还是参股形式，双方都应签订相关协议，规定双方的权利与责任，以理智、规则代替感情和随意性。

天使投资人（包括企业天使）的早期风险投资是指来自一些富人，如律师、医生、企业家等高收入阶层的投资。他们以个人或小团体形式将个人拥有的资金提供给初创企业。虽然他们的投资结构和回报期望各有不同，但通常都是以权益资本形式参与投资，并与创业者签订正式协议。企业天使与其他类型投资者的一个显著区别就是他们喜欢介入初创企业，除了为初创企业提供资金支持，还提供他们的技能、思想和经验。因此，企业天使常常选择与自己的知识和技能相适应的初创企业，他们中的许多人有过经营企业的经历，他们的建议往往具有很大价值。企业天使是初创企业早期权益资金的主要来源。

（二）银行贷款

商业银行是初创企业债务融资的主要渠道。初创企业可以以一定价值的资产作为抵押或担保向商业银行贷款，抵押的资产可以是企业资产，如房地产、设备等，也可以是个人资产，如房地产、有价证券等。贷款的资产基础通常是不动产、设备、存货和应收账款。在进行贷款决策时，银行要审查申请人的条件，包括借款人的品质、还贷能力、注入企业的资金、行业和经济状况、可用于担保贷款的抵押品等。

借款人的信用品质至关重要，一个有不良信用记录或不道德行为的借款人很难获得银行的信用和贷款。银行通过对企业过去财务报表的评估和对未来的预期，可以对企业未来的现金流做出预估，并以此来评估企业的还债能力。银行还会考察企业主是否已向初创企业注入自有资金以考量其是否愿意努力办好企业、不滥用贷款资金。由于行业和经济状况会影响企业的经营状况和未来收益，从而也会影响到企业的偿还能力。因此，在企业经营状况不景气和行业处于衰退期时，企业很难获得银行贷款。抵押品可以降低银行的风险，因此，抵押品的所有权和价值往往是银行要考虑的重要因素。

创业者在贷款时，除了要满足银行规定的各项审查条件，与银行信贷人员建立良好关系也在一定程度上影响到创业者能否得到贷款。这并非表示银行信贷人员可以把个人感情凌驾于对贷款进行细致分析的基础之上，而是因为通过个人关系建立的信任，往往能降低信息不对称带来的顾虑，从而促使银行信贷人员做出放贷的决定。为此，创业者在申请银行贷款时，如果有熟悉且可靠的业内人士引荐，通常会比直接向陌生信贷人员申请更顺利。建议创业者在融资规划中开拓更多的筹资渠道，可同时与几家银行的信贷人员保持接触和沟通。不同的商业银行在风险偏好、贷款政策和服务定位上各有差异——有的可能愿意承担一定风险，支持初创企业；有的则相对保守，更倾向于成熟稳定的客户。了解这些差异，有助于创业者更有效地匹配适合自身情况的银行资源。

（三）商业信用贷款

商业信用贷款就是企业相对于其供应商的应付账款，它是创业企业一项主要的短期资金来源。如果创业企业以赊欠方式购买供应商的商品，约定的付款期限为 30 天，那么企业实际上是获得了一笔 30 天的短期贷款。创业者在没有其他形式的债务融资来源可以提供的时候，可以考虑争取获得这种商业信用贷款。

（四）信用额度贷款

信用额度贷款是指以应收账款、存货或以这两种资产同时作担保抵押获得的信用贷款，其中使用最频繁的是应收账款贷款，也称作应收账款融资。这种形式的贷款，是银行以创业企业的应收账款作为抵押，按照其应收账款的数额来对企业发放贷款。一旦创业者不能按时偿还应收账款贷款，银行将对应收账款拥有处置权。应收账款贷款是创业者在没有其他形式的债务融资来源可以提供时取得的贷款，而且随着销售额和应收账款的增长，这种贷款也相应增长。

（五）政府资助

尽管各国政府都已认识到初创企业对经济增长、就业创造、市场创新和经济效率等方面具有重要的促进作用，都表现出支持初创企业的倾向，但对初创企业支持的程度和方式有所差异。政府资助通常用于企业的初创阶段，此时投资资金最难获得，现金流十分紧张。政府机构一般不是直接向初创企业投资，而是提供担保，由商业银行向初创企业提供贷款。由于政府要承担责任，因此，这种贷款要由政府的有关机构进行审批。除了提供资金支持，政府可能还提供其他支持，如咨询服务和培训等。

（六）大公司支持

过去，一些大公司从长期合作的角度出发，只是在与初创企业合作时为了自身利益才为它们提供资金支持。而现在，更多的大公司凭借自己雄厚的资金实力向有长期发展潜力的小企业投资。它们从长远利益考虑，往往选择那些较大的投资机会。它们可能采取债权或股权的形式出资，这是投融资双方谈判的重点。由于涉及回报、风险和控制权问题，这些大公司往往要求创业者做出重大的承诺并保证投资的安全性。

（七）风险投资

风险投资是指职业金融家投入新兴的、迅速发展的、有巨大竞争潜力的企业中的一种权益资本。风险投资也叫创业投资，在美国有许多迅速发展的公司，如苹果公司、英特尔公司、联邦快递，都是风险投资成功的例子。在中国，新浪、搜狐等互联网企业也是凭借美国的风险投资迅速发展起来的信息产业。根据风险投资调查报告分析，中国风险投资市场的总体规模与发达国家相比还存在一定的差距，但在中国投资的回报却持续展现出巨大的增长潜力。

（八）出售股票

当初创企业有机会迅速发展但没有其他合适的资金来源时，创业者可能会决定让更多的人加入进来，向更多的人融资而不是向少数人融资。出售股票就是向多数人融资的一种方式，它是一种权益融资。一般情况下，企业在出售股票前要有连续几年盈利的业绩记录。

出售股票有两种形式：一是私募发行，二是公开发行。

1. 私募发行

私募发行也称作定向发行，它是企业有选择地向一些人，一般情况下是向企业的员工、熟人、地方团体成员、供应商、顾客等出售股票的行为。定向发行受有关证券法规约束较少，但是股份转让比较困难。

2. 公开发行

公开发行是指向一般公众发行股票，这种出售方式可以筹集到大量的资金，满足企业对巨额资金的需求，使企业突破资金的限制，投资一些较大的项目，为企业带来长期的盈利。但公开发行成本较高，需要具备一些条件，必须按照有关的法律规范运作，透明度高，并且有可能使创业者失去对企业的决策权和控制权，甚至会导致公司被收购、创业者被迫离开企业的后果。因此，创业者需要在使企业快速成长和拥有并控制企业之间做出权衡。创业者是希望拥有小企业的全部所有权还是拥有大企业的部分所有权，成为决定企业是否公开发行股票进行上市交易的决定因素。

二、融资渠道的比较

（一）政府基金——创业者的“免费皇粮”

政府提供的创业基金通常受到所有创业者的高度关注。其优势在于利用政府资金不用担心投资方的信用问题；而且，政府的投资一般都是免费的，从而降低或免除了筹资成本。但申请创业基金有严格的申报要求；同时，政府每年的投入有限，筹资者须面对其他筹资者的竞争。

（二）亲情融资——成本最低的创业“贷款”

个人筹集创业启动资金最常见、最简单和最有效的途径就是向亲友借钱，它属于负债筹资的一种方式。其优势在于向亲友借钱一般不需要承担利息，也就是说，向亲友借钱没有资金成本。因此，这种方式只在借钱和还钱时产生现金的流入和流出。这个方法筹措资金的优点是速度快、风险小、成本低；缺陷是会给亲友带来资金风险，甚至是资金损失，如果创业失败就会影响双方感情。

（三）合伙融资——创业者的调剂师

寻找合伙人投资是指按照“共同投资、共同经营、共担风险、共享利润”的原则，直接吸收单位或个人投资、合伙创业的一种筹资途径和方法。合伙创业不但可以有效筹集到资金，还可以充分发挥人才的作用，并且有利于对各种资源的利用和整合，能尽快形成生产能力，降低创业风险。但俗话说：“生意好做，伙计难做。”合伙投资可以解决资金不足的问题，但老板多了就很容易产生意见分歧，降低办事效率，也有可能因为权利与义务的不对等而产生合伙人之间的矛盾，不利于合伙基础的稳定。

（四）风险投资——创业者的“维生素C”

广义的风险投资泛指一切具有高风险、高潜在收益的投资；狭义的风险投资是指以高新技术为基础，生产与经营技术密集型产品的投资。要提醒创业者的是，风险投资家虽然关心创业者手中的技术，但他们更关注创业企业的盈利模式和创业者本人。因此，等闲之辈很难获得风险投资家的青睐，只有那些创业“枭雄”才有机会接近那些金光闪闪的“钱袋子”。

（五）金融机构贷款——创业者的“蓄水池”

由于银行财力雄厚，而且大多具有政府背景，因此在创业者中很有“群众基础”。

银行贷款的优点是利息支出可以在税前抵扣，融资成本低，运营良好的企业在债务到期时可以续贷。缺点是一般要提供抵押品，还要有不低于30%的自筹资金，由于要按期还本付息，如果企业经营状况不好，就有可能导致债务危机。

大学生自主创业的融资渠道还有多种，以上仅是常用的几种。选择何种融资方式，应结合投资的性质、企业的资金需求、融资的成本和财务风险，以及投资回收期、投资收益率、举债能力等综合因素考虑。大学生创业者只有解决好融资问题，才能将自己的技术和创意转化为盈利工具，才能在激烈的市场竞争中立于不败之地；只有拓宽融资渠道，对投资人负责，才能使自己的企业茁壮成长。

第三节 融资成本分析

资金如同企业的粮食，要保证企业每天有饭吃，就要制订周密的资金运作计划。在企业刚启动时，一定要做好3个月以上或到预测盈利期之前的资金准备。但开业后由于各种情况会发生变化，比如销售不畅、人员增加、费用增加等，因此要随时调整资金运作计划。资金并非越多越好，因为资金的占用需要成本，创业者要懂得一些必要的融资成本知识。

【案例拓展】

用短期借款做固定资产投资的代价

湖北一个新组建的农副产品加工公司，为了事业的高起点，急不可待地购进了一大批设备。不久就发现，要安置新设备，现有的厂房远远不够，需要建新厂房。可建新厂房需要很大一笔投资。为采购设备，公司账上资金已几近枯竭。无奈之下，只得求助于银行。几经周折，总算以备料的名义从银行贷来了一笔款项。该公司将这笔款项投入新厂房的建设当中，却忘了这是短期贷款，新的厂房刚盖完，还款的时间也到了。公司还不上银行的借款，银行就申请法院将公司原有的厂房及新盖的厂房和机器设备全部查封了。这家企业一时陷入了进退两难的境地。

借钱没什么不对，几乎每一家企业都有过借钱的经历。这家公司错在用银行的短期贷款去做固定资产投资，这是公司财务管理上的大忌，将会大大增加企业的投资风险，并有可能危及企业的正常运作。所以，作为企业管理者，一定要懂一些基本的财务知识，不懂就要花时间认真去学，否则早晚要吃大亏。史玉柱后来总结自己的失败教训时说："我失误就失误在那时候不懂财务知识，将流动资金大量投入固定资产建设，结果使企业流动资金枯竭。企业也受此拖累，最后支撑不下去了。"

一家餐饮店的开办资金预算

某中等城市一家近百平方米的餐厅，需要聘请人员若干名，定位于大众消费，开一家这样的餐厅大概需要的预算如表 6-1 所示。

表 6-1 筹备资金财务报表

预算项目	钱都花在哪儿	投入类型	需要多少钱	如何省钱
房租	依照地区、地点和市场形势不同，还需预留出多余半年的房租；另外，员工的住宿问题也需要考虑	年投入	5 000 ～ 10 000 元/月 ×12 =6 万～ 12 万元； 总投入为 9 万～ 15 万元	可一次性交齐 1 年半的房租，这样会有一些优惠在其中，最好找到开发商直接租房，而不是通过中介或者二手房东，这样会节省一定费用
办照	一般来说，具体的办照费用为 3 000 ～ 5 000 元，在办照周期之间餐厅不能开业的费用也要算在其中	一次性投入（每年交管理费用）	总投入为 1.5 万元左右	办理各项手续之前，详细查询需要出示哪些证明，并逐一准备齐全；避开双休日、节假日，可以缩短工作周期；最好装修、办手续同时进行，这样可以减少无用成本的投资
装修	专业设计师的设计费用，施工队的装修费用，以及家具的购买费用	一次性投入	总投入为 10 万～ 50 万元（依照规模而定）	通过朋友介绍比较熟悉的施工队伍，并规定每日工作时间来减少装修天数，观察自己餐厅附近是否有其他新装修的店面，可以搞一次“集采”行动，这样大家都会有所节省
人员	厨师、助手、前厅经理、采购人员的工资和福利（劳动保险），办理卫生证的费用，以及每月的酒水提成	月投入	厨师：8 000 ～ 15 000 元 ×2 助手：1 500 ～ 2 000 元 前厅经理：4 000 元 + 酒水提成 财务：4 000 元 领班：2 500 元 + 酒水提成 服务员/采买：1 800 ～ 2 500元 + 酒水提成 总投入：2.98 万～ 4.5 万元/月 + 酒水提成	可以招聘 2 ～ 3 名厨师学徒来餐厅实习，这样就可以将助手费用节省；也可以让厨师、前厅经理等重要职位的人员入股餐厅，不但可以节省成本，更可让他们对餐厅“视如己出”，在原料上能节省成本，在销售上能增加收入
相关细节	水费、电费、天然气、电器的相关支出	水、电、天然气属于月投入，电器是一次性投入	水、电、天然气为 3 000 ～ 5 000 元/月（依照季节而定） 电器：2 万～ 5 万元 总投入：2.3 万～ 5.5 万元（第一次投入）	培养所有员工的环保意识，并结合环保日做一些活动，不但可以宣传环保，提高餐厅形象，还可以在无形中节约能源、降低开支；也可以去比较靠谱的二手市场、网店购买质量、性能都不错的电器

续表

预算项目	钱都花在哪儿	投入类型	需要多少钱	如何省钱
亏损	当营业支出的收入为负数时，可启用这笔资金	不定期投入	总投入：5 万元左右	减少不必要的宴请开支，让收入进入一个良性循环
应急	突发状况	不定期投入	总投入：5 万元左右	程序化办公，将一些细节问题考虑在案；定期检查餐厅设施，随时维修细小问题，避免大维修工程的出现

一、融资成本概述

融资成本的实质是资金使用者支付给资金所有者的报酬。企业融资是一种市场交易行为，有交易就会有交易费用，资金使用者为了能够获得资金使用权，就必须支付相关的费用。

企业融资成本实际上包括两部分，即融资费用和资金使用费。融资费用是企业在资金筹集过程中发生的各种费用；资金使用费是指企业因使用资金而向其提供者支付的报酬，如股票融资向股东支付股息、红利，发行债券和借款支付的利息，借用资产支付的租金等等。需要指出的是，上述融资成本只是企业融资的财务成本，或称显性成本。除了财务成本，企业融资还存在机会成本或称隐性成本。

机会成本是经济学的一个重要概念，它是指把某种资源用于某种特定用途而放弃的其他各种用途中的最高收益。我们在分析企业融资成本时，机会成本是一个必须考虑的因素，特别是在分析企业自有资金的使用时，机会成本非常关键。

二、融资成本指标及相关成本分析

一般情况下，融资成本指标以融资成本率来表示：

融资成本率 = 资金使用费 ÷（融资总额 − 融资费用）

这里的融资成本即资金成本，是一般企业在融资过程中着重分析的对象。但从现代财务管理的理念来看，这样的分析和评价不能完全满足现代理财的需要，我们应该从更深层次的意义上来考虑融资的其他几个相关成本。

首先是企业融资的机会成本。就企业内源融资来说，一般是无偿使用的，它无须实际对外支付融资成本（这里主要指财务成本）。但是，如果从社会各种投资或资本所取得的平均收益的角度看，内源融资的留存收益也应于使用后取得相应的报酬，这和其他融资方式是没有区别的，所不同的只是内源融资无须对外支付，而其他融资方式必须对外支付给以留存收益为代表的企业。内源融资的融资成本应该是普通股的盈利率，只不过它没有融资费用而已。

其次是风险成本。企业融资的风险成本主要指破产成本和财务困境成本。企业债务融资的破产风险是债务融资的主要风险。与企业破产相关的企业价值损失就是破产成本，属于企业融资的风险成本。财务困境成本包括法律、管理和咨询费用；其间接成本包括因财务困境影响企业经营能力，导致企业产品需求减少，以及没有债权人许可而无法能做决策，管理层花费的时间和精力等。

最后，企业融资还必须支付代理成本。资金的使用者和提供者之间会产生委托—代理关系，这就要求委托人为了约束代理人行为而必须进行监督和激励，如此产生的监督成本和约束成本便是所谓的代理成本。另外，资金的使用者还可能进行偏离委托人利益最大化的投资行为，从而产生整体的效率损失。

【创业聚焦】

有这样一家餐馆：50 平方米左右，餐馆附近有两家大超市和一个居民区，有比较稳定的消费群体。餐馆现在开张一个月了，每天的营业额仅仅保本，店主想请一位手艺高超的厨师，再做一些促销宣传，但手头缺乏活动资金。怎么融资呢？可以参考如下建议：

（1）用分红代替工资。这家店起步阶段就资金短缺，人才请得起却养不起，依此情况，与其花钱请人，不如出让一定的股份，邀请有技术的合作伙伴，按照当月营业额的 20%～30% 给予提成。这样不仅可以稳定人心，也可以提高厨师的工作积极性。当然，前提是让厨师自己再带上一两个助手。

（2）赊账起家，信誉维持。只要讲信誉，与供应商保持固定的供应关系，就不难赊购货物，先用货后付款，定期清账，即可缓解资金压力。

（3）代销。餐馆所售的烟、酒、饮料等产品可以向批发商申请代销。很多批发商为了促销产品都愿意代销，即先给货，再结账。代销卖不出去，还可以退货。这样餐馆可以不积压货物，还降低了自己的进货风险。

【案例拓展 1】

中正的融资策略

2001 年 4 月，全球最大的芯片制造商英特尔公司和我国微电子行业第一家上市公司上海贝岭股份有限公司联合向杭州中正生物认证技术有限公司（简称“中正”）投资，其中英特尔、上海贝岭持股 28%。原本净资产仅 100 余万元的中正公司，一夜之间资产规模增加了 40 多倍。

中正创始人邱柏云认为，英特尔公司、贝岭公司的投资对于中正来说，资金是一个方面，这两家企业在技术、市场、管理及品牌影响力上的优势更是中正要借鉴的。投资不仅使中正具有了技术、资金和持续发展的优势，而且为中正创建了一个产权明晰、目标明确、管理先进的企业平台。具体地说，与英特尔、贝岭的合作，有以下几个方面是融资带来的比单纯的资金更为宝贵的东西。

一是让中正的战略方向更明确一致，发展得更快。以前创业团队里很多时候看法不一致，外面的诱惑也很多；英特尔和贝岭进来以后在这方面做了很多工作，进行了整合，中正的创业团队团结一致，企业发展得也就更快了。

二是支持的力度要大得多。中正拥有的资金更多了，而且更多的是资金之外的资源，比如客户资源、技术产品上的支持、全国营销网络的支持。

三是企业运营理念的转变。中正从技术主导的理念转向了市场导向、客户至上的理念。现代企业光有技术不行，必须有资源与市场的整合。

四是稳定企业人心。英特尔和贝岭的进入使中正有了“一股独大”的中流砥柱，感到有一个主心骨在，不至于在出现某些危机时人心浮动。

此外，英特尔和贝岭的融资对中正公司的战略规划也有着重要影响。

【思考与讨论】

（1）中正是如何融资的？

（2）从中正的融资策略中你得到什么启发？

【案例拓展 2】

完美日记的增长瓶颈——创业融资与成本控制

完美日记曾是新国货美妆品牌中凭借数字化营销和 DTC 模式实现爆发式增长的标杆。其早期成功得益于精准捕捉小红书、抖音等社交平台的流量红利，通过密集与 KOL/KOC 合作、大规模投放效果广告等方式，以“高性价比”和“快速上新”的策略，迅速在 Z 世代消费者中建立品牌认知，并成功上市。然而，随着流量红利见顶，获客成本（CAC）急剧攀升，其增长模式开始面临严峻挑战。公司财报显示，其营销费用率长期居高不下，甚至一度超过营收的 60%，巨额营销支出严重侵蚀了利润空间。这暴露了其商业模式的一个潜在问题：过度依赖流量驱动，而品牌内在价值（品牌力）和产品技术壁垒（产品力）的构建相对滞后。消费者可能因促销而购买，但难以形成持续的品牌忠诚和复购。在面临增长瓶颈后，完美日记尝试了多种转型路径以期突破困境。一是试图通过收购高端品牌（如 Eve Lom）来提升品牌矩阵的整体调性，但如何实现母品牌与收购品牌之间的协同效应，避免品牌形象混淆，是一大挑战。二是加大线下门店的布局，旨在提升消费者体验，但线下重资产运营模式带来了新的成本压力，且线下流量同样需要投入。三是努力提升产品研发投入，试图打造“大单品”来建立口碑，但这需要时间积累，短期内难以扭转市场印象。完美日记的案例深刻揭示了在新消费领域，依靠单一营销渠道和流量打法可以实现从 0 到 1 的快速崛起，但从 1 到 N 的持续成长，必须完成从“营销品牌”向“技术品牌”或“价值品牌”的转型，构建起超越流量之外的、真正的品牌护城河。

【思考与讨论】

（1）结合教材中关于融资成本的知识，讨论资本市场对增长指标的追求是否会促使企业过度营销，分析高营销费用背后的“机会成本”。

（2）讨论企业不同成长阶段的战略重点，分析“流量依赖症”对企业健康盈利和可持续发展的危害，思考初创企业如何构建更健康、更可持续的财务模型。

【拓展活动】

筹集你开办企业所需的资金

假设你是需要贷款的企业主，请填写以下信息。

贷款数额：________________

年利率：________________

贷款期限（年）：________________

年利息偿还：________________

年本金偿还：________________

展期（月）：________________

担保品：

资产	市值/元
(1)	
(2)	
(3)	
(4)	
(5)	
合计	

【思考题】

1. 什么是融资？
2. 常用的创业融资渠道有哪些？
3. 什么是风险投资？
4. 大学生创业如何解决好融资问题？
5. 创业融资的风险成本主要有哪些？

第七章 企业管理与发展

【导学案例】

亲手酿美酒

2012 年 7 月，李同学和王同学在北京地铁十号线旁的居民楼里开始尝试他们的“迪艾歪（DIY）果酒体验中心”，所有来体验过酿酒过程的朋友都说这是个创业的好项目，所以经过反复商量，两人决定注册公司，开办实体店。

找房：柳暗花明

要开店，首先就要找适合开店的房子，原来的体验中心在 24 层，面积只有 60 平方米，显然满足不了经营需求。由于双井地区紧靠地铁，王同学建议还是围绕双井地区找房源，“最好是那些经营不善的酒吧，这样可以减少一些装修”。

两个人骑着自行车找遍了双井地区，他们越来越觉得在这里开店不太现实了。一天，李同学发现一栋沿街的居民楼地下室写着“招租”二字，李同学考察了一下感觉适合开店。“房子在二环以内，近 300 平方米，房东听说我们是大学生创业，非常支持，房租给了最低价。”房子很快就确定下来了，10 月的最后一天签订了租赁合同，一年租金 15 万元。

装修：斤斤计较

11 月是一个忙碌的月份，店面装修占用了李同学和王同学的大部分时间。由于不懂装修，两人只好分别和多家装修公司谈装修报价，然后拿着一家的报价去跟另一家比较，尽可能地压价。两个人的分工很明确，王同学负责装修谈判，学法律的李同学负责审阅合同文本。天天看合同，天天砍价，王同学如此描述自己的状态：“说了一天话，下巴都酸了，晚上回到家见到谁都不想说话。”

为了节约开支，王同学和李同学还跑到建材城了解墙漆、墙纸等材料的报价，尽可能地做到心中有数。“我们设想的是公司要在一开始就建立良性的财务机制，采购时就要考虑经济压力，尽可能地少花钱。我们的目标是让公司即使一分钱不赚也能生存一年。”

“装修就是一种缺憾美，价格虽然已经很低了，但如果喷墙漆、地漆之类的活儿自己做，还能省下不少钱。”对装修的花费，王同学还在“斤斤计较”。

办证：马不停蹄

申请营业执照是和装修同步进行的，这是李同学主要负责的工作。因为在考察项目阶段，就已经确定了项目的名字叫“迪艾歪”，所以申请的公司名称也被确定为“迪艾歪商贸有限公司”。李同学先在网络搜索引擎中查询了是否有重名的公司，确定没有之后又到店面所在地的工商局——西城区工商局申请登记。公司名称在 10 天后被批准登记，李同学又马不停蹄地办理营业执照。

在选择注册资金时，李同学选择了 10 万元，他表示：“因为装修还在进行，各种手续都需要花钱，这笔注册资金要被冻结 15～20 天，所以，我们反复商量还是注册 10 万元资金比较合适。”

申请营业执照花了一个月时间。2012 年 12 月 19 日，李同学和王同学一大早就赶到了工商局，领到了盼望已久的营业执照和公司印章。端详着营业执照，王同学喜上眉梢，他举着公司的印章说：“这就是我们正规化的标志啊。”

拿到执照之后，李同学马上去中国工商银行给公司开了一个账户，“听说这个账户要经过央行的审批，然后我们就能够拿到公司正规的发票和支票了”。

开业：备感欣慰

店面装修于 2012 年 12 月 5 日彻底完工，两个创业伙伴决定把开业日期定在 2012 年 12 月 20 日，因为他们已经开始考虑盈利的问题了。李同学告诉记者：“我们考虑公司必须在圣诞节之前把所有的东西解决，能够正式营业，圣诞节和元旦的时候应该能够吸引一些顾客消费。”

开业那天，很多朋友到场祝贺，甚至附近小区的居民也都来看热闹，来了 150 多人，而且现场就有人体验了酿酒过程。开业典礼非常成功，李同学欣慰地表示：“我们终于把架子撑起来了，剩下的就是把公司推上良性的运营轨道了。”

【思考与讨论】

（1）在李同学和王同学的创业故事中，你认为哪些地方值得学习？

（2）你认为李同学和王同学在创业过程中有哪些不足？假如你是李同学或王同学，你会怎样做？

（3）假定自己运作一个创业项目，谈谈你的实施计划。

第一节 企业组织形式与选址

一、企业组织形式的选择

（一）企业的类型

根据企业的法律形态对企业组织形式进行分类是国际上划分企业类型的最主要标准，我国目前也以此标准来建立新的企业立法体系。该划分办法是以企业投资人的出资方式和责任形式为标准对企业进行分类的，以此标准可将企业分为独资企业、合伙企业和公司制企业。

1. 独资企业

独资企业也称为业主制企业，是最古老、最简单的企业形态。

独资企业是由一个自然人投资，并对企业事务有完全控制支配权的企业。独资企业的投资人完全依据投资人的自我意志进行经营活动，享有企业的全部收益，并承担企业的全部风险。独资企业不具备法人资格，投资人对企业债务承担无限责任，投资人不仅要以全部的出资额为企业清偿债务，而且还要以他的其他个人财产清偿债务。

2. 合伙企业

合伙企业是两人以上，以营利为目的，依照合伙协议共同投资、共同经营、共享收益、共负盈亏、共担风险的企业。

合伙企业在法律形态上不具备完全独立的法律地位，不具有法人资格，企业没有独立于合伙人的法律主体资格，合伙人须对企业债务承担无限连带责任。

3. 公司制企业

公司制企业是由若干承担有限责任的股东组成的独立法人主体。公司以营利为目的，由投资者共同投资组建，投资人以其出资额为限对公司负责，公司是以其全部财产对外承担民事责任的企业法人。

公司有独立的财产，公司财产完全独立于股东的财产，公司对其全部财产享有独立财产权，投资者个人无权直接处分公司财产，公司对其财产拥有独立的支配权，以其全部财产对外承担民事责任。股东不对公司的债务直接承担责任，仅以其出资额或所持股份为限对公司承担责任。

（二）选择适合的组织形式

企业在经营上面对的第一个问题就是以何种形式作为其组织形态。法律提供了上述各种企业组织形式，现实经济生活中也存在各种各样的企业组织形式。对企业而言，在制度设计和策略运用方面，如何选择适当的组织形式，需要考虑以下几个因素。

1. 法律上对某些产业、行业的限制

原则上，企业对于组织形式有选择的自由，但对于从事某些产业的企业，法律上会施加一定的组织形式的限制。例如，一些专门职业（律师等）被要求以合伙方式组成，其原因包括道德或者管理上的因素，如执业时对客户的无限赔偿责任，基于信任的职业特点等。此外，银行、保险等金融事业，亦基于特殊的行业属性或管制要求，法律要求必须以公司的形式组织。

2. 投资者的责任大小

对于企业的投资者而言，面对商业环境中各式各样的经营风险，企业组织形式在法律上的责任设计自然是其所关注的焦点。以有限责任公司和股份有限公司为例，我国现行《中华人民共和国公司法》第三条规定：有限责任公司的股东以其认缴的出资额为限对公司承担责任；股份有限公司的股东以其认购的股份为限对公司承担责任。前述规定明确揭示了公司股东责任有限原则，对于投资者（股东）而言，企业在经营上可能遭遇到的风险责任，止于其出资额或者所持有的股份，不及于其他个人财产。此一制度设计，对于投资者的风险控制具有相当大的意义。相对地，根据《中华人民共和国合伙企业法》的规定，普通合伙企业的合伙人对合伙企业债务承担无限连带责任；投资者所必须承担的风险不仅包括其出资额，还涉及其全部个人财产。

3. 税负

选择企业组织形式，必须考虑到税负上的问题，主要是有关企业营业所得的税负。不同的组织形式在法律上可能有不同的意义，进而在税法上也可能有不同的规范处理。如对于独立法人企业，企业要缴纳企业所得税，其股东对分得的红利要缴纳个人所得税；对于合伙企业而言，则没有企业所得税，而只须其投资者（合伙人）缴纳个人所得税。

此外，企业组织形式不同，社会角色和义务也就各异，所承担的税负也存在着较大的差别，而这将直接关系到企业和投资者个人投资回报的大小。因此，合理选择企业组织形式十分必要，事实上这也就成为企业税负筹划的第一步。具体如表 7-1 所示。

表7-1 不同组织形式的企业在税负上的区别

条目	独资企业	合伙企业	公司企业
纳税年度	公历年度，1月1日起至12月31日止	公历年度，其他日期也可参考	在纳税年度中间开业的，以其实际经营期为一个纳税年度
所有者利润分配	所有利润均作为所有者的回报	合伙协议规定了对利润的分配；合伙人按其份额对其个人收入纳税	利润不分配给股东
开办费	不摊销	在5年内摊销	在5年内摊销
所得股息	不重复征税	不重复征税	80%以上的所得股息可以抵扣（1986年12月31日以后实行）
资金盈余	对业主个人征税，长期资本利润所得可减免	对合伙人征税	对公司征税，1987年7月1日以后最高所得税率为34%
资金亏损	可无限期向后结转	某一纳税年度的亏损可用下一年的盈余弥补，且无限期向后结转	向后结转3年，短期资本亏损可结转5年
筹建初期	对企业的开业不征收附加税	合伙企业的资本捐赠不纳税	获得股本不纳税，以实物资产置换股票的溢价部分纳税
可抵扣的损失规定	业主的风险投资可抵扣	合伙投资加债务请求偿还权的份额	除了股票销售或公司清算外，其余损失不能抵扣
医疗福利	超过可调整总收入一定比例的医疗费需分项扣除，保险费不能抵扣	合伙人的医疗福利不能作为费用列支	职工持股人的该项费用可在费用中列支
退休福利	与传统公司相同	与传统公司相同	公司对两种不同的福利计划有不同的规定

4. 组织正式化程度与运营成本

一个企业刚成立的时候，由于没有任何经营经验，且在创业初期所能吸引的资本有限，合伙制这一组织形式在简单化、弹性化、非正式化和运营成本等方面，较其他组织形式有优势。合伙制在处理事务时决策、沟通都比公司制来得简单、迅速。对一个规模尚不大的企业而言，合伙制可能是较适合的组织形式。此外，公司制在运营成本上也较合伙制来得高。公司制向投资者筹资的渠道也不像合伙制那样，合伙人之间就相关条件谈妥即可，公司的增资扩股涉及较为烦琐的法律程序和费用，尤其是股份有限公司。因此，企业组织形式的正式化、弹性化等因素，应配合企业经营状态加以考虑。

5. 企业经营期限

公司组织在法律上具有法人资格后，除了能成为交易主体，另一意义在于使该企业能够永续经营。例如，合伙人系自然人，生命有限，除非不断补充新合伙人，否则，合伙企业的寿命也有限。但法人不同，除有法定解散事由或者决议解散外，原则上是可能永远存在的。此外，个人的死亡、破产都会造成合伙企业的解散；相反，公司并不受股东死亡、破产等事由的影响。企业的经营期限也是选择企业组织形式值得注意的因素之一。

6. 管理集权化

各国公司法多规定，公司设董事会，作为公司的经营决策和执行机关，此即集权化管理制度。如果公司的股东众多，每件事项皆须获得全体股东（股东会）的决议通过，不但在时效上很不合理，而且在现实层面上也不可能。因此，必须设置一个管理中枢，由股东选出少数人代表股东处理一般事务，甚至由董事会选任单一的专业经理人处理日常事务。集权化与分工化的管理是公司组织的特色，它们均有一个正式的管理架构；反之，合伙制并无集权式管理的设计，原则上每一个合伙人都享有平等的权利，在管理上是“均权”的。

7. 权益移转的自由度

理论上，股份有限公司尤其是上市公司股东持有的股份（即投资权益）是可以自由转让的，即所谓股份的流通性；但实际上，这个原则也有例外，如发起人所持有的股份在一定时期内不得转让。此外，股份有限公司的高管人员转让股份也受到一定限制。一般来讲，公司股东所享有的权益移转自由程度较合伙制下的合伙人更高。

二、企业的选址

（一）选址策略

创业选址是创业前期准备工作中一项最艰巨的任务。不论创立何种类型的企业，地点的选择都是决定创业成败的一大要素。尤其是受地理位置影响很大的零售、餐饮等服务业，地址的选择更是成功的关键。可以说，好的选址是成功的一半。

1. 根据经营特点的不同，选择不同的场所

首先，选址要和自己的经营项目相符合。不同特点的项目都会有比较适合自己的经营地段或场所，这是选址的第一要旨，也是选址的大方向。如果在这一原则性问题上犯了错误，无论你如何努力都可能面临失败。比如，经营汽车配件及轮胎的企业大多会选在城市边缘或城乡结合部，主要是因为这种店铺占地面积较大，选择城市边缘或城乡接合部不仅租金便宜，而且利于停车、测试、修理等相关工作；如果选择在闹市区，不仅成本很高，而且没有足够的停车位。因此，根据经营特点的不同，选择合适的场所是选址的第一要诀。

2. 交通便捷，有足够的客流量

对于零售业或服务型企业，一个值得重视的问题就是交通是否方便，是否有足够的客流量。因为大多数创业者选择的是服务型行业，服务业最关心的就是客流量，尤其是

可以驻足的客流量。交通方便可以增强企业的竞争力，但关键还是要看有效客流量。有的地方乘车换乘都很方便，就是远离商业区或居住区，人们没有时间或理由驻足，这样的地方就不适合作为服务性店铺的选址。

一般来说，人潮就是钱潮，在车水马龙、人气汇集的热闹地段开店，成功的概率就会提高。如咖啡厅、餐馆、休闲服饰店、各种专卖店、便利店等，若是设在购物步行街、灯光夜市、休闲场所、大型综合商场、车站附近，就至少占了七分地利。因为川流不息的人潮就是利润的基础，有这么多的潜在顾客，只要销售的物品或提供的服务能满足消费者需求，就不怕没有好业绩。

3. 辐射半径内有足够的客户

辐射半径是指店面可以覆盖的服务区域范围，如徒步500米内，乘公交车两站地之内等，在这一区域内顾客上门的概率较大。另外，辐射半径的大小也会受到店面经营形式、商品种类、规模大小、周边竞争情况及交通便利程度等因素的影响。辐射半径内的顾客群对于初创企业特别重要，他们往往就是创业初期企业得以生存的衣食父母。如果在选址时没有注意到这一问题，就极可能导致初期经营的困难，并且还会影响到以后的发展。

4. 根据需要确定同业市场或综合市场

同业市场和综合市场各有优缺点，从本质上讲，并无绝对的好坏之分。一般来说，同业市场竞争激烈，但同行集聚提高了全行业的知名度，影响力强，同时也省去了初创企业的广告与推广费用。借助已有的同行市场，不仅可以为初创企业节省很多成本，而且还会使创业者尽快熟悉行业特点。比如，上海威海路是汽车配件一条街，北京马连道是茶叶一条街，虽然同业会竞争，但由于这种同业市场面对的客户是全市甚至更大的客户群，因此还是有利可图的。再比如，浙江义乌的小商品市场、温州的皮鞋市场这些同业市场，现在已经发展成为全国闻名的市场。

综合市场尽管不会产生如此激烈的竞争，但由于知名度低，客户购买的随机性强，因此也未必是创业者的最佳选择。但是，如果能在综合市场中采取市场弥隙策略，也不失为一个很好的选择。比如，现在很多大型商场中都有一家“扦边铺”，为商场中购买裤子的客户提供扦边服务，就是这一策略的体现。

5. 租金高低与发展前景

经营场地租金是最固定的营运成本之一，即使休息不营业，都得照样支出，尤其在目前租金状况下，租金往往是经营者的一大负担，不得不“计较”一番。一些货品流通迅速、体积小且不占空间的行业，如精品店、高级时装店、眼镜店等，负担得起高房租，可以设于高租金区；而家具店、旧货店等，因为需要较大的空间，最好设置在低租金区。

另外，如果公司或店面的业务发展前景看好，那么即使租金高一点也可以考虑。公司一旦选址确定，在经营状况看好时，尽量不要考虑地址的变更，除非现在的场地已经远远不能满足发展的需要。经营地址的变动对于上升期的企业可能不会影响巨大，但对经营不景气的企业则可能是致命的打击。

【知识链接】

一、开店选址小窍门

1. 驻足便利

每座城市都会划分出若干个商圈，并有城市中心和副中心之分。在实际操作中，我们会面临主干道选址、主干道路口的选址、次干道选址、社区选址、城乡结合部选址等类别的选址问题。上班族多居住在市中心之外，在消费群体中占相当比例，且多数早上上班匆忙、下午下班后路上时间充裕。有数据测算，白天 8 小时工作制下班后的 3～5 小时内，主干道上沿街店铺会出现一个明显稳定的消费驼峰。所以，干道（路口）选址时应结合上述情况，选择靠近城市中心向外辐射方向的一边（路口要考虑两个方向的叠加），这样有利于顾客驻足。

2. 抓大捏小

把准主干道的路口，以建形象店的标准将店面招牌加大作靓，形象上与连锁店高度统一。如有可能的话，将整栋楼体的主体色及窗帘颜色装成和企业系统相符的色系，远看和谐美观，能增强视觉冲击力。对于房租价格较低的背街（胡同）、社区、城乡结合部等地选址，要以靠近居民区、医疗机构为原则，距离越近越好；特别是附近有竞争对手的地方，谁靠近一小步，销售就可能拉开一大步。

3. 莫忘店中店

在大型的商场、超市设置店中店，虽然租金不菲，但与商场（超市）共享庞大的客流，结合销售情况，顺应商场（超市）的促销活动，适时应季地调整商品结构，也将成为为公司贡献利润的一家新门店。

此外，在选址过程中，还需要对周边（商圈）的人口密度、职业构成、家庭规模、户均收入、消费支出、性别比例、年龄结构、流动人口、商店总数、消费倾向、购买时间和动机等进行摸底分析，研究划定区域内连锁网点的呼应布局，原则是根据城市的商圈布局，决定一个中心店的组合和排列，更好地建立动态、平衡的物流网络，以便于连锁各店间调剂货源，达到区域内各种资源的共享。

二、不同行业选址技巧

位置决定“钱途”，好的选址是成功的一半。一般而言，工厂、仓储等企业以减少中间环节、降低企业生产成本、提高运行效率为原则，一般选在开发区；而开办商业公司则以交通便利、商务交流便捷、商务服务完善为原则，一般选择商业区或者邻近商业区的写字楼。

各种行业中，餐饮、服务业选址的条件最为苛刻，以下是商场和商店的选址秘诀。

1. 商场选址秘诀

（1）注意路面与地势。通常商场地面应与道路处在一个平面上，有利于顾客出入。如果商场位置在坡路上或高度相差很多的地段上，那么就必须考虑商场的入口、门面、阶梯、招牌的设计，一定要方便顾客，并且引人注目。

（2）选择方位与走向。方位情况：方位是指店面正门的朝向，一般而言，商业建筑物坐北朝南是最理想的地理方位。走向情况：人们普遍有右行习惯，因此，店面在选择入口时应以右为上。如果街道是东西走向，客流主要从东边来时，以东北路口为最佳；如果街道是南北走向，客流主要从南向北流动，以东南路口为最佳。交叉路口情况：如果是三岔路口，最好将店址设在路口正面，这样店面最显眼；如果是丁字路口，则将店面设在路口的转角处。

（3）留意潜在商业价值。留意一些不引人注目但有潜力的地段。主要从以下三方面评价：一是拟选的商场地址在城区规划中的位置及其商业价值；二是是否靠近大型机关、单位、厂矿企业；三是未来人口增加的速度、规模及其购买能力的状况。

2. 商店选址秘诀

（1）要根据经营内容来选择地址。服装店、小超市要开在人流量大的地方；保健用品商店和老人服务中心，就适宜开在交通便利但人流量较小的地方。

（2）要选取自发形成某类市场的地段。在长期的经营中，某些市场会自发形成销售某类商品的集中市场。选对市场就可以解决客流量的问题。

（3）要选择有独立门面的店面。有的店面没有独立门面，店门前自然就失去独立的广告空间，也就失去了向每一位路过店面的人进行推销的机会。

（4）要有“傍大款”意识。把店铺开在著名连锁店或强势品牌店的附近，甚至可以开在它的旁边。这些著名品牌店在选址前已做过大量细致的市场调查，挨着它们开店，不仅可省去考察场地的时间和精力，还可以借助它们的品牌效应增加客流量。

（二）选址步骤

一个科学而行之有效的选址过程，一般应遵循市场信息的收集和研究、多个地区的评价、最终地址的确定等步骤。

1. 市场信息的收集与研究

在企业创业的早期阶段，信息对创业者来说都是非常重要的。有研究表明，市场信息的使用会影响企业的绩效，而市场信息与选址决策衔尾相随的关系更是显而易见。因此，根据上述列出的影响选址的五项因素，创业者自己或借助专业的中介机构收集市场信息是出色地完成选址决策的第一步。

（1）创业者考虑从二手资料中收集信息。

对创业者而言，最明显的信息来源就是已有数据或二手资料。这些信息可以来自商贸杂志、图书馆、政府机构、大学或专门的咨询机构。在图书馆可以查到已经发表的关于行业、竞争者、顾客偏好、产品创新等信息，甚至也可以获得有关竞争者在市场上所采取的战略方面的信息；互联网也可以提供有关竞争和行业的深层信息，甚至可以通过直接接触潜在消费者而获得必要的客户信息。总之，创业者在考虑花费更多的成本获取第一手资料和商务信息资料之前，应尽其所能在精力允许的前提下获取免费的二手资料。

（2）创业者还应亲自收集新的信息，获取第一手资料。

获得第二手资料的过程其实就是一个数据收集过程，但不能仅满足于第二手资料的获取，创业者还可以使用多种方法，包括观察、上网、访谈、焦点小组及问卷等，收集新的信息，获取第一手资料。观察是最简单的一种方法，创业者可以通过对潜在顾客的观察，记录下他们购买行为的一些特点。上网是一种从该领域的专家那里获得第一手资料的非正式的方法，也是一种有价值而且低成本的方法。访谈或调查是收集市场信息最常用的方法。这种方法比观察的花费要多，但能够获得更有意义的信息。访谈可以通过面谈、电话或信件等不同途径进行。访谈的问题应是清楚而具体的，而且要容易回答，不应对回答者造成误导。焦点小组是一种收集深层信息的非正式的方法，由 10 ~ 12 名潜在顾客组成一个小组，他们被邀请来参加有关创业者研究目标的讨论。焦点小组的讨论以非正式的、公开的形式进行，这样可以保证创业者获得需要的信息。

（3）对收集到的各方面的信息进行汇总、整理。

一般来说，单纯对收集到的各方面信息的总结可以得出一些初步的印象，接着对这些数据进行交叉制表分析可以获得更加有意义的结果。

2. 多个选址的评价

通过对市场上各种信息的收集、汇总、整理，以及初步的简单定性分析后，创业者应该已经得出若干个新企业地址的候选地址，这时便可以借助科学的、定量的方法进行评价。目前，最常用的有关选址的评价方法有本量利分析法、综合评价法、运输模型法和引力模型法等。

本量利分析法也称保本分析或盈亏平衡分析，是通过分析生产成本、销售利润和产品数量这三者的关系，掌握盈亏变化的规律，指导企业选择能够以最小的成本生产最多的产品并获得最大利润的经营方案。本量利分析法是从经济角度对选址进行评价。实际上，影响选址的因素是多方面的，同时各种因素也不一定完全能用经济利益来衡量。因此，采用多因素的综合评价方法是选址评价中一个常用的方法。综合评价法是企业通过多因素评价对企业的发展及方向进行综合的统计评价，从而判断企业的走向和目标。综合评价法运用多个指标对多个参评单位进行评价，最后求出每个方案的加权平均值。哪个方案的加权平均值最高，哪个就是最佳方案。

当选址对象的输入与输出成本是决策的主要变量时，运输模型法是一个很好的决策方法。运输模型法的基本思路是：通过建立一个物流系统，选择一个能够使整个物流运输系统的运输成本最小的生产或服务地址。此模型尤其适合输入与输出成本对企业利润影响巨大的情况。

引力模型法是以牛顿经典力学的万有引力公式为基础的空间相互作用模型，该模型认为两个经济体之间的双边贸易流量与它们各自的经济规模（一般用 GDP 来表示）成正比，与它们之间的距离成反比。这个模型在很多学者的实证分析中得到了成功的印证。比如，在服务业选址中，市场因素是主要的选址决策变量。对顾客的吸引力是服务业区位优势的体现。国外两位学者曾总结过服务业创业区位选择中应该坚持的两大原则：第一，占有总顾客 60% 的顾客高度集中区，组成主要贸易区；而与此相连的另 20% 顾客集中区，组成次级贸易区，剩下的 20% 则为外围区。服务企业应优先考虑将自己建在主要贸易区。第二，大商店比小商店更具吸引力，即大商店有更大的贸易区；大商店在给定的贸易区内具有较高的市场渗透性，而这种市场渗透性随着距离的增加而减弱。因此，创业者可考虑要么将自己的企业做大，要么将企业建在大商店附近。

3. 最终地址的确定

创业者依据已经汇总整理的市场信息，根据其所要进入的行业的特点及自己企业的特征，借助以上的一种或几种方法进行评估，最终做出选址决策，从而迈出自己创业的至关重要的第一步。

三、创业企业选址要素

（一）经济地域

各个地区由于经济发展水平的差异，为大学生创业者所提供的创业条件也就有所不同。所谓经济环境，指的是国家或地区的整体经济状况，主要包含经济发展水平、社会经济结构、经济体制、宏观经济政策、物价水平、劳动力情况、创业企业所处的地理位置及基础设施、创业企业目标客户群体的收入和购买力情况等方面的内容。由于地区差异，各地经济发展呈现出不均衡状态，这将对创业活动起到推动或阻碍作用。例如，东部沿海城市经济水平较为发达，形成了相对便捷的物流服务体系，物流网点遍布各个城市和乡村，从而为加快网络营销的发展奠定了良好的基础。相反，经济发展较慢的中西部地区，交通条件相对较差，物流发展速度自然也比较缓慢，物流配送相对不便，这些不利的客观因素将直接制约着大学生在这些地区的创业活动。

（二）商务环境和有形基础设施

商务环境和有形基础设施是影响创业的软环境和硬环境。其中，商务环境是指企业获得资源（包括分包商、供应商和咨询机构的帮助）和服务（包括银行等金融服务及法律、会计等非金融服务）的能力及可能性。而有形基础设施是指道路、通信等方面对创业企业提供的帮助。商务环境和有形基础设施的好坏将直接影响到创业机会数量的多寡，从而影响创业活动是否顺利进行。

（三）产业环境

创业时如果选择相关产业集群的地域，可以大大提高创业的成功率。产业集群概念的内涵概括如下：第一，相互作用、相互依存的企业集聚构成的生产或社会系统，通常在地理上接近，即集群必定有地理因素；第二，同一产业领域内的企业间存在“商业交易、对话和沟通的积极渠道”，即集群必定有产业因素；第三，集群通常有基于地方社会资本的非正式网络组织，集群内的企业有着非常活跃的创新交互过程，有利于创业者进行创业学习以及创业企业间建立起信任与合作关系，形成以创业者（企业家）为主导的企业网络所营造的集群式创业“小环境”，即创业者是集群得以形成和发展的内在动力。上述三种因素的有机结合就是产业集群。

企业集群的核心是企业之间、企业与其他机构之间的联系和互补性，即企业集群内部的共生机制，这种机制既有利于获得规模经济，又有利于互动式学习和技术扩散，而且比垂直一体化的大型企业具有更大的灵活性。在这种集群内，某些特定产业中相互联系的企业和机构，通过价值链和各种联系渠道，相对集中在特定的地理空间，形成一个有机的群体。集群内的企业既有竞争又有合作，既有分工又有协作，彼此间形成一种互动性的关联，并由这种互动而形成竞争压力。竞争压力有利于形成集群内企业持续的创新动力，并由此带来一系列的产品创新，促进产业升级加快。

（四）企业孵化器

1. 企业孵化器的内涵技术

企业孵化器的发展始于20世纪50年代的美国，它实际上是作为技术创业企业的非财务支持系统而出现的。在我国，技术企业孵化器被称为科技创业服务中心，主要是为技术创业企业提供诸如硬环境（场地、通信设施等）和软环境（优惠政策、投融资渠道和孵化网络建设等）的服务。目前，我国大部分高新技术开发区和大学科技园都提供相应的创业孵化服务，并吸引了大批中小高技术创业企业入驻。

创业孵化环境一般包括五个方面的内容，即创业文化氛围、创业政策支持、创业孵化网络、投融资环境和基础服务体系。创业文化氛围是指孵化器或创业园区所塑造的创业支持氛围，以及工作人员的服务行为、服务态度等；创业政策支持是指国家或地方政府对高新技术创业企业的优惠政策和支持行为等；创业孵化网络是指孵化器或创业园为高技术创业企业提供业务互动机会，与利益相关者以及外部客户的关系网络建设等；投融资环境是指孵化器引进风险投资机构，设立种子基金或者提供融资担保服务等内容；基础服务体系是指孵化器或高新区提供的业务培训、研发技术咨询和市场咨询，以及场地、实验室、互联网和一般流程服务。

2. 我国企业孵化器的规模和类型

（1）我国企业孵化器的规模。

随着经济体制改革和科技体制改革的不断深入，我国产生了对高新技术孵化器的强烈需求。火炬计划的实施，特别是高新技术产业开发区实力的增强，使得企业孵化器遍及全国，成为大量科技人才和创新要素的集聚地，显示出巨大的高新技术产业化潜能。

（2）我国企业孵化器的类型。

我国最初发展的企业孵化器基本上是综合技术孵化器，后来随着市场细分和经济、技术发展的需要出现了专业技术孵化器、留学人员创业园等其他各种类型的孵化器。目前，我国的企业孵化器大致分为以下几种类型：综合技术孵化器、专业技术孵化器、留学人员创业园、国际企业孵化器、大学科技园、虚拟孵化器、企业集团孵化器等。其中，虚拟孵化器将随着互联网技术的发展，与实体孵化器相结合，成为孵化器发展的必然趋势。

3. 企业孵化器在企业家创业过程中的作用

（1）节省时间。

一家小企业要想获得必要的硬环境条件，除了要有足够的投资，还要筹备很长时间，而企业孵化器把这一切都准备好了。一般一家小企业从入驻企业孵化器到开始正常运转，只需数周时间。

（2）少走弯路。

对于一家小企业而言，在组建和运营之初，面临相当多的问题，常常需要做出抉择，如起草公司章程、确定产权关系和企业性质、决定人员组合、合理利用资金、进行市场开拓等。富有经验的企业孵化器管理人员及有关专家的咨询服务，可以及时帮助企业家做出正确的选择，并获得良好信誉。并非任何企业或创业者都可以入驻孵化器。每家企业孵化器都有严格的接纳标准，能够被孵化器接纳的，就是有良好市场竞争力和发展潜力的企业。

（3）创业者集聚效应。

企业孵化器努力创造条件，使同时被孵化的创业者很方便地进行交流，分享经验和信息，互相鼓励，甚至结成业务合作伙伴。

（4）加速发展，提高创业的成功率。

良好的创业环境和优质的创业服务，使一大批中小科技企业在孵化器中快速成长，大大提高了创业的成功率。

第二节　企业创立的申办程序

一、工商登记

根据企业的规模大小、规范化程度，初创企业可以分为个体工商户和私营企业两种。这两种初创企业在注册登记方面是不一样的，因此有必要将它们分开来叙述。

（一）个体工商户登记

个体工商户简称个体户，是指生产资料归个人或家庭所有，以个人或家庭的劳动为基础，劳动成果归个人或家庭占有和支配，在法律允许的范围内，依法经核准登记、从事工商业活动。个体工商户可以个体经营，也可以家庭经营。以个体经营的，以个人全部财产承担民事责任；家庭经营的，以家庭全部财产承担民事责任。个体工商户也可以以个人合伙形式经营，即有两个以上公民自愿组成，共同劳动经营，合伙的责任由合伙人按照出资比例或者协议的约定，以各自的财产承担清偿责任。合伙人对合伙的债务承担连带责任。个体工商户申请开业登记手续如下。

1. 个体工商户办理登记注册程序

申请人到当地市场监督管理部门咨询、领取申请表→提供须提交的登记材料→经专管员实地勘察→经所长审批→到内勤缴纳相关费用→携带登记材料到个体科办理相关登记。

2. 个体工商户各种登记须提交的材料

（1）提出并递交申请书。申请人（个人经营的，以经营者本人为申请人；家庭经营的，以主持经营的家庭成员为申请人）向户籍所在地的市场监督管理部门递交从事个体工商业的书面申请，申请书的内容包括申请人、从业人员的身份、经营目的、经营范围和方式等。

（2）进行字号名称预先核准。

（3）填写《个体工商户申请开业登记表》（一式两份）。

（4）所有从业人员（含经营者）身份证明及复印件，经营者一寸免冠照片两张。

（5）计划生育证明。凡参加经营的育龄妇女及从业人员年龄在 16～49 岁的要出具计划生育证明。

（6）经营场所证明。

（二）私营企业登记

私营企业是指生产资料属于私人所有，雇工 8 人以上的营利性的经济组织。私营企业有以下三种类型。

独资企业：指一个自然人投资者经营的企业。独资企业投资者对企业债务承担无限责任。

合伙企业：指二人以上按照协议投资、共同经营、共负盈亏的企业。合伙人对企业债务负连带无限责任。

有限责任公司：指股东以其认缴的出资额为限对公司承担责任，公司以其全部财产对公司的债务承担责任。

从以上分类可以看出，私营企业的三种类型中只有有限责任公司可以依法取得法人资格，而个人独资企业和合伙企业都不符合企业法人条件，不能取得法人资格。

1. 私营企业申请开业登记手续

市场监督管理部门办理企业名称自主申报。申请企业名称自主申报，应提交下列文件：

（1）有限责任公司的全体股东或股份有限公司的全体发起人签署的公司名称预先核准申请书。

（2）股东或发起人的法人资格证明或自然人的身份证明。

（3）企业登记机关要求提交的其他文件。

2. 会计师事务所办理验资

经营者（委托人）委托验资机构验资须按规定办理委托手续，填写委托书，并提交下列文件：

（1）企业名称预先核准通知书。

（2）企业章程。

（3）投资人的合法身份证明。

（4）公司地址证明。

（5）如果单位出资，须提供投资单位营业执照和资产负债表。

（6）各类资金到位证明。其中又包括两个证明，即以货币出资的应提交银行进账单，以非货币出资的应提交由具有法定评估资格的单位出具的报告书和财产转移手续。

3. 到社会有关职能部门办理特殊行业许可证

私营企业的经营范围中属于法律、行政法规限制的项目在进行企业登记之前必须依法经过批准，作为企业登记的前置条件。例如，到卫生健康部门办理卫生许可证；需体检的企业员工到所在地区卫生局的卫生监督部门进行培训，以便办理健康合格证。

4. 到市场监督管理局申请开业登记

申请开办私营企业应当向办理登记的市场监督管理机关提交有关文件、证件。

（1）申请书。申请书应写明申请人姓名、性别、年龄、文化程度、住址、申请从事的行业或经营范围、拟办私营企业种类、经营场地地址和名称、资金数额及来源等，合伙企业和有限责任公司还应包括所有合伙人或投资者的姓名、住址、出资额等。

（2）填写《私营企业申请开业登记注册书》《私营企业负责人履历表》《私营企业名称预先核准通知书》。

（3）申请人身份证明。合伙企业和有限责任公司还应提交其他合伙人或股东的身份证明。

（4）营业场所证明。

（5）资金使用证明（验资报告）需由具有法定资格的验资机构出具。有限责任公司的注册资本的最低限额按照《中华人民共和国公司法》的规定执行。

（6）有限责任公司申请登记时，应提供公司章程。

（7）合伙企业申请登记时，应当提交所有合伙人的书面协议。

（8）其他有关文件的证明（如特殊行业许可证等）。

（三）企业代码与银行开户

1. 办理组织机构代码证

我国实行组织机构代码管理制度，根据《全国组织机构代码编制规则》（GB11714－1997）强制性国家标准，中华人民共和国境内的每一个机关、团体和企事业单位均被赋予唯一且始终不变的法定代码。组织机构代码已在银行、税务、统计、公安、外贸、海关等领域得到广泛应用。

办理组织机构代码证应提交的材料：

（1）企业单位营业执照的原件及复印件。

（2）具有法人资格的单位提交法定代表人身份证及复印件，不具备法人资格的单位提交负责人身份证及复印件。

（3）经办人员身份证及复印件。

（4）申领组织机构代码证申报表。

（5）换证单位应将旧代码证正本、副本一并交回。

2. 银行开户

银行账户是单位为办理存款、贷款、结算及现金收付而在银行开立的账户。根据现行国家有关制度规定，每个独立核算的经济单位都必须在银行开户，各单位之间办理款项结算，除《现金管理暂行条例》规定可用现金外，均须通过银行结算。企业开立银行存款账户是与银行建立往来关系的基础，只有在银行开立账户，才能委托银行办理资金往来业务，所以私营企业或个体工商户申领营业执照后应立即到银行办理开户。

私营企业或个体工商户在银行开户的步骤如下：

（1）向银行提供营业执照和组织机构代码证书，证明是经法律许可登记注册的私营企业或个体工商户，具有生产经营的权利，并已办理组织机构代码证书。

（2）填写开户申请书，写明申请开户理由，并按照银行提供的表格填写，力求真实、准确、明了。此申请书由单位盖章后交由银行审查。

（3）在客户经理的指引下签署其他相关文件，并盖章。

（4）银行审核材料，并将相关材料报送中国人民银行，等候中国人民银行核发开户许可证。

（5）等待客户经理通知取证、回单卡、U 盾等。

（6）在客户经理指引下进行账户存款等剩余操作。

【知识链接】

企业名称登记注册的相关知识

一、企业名称登记

企业名称即企业的名字、字号，是一家企业区别于其他企业或其他社会组织，被社会识别的标志。名称一般由四部分依次组成：行政区划 + 字号 + 行业 + 组织形式。

（一）行政区划

行政区划指本企业所在地县级以上行政区域的名称或地名。

具备下列条件的企业，可以将名称中的行政区划放在字号之后、组织形式之前：一是使用控股企业名称中的字号；二是使用外国（地区）出资企业字号的外商独资企业，可以在名称中间使用“（中国）”字样。

（二）字号

企业名称中的字号应当由两个以上汉字组成，行政区划不得用作字号，但县级以上行政区划地名具有其他含义的除外。企业名称可以使用自然人投资人的姓名作字号。

（三）行业

企业名称中的行业表述应当是反映企业经济活动性质所属的国民经济行业或者企业经营特点的用语，名称中的行业特点应与主营行业相一致。企业经营活动性质分别属于国民经济行业不同大类的，应当选择主要经济活动性质所属的国民经济行业类别用语表述企业名称中的行业。

企业名称中不使用国民经济行业类别用于表述企业所从事行业的，应当符合以下条件：

1. 企业经济活动性质分别处于国民经济行业 5 个以上大类。

2. 企业注册资本（或注册资金）1 亿元人民币以上或者企业集团的母公司。

3. 与同一市场监督管理机关核准或登记注册的企业名称中字号不相同。

4. 企业为反映其经营特点，可以在名称中的字号之前使用国家（地区）名称或者县级以上行政区划的地名。

5. 企业名称不应当有或暗示有超越其经营范围的业务。

（四）组织形式

依据《中华人民共和国公司法》《中华人民共和国中外合资经营企业法》《中华人民共和国中外合作经营企业法》《中华人民共和国外资企业法》申请登记的企业名称，其组织形式为有限公司（有限责任公司）或者股份有限公司；依据其他法律、法规申请登记的企业名称（如合伙企业、个人独资企业等），组织形式不得申请为"有限公司（有限责任公司）"或"股份有限公司"；非公司制企业可以申请用"厂""店"或"部"等作为企业名称的组织形式。

二、名称登记应注意的几个问题

1. 名称保留期。预先核准的企业名称保留期为3～6个月。预先核准的企业名称保留期内，不得用于从事经营活动，也不得进行转让。

2. 企业名称不得含有下列内容和文字：

（1）有损于国家、社会公共利益的。

（2）可能对公众造成欺骗或误解的。

（3）外国国家（地区）名称、国际组织名称。

（4）政党名称、党政军机关名称、群众组织名称、社会团体名称及部队番号。

（5）其他法律、行政法规规定禁止的。

3. 企业名称应当使用符合国家规范的汉字，不得使用外国文字、汉语拼音字母、阿拉伯数字。

4. 在名称中间使用"国际"字样的，"国际"不能用作字号或者经营特点，只能作为经营特点的修饰语，并应符合行业用语的习惯，如国际贸易、国际货运代理等。

5. 使用自然人姓名作字号的，该自然人应是企业的投资人或股东。需要注意的是，所用投资人姓名与党和国家领导人或老一辈革命家的姓名相同的，不得使用。

6. 以商标作字号应提交商标所有权人出具的同意函，以及国家有关部门对该商标的注册证明。市场监督管理机关的工作人员审核申请人提交的书面材料后，符合条件的，当场发放《企业名称预先核准通知书》。

二、税务登记

依法纳税是每个公民和企业的责任和义务，企业纳税需要事先向税务机关登记才能实现。办理税务登记的手续如下：

（一）提出申请办理税务登记的书面报告

申请人应先到主管税务机关或指定税务登记点，填报《申请税务登记报告书》。企业应分别到国税局和地税局申请税务登记，分别申领《税务登记表》。

（二）如实填写《税务登记表》

携带全部有关证件或资料，其中包括：

（1）营业执照副本及复印件。

（2）组织机构代码证书及复印件。

（3）银行开户许可证复印件。

（4）法定代表人、财务负责人的居民身份证、护照或其他证明身份的合法证件及其复印件。

（5）经营场所房屋产权证书复印件。

（6）出租出借、承租承借房屋、土地合同复印件。

（7）公司章程或协议书。

（8）独立核算或非独立核算证明。

（9）非独立核算单位须持上级独立核算单位的税务登记表及复印件。纳税人报送的原件，经税务机关查验后返回纳税人，复印件由税务机关留存。

（三）开业税务登记的审批

税务机关审核纳税人提供的证件和资料是否符合税务登记管理办法的规定。

（四）税务登记证的发放

纳税人提交的证件和资料齐全且税务登记表的填写内容符合规定的，税务机关应及时发放税务登记证件。纳税人提交的证件和资料不齐全或税务登记表的填写内容不符合规定的，税务机关应当当场通知其补正或重新填报。纳税人提交的证件和资料明显有疑点的，税务机关应进行实地调查，核实后予以发放税务登记证件。

第三节 初创企业的营销管理

【案例拓展】

中国大学生年度人物——马贝

无锡太湖学院2014届毕业生马贝，毕业后考上中国海洋大学的研究生，其硕士和博士攻读的都是商科。他先后参与多项国家级、省市级课题，在CSSCI、北大中文核心等期刊上发表多篇学术论文。博士期间，他联合其他博士，成立“红旗智援博士团”，利用所学知识，对7个贫困县开展智力帮扶，他们深入农村、扎根基层、服务农业，帮助革命老区人民脱贫致富。

2017年，马贝发现素有革命老区之称的德州乐陵，百年的枣园被撂荒，盛产的金丝小枣因为“走不出去”而囤在农民家里白白烂掉。他率队奔赴老区乐陵，调查研究，制定扶贫方案。他来到乐陵市红枣批发市场，与多家经销商就进货渠道、销售和收益等方面进行了沟通交流，收集了第一手市场资料。他与当地政府部门密切合作，针对老区的销售渠道单一、农户不善营销，致使农产品滞销严重的问题，组织博士团成员在特色农产品销售、电商平台搭建、食品深加工、红色旅游规划等方面，为贫困老区量身定制了脱贫方案。就这样，马贝带着博士团帮助当地500多户贫困户、1 000多名贫困人口成功脱贫。

马贝先后率队到临沂罗庄区、烟台蓬莱北沟镇，对近百名企业主与农户进行电商培训。“授之以鱼，不如授之以渔”，他明白，要让当地企业有电商思路、网络头脑，才能真正做到把好东西“送出去”，把钱“赚回来”。在蒙阴，马贝的博士团组织了山东省商业实训大赛，集众人之所长为蒙阴蜜桃的销售出谋划策。半个月的时间，蒙阴农户销售蒙阴蜜桃近4 000千克，产生经济价值11.3万元。这次比赛大大提升了蒙阴蜜桃的品牌知名度，也为当地农商打开了营销思路。

2020年，太湖学子马贝当选为第十五届“中国大学生年度人物”，他的事迹被新华社等百余家媒体报道。有记者问他为什么要选择这样一条创业的道路时，马贝说：这得益于我大学本科阶段的学习是在无锡这样一座民族工商业的摇篮，这个城市的工商业文化让我在创业的道路上充满了灵感。我也明白，只有了解农村发展的现实问题和农民的真正需要，将学术研究落地转化，为农民带来切实福利，才是最有价值的学术实践，也是青年学子的责任担当。

【思考与讨论】

（1）作为新时代青年人，我们应该学习马贝什么样的精神？

（2）弘扬工商精神，学以致用，大学生如何把自己的青春热血挥洒在祖国最需要的地方，让创新创业的风帆迎风飘扬？

在商战中，谁的营销能力强，谁的营销管理能力强，谁就能在激烈的市场竞争中比对手更胜一筹，抢占商机。

营销管理是以营利为目的，对组织架构、人员培训、绩效考评、薪资等诸多要素加以综合制定并优化实施的行为。营销管理的实质是客户需求管理，即对需求的水平、时机和性质进行有效调节。具体来说，企业要设定一个预期的市场需求水平，企业营销管理者根据实际的市场需求水平与预期的市场需求水平之间的差异和矛盾，采取不同的营销管理对策，以确保企业目标的实现。

一、找准顾客

创业者在考虑自己产品的同时，需要思考的就是“我的顾客在哪里？”。明确服务对象，将有助于创业企业在竞争激烈的市场中迅速占据市场，奠定生存的基础。要想找准自己的顾客，企业就必须明确自己的市场定位和顾客的需求。

（一）目标市场细分与定位

市场细分是指按照消费者欲望与需求，把一个总体市场划分成若干个具有共同特征的子市场的过程。通过对目标市场的细分，创业者可以找到需求和欲望都极为相似的消费者群体。例如，有的消费者喜欢具有一般功能、价格比较便宜的手机，有的消费者需要外形时尚且价格适中的手机，有的消费者要求功能较多、能代表身份地位的高档手机。手机市场据此可细分为三个子市场。

细分市场不是根据产品品种、产品系列来划分的，而是从消费者的角度出发，根据消费者的需求、动机、购买行为的多元性和差异性来划分的。根据不同变量与因素可以进行不同角度的市场细分，市场细分可以使创业者明确自己的产品最终将卖给谁。

在进行市场细分之后，创业者需要考虑的问题就是：我的产品到底应该瞄准哪个客户群体？这就是市场定位。

初创企业的市场定位，就是创业者在综合考虑顾客需求、竞争状况、营销环境等有关因素的基础上，结合自身的目标与条件，确定自己在未来市场上所处的位置。可供选择的创业市场定位角色包括市场领先者、市场挑战者、市场跟随者和市场补缺者，有些科技型创业者由于拥有专利或领先的技术，起步时就定位为市场领先者或市场挑战者。

有效的市场细分与定位，有利于创业者制定出有针对性的市场营销策略，并能集中有限的人力、物力将产品投入目标市场，从而迅速打开市场，最终提高企业的经济效益。

（二）消费者需求分析

通过目标市场细分与定位，创业者已经找到了自己的顾客群体。接下来需要考虑的问题就是：顾客群体有什么样的需求？产品能否满足这一需求？他们对产品满意吗？

1. 感知消费者需求

感知消费者需求就是要弄清楚消费者到底想要什么，他们通过购买行为期望获得的是一种什么样的产品或感觉。因此，创业者如果能从消费者的角度出发思考问题，也许就会更好地满足消费者的需求，也就能更有效地赢得顾客。

消费者不仅要获得产品的使用价值，而且期望得到产品的附加价值，只有这些部分都得到了满足，才能算得上获得了完整的产品。

2. 关注消费者行为

消费者行为往往是建立在消费者对产品感知的基础之上的。在了解消费者需求结构的情况下，创业者也就不难进行有针对性的产品销售工作了。

所谓消费者行为，就是消费者为满足其个人和家庭成员生理或心理的需要而购买所需要的消费品的行为。它是消费者一系列决策的结果，涉及购买什么、什么时候购买、购买多少等问题，同时也是经济因素、心理因素和社会因素综合作用于消费者的结果。通过对消费者的关注，创业者可以更好地了解顾客并抓住顾客。分析消费者行为可以通过询问“5W1H”来进行，即 Who（谁买）、Why（为什么买）、Where（在何处买）、What（买什么）、When（何时买）、How（如何买）。

二、合理定价

创业者和企业经营者从事的所有活动中，只有价格策略能够给自己带来收入，其他的活动都是花钱的，而创办企业的最终目的就是追求利润，所以价格策略是创业成功的关键。

确定产品和服务的价格，首先要明确定价目标。目的不同，行为标准就不同，考虑问题的角度就不同，追求的方向和结果也会有所不同。其次要进一步研究影响产品和服务价格的因素。最后，讨论制定价格的方法和技巧。

（一）影响价格的因素

影响产品和服务的价格因素来自三个方面：成本因素、竞争因素和需求因素。

1. 成本因素

一般情况下，企业的成本是价格的下限，市场的需求为企业的定价确定了上限。创办企业的目的就是获取利润，出售自己提供的产品和服务时，确定价格时需要以收回成本为前提，正确、及时地核算产品和服务的成本，是企业定价工作的基础。企业成本分为可变成本和固定成本。除此之外，还应该考虑规模经济、机会成本和沉没成本。

2. 竞争因素

在开放的市场中，几乎每种商品都或多或少地存在着竞争产品。一般来说，竞争越激烈，对价格的影响也就越大。企业可以派出有关人员对竞争对手的产品质量、企业形象、品牌效应等进行评价，获得竞争对手的价格表，并以此作为自己定价的出发点和参照标准。如果企业的产品和竞争对手的产品十分相似，则公司制定的价格应该和竞争对手的价格接近。若企业知名度和品牌形象好于竞争对手，那么价格可以稍高一点；如果情况相反，则定价就应低一些。当然，如果企业的产品质量和竞争对手相比要好得多，那么定价就可以大大高于竞争对手。但是，任何一个企业都必须清楚地意识到，竞争对手也会根据你的价格策略做出相应的价格调整。

3. 需求因素

产品销售是面对市场的，市场是检验企业提供产品和服务的一面镜子，市场对产品的迫切程度取决于需求强度。我们可以从两方面来分析：一方面是需求弹性，另一方面是消费者价格敏感因素。

需求弹性表示在一定时期内一种商品的需求量的相对变动对于该商品价格的相对变动的反应程度。也就是说，价格的变动对市场需求的影响比较大，则该商品的需求弹性较大，顾客对此商品的购买数量变动就大；相反，若降价并不能有效地刺激销售，则该商品的需求弹性就比较小。通常情况下，当替代品较少甚至没有时，价格的变动很难影响消费者需求，这也是为什么商家通常都希望自己的产品能处于垄断地位的原因。

消费者价格敏感因素是指消费者价格敏感程度越高，价格的波动对购买力的影响越大，反之亦然。一般来说，影响消费者价格敏感度的因素主要包括三大类：产品因素、公司营销策略和消费者个体因素。从产品因素的角度来看，产品越重要，消费者的价格敏感度越低。产品越独特，消费者价格敏感度越低。产品越大众化，消费者价格敏感度越高。产品本身的用途越广，消费者价格敏感度越高；产品的用途越单一，消费者价格敏感度越低。产品价格越容易与其他产品比较，消费者价格敏感度越高；比较越困难，消费者价格敏感度越低。消费者对某一品牌越忠诚，对该产品的价格敏感度越低。从公司的营销策略来看，价格变化的幅度占基础价格的比例越高，消费者价格敏感度越高；比例越低，消费者价格敏感度越低。过于频繁的价格促销会增加消费者的价格敏感度，使消费者只有在产品价格降低的时候才产生购买的欲望。采用不同的数字营销也会对消费者产生不同的心理影响，从而导致对价格的敏感度变化。从消费者个体来分析，消费者的年龄对价格的敏感度不同。年龄越小，价格敏感度越低；年龄越大，价格敏感度越高。消费者的产品知识越丰富，购买越趋于理性，价格敏感度越低，因为消费者会用专业知识来判断产品的价值。消费者的产品知识越少，对价格的变化就越敏感，尤其是对于技术含量比较高的商品，普通消费者只能以价格作为判断质量优劣的标准。消费者对价格变化的期望及对成本的感知，也在不同程度上影响消费者的价格敏感因素。

（二）定价方法

1. 成本加成定价法

最常用的定价方法是在产品成本的基础上加一个标准的加成率。建筑公司投标时，总是先估算总的项目成本，然后加上标准的成本加成率。图书批发市场、服装批发市场、建材批发市场、饭店行业、酒店行业的大多数企业，基本上都是使用成本加成定价法确定产品的价格。

不同的商品加成率差别很大。在美国的超级市场上，婴儿食品的一般加成率为9%，烟草为14%，面包为20%，蔬菜为27%，调味品和粮食为37%。

影响加成率的因素有产品自身的原因、行业因素、企业知名度等。

2. 理解价值定价法

理解价值定价法又称认知价值定价法。越来越多的公司根据产品的认知价值来制定价格，他们认为定价的关键是客户对产品和服务价值的认知及理解，而不是销售者的成本。可以利用市场营销组合中的非价格变量，在购买者心目中确立对产品和服务的认知价值。例如，同样的一瓶可口可乐，在超市卖 3 元，到了一般的酒店就可以卖到 5 元，在高档的咖啡厅就可以卖到 8 元或者 10 元，到了四星级、五星级酒店就可以卖到 28 元、38 元。这些情况就是客户对不同地点、不同环境、不同企业提供产品和服务的认知价值的不同。客户的认知价值主要取决于产品、服务的层次及企业的知名度。

3. 价值定价法

许多公司采用价值定价法，对高质量的产品制定较低的价格。丰田公司的雷克萨斯轿车就是很好的例子。根据雷克萨斯轿车的卓越品质，丰田公司本可以选择与奔驰车相近的价格来彰显其豪华身份。然而，丰田为其选择了更具颠覆性的“价值定价”策略。

价值定价法与认知价值定价法有所不同，后者是真正的“高价格、高质量”的定价哲学。认知价值定价要求公司的价格水平应该和用户心目中的产品价值相一致。价值定价法则要求商品对于消费者来说，代表着特定的廉价商品。价值定价不仅制定的产品价格比竞争对手的低，而且也是对公司整体经营的重新设计，从而使公司成为真正的低成本制造商，同时不以牺牲质量为代价。公司大幅降价是为了吸引大量的注重质量的客户。

4. 随行就市定价法

采用随行就市定价法时，企业在很大程度上是拿竞争对手的价格作为定价基础，而不太注重自己产品的成本或者市场的需求。企业的定价可以高于、等于甚至低于主要竞争对手的价格。在钢铁、造纸、航空、电力、通信等寡头垄断的行业中，企业一般都制定相同的价格。大多数中小企业会追随市场领导者，当市场领导者价格发生变动时，大家会随之变动，并不考虑自己的需求或成本是否发生了变化。

随行就市定价法非常普遍，当成本难以估算，或者竞争对手的反应难以确定时，企业一般都采用随行就市定价。大家认为市场价格反映了该行业的集体智慧，这个价格既带来了合理的利润，又没有破坏行业内的协调性。

5. 差别定价法

有些企业经常根据顾客、产品、地址等差异来调整其基本价格。差别定价是指企业按照两种或两种以上的不反映成本费用比例差异的价格来销售产品或服务。例如，在同一航线上，航空公司可以根据舱位等级、时间、季节、乘客所在公司和过去的业务关系、乘客的身份等各种因素收取不同的票价。差别定价有以下几种形式。

（1）针对不同的用户，采用细分定价。企业按不同的价格把同样的商品或劳务卖给不同的顾客。例如，动物园、公交车和博物馆对学生和老人的门票收费要低一些，火车、民航等交通运输部门对学生和教师的票价也会优惠较多。

（2）产品形式差别定价。对不同型号和形式的产品制定不同的价格，但并不和它们各自的成本成一定的比例。汽车定价中同样品牌、不同排量的车款，标准型、豪华型、舒适型等不同款式的定价；冰箱定价中，不同容积、不同颜色的定价；彩电定价中，不同尺寸、不同形状的定价；等等。

（3）使用形象差别定价。有些企业根据产品和服务形象的差别对同一产品制定不同的价格。例如，化妆品的销售生产厂家可以将化妆品装在一只普通瓶子中赋予其名称和形象，确定较低的价格；也可将化妆品装在比较豪华、比较华丽的瓶子里，赋予其不同的名称和形象，制定较高的价格。

（4）地理差异定价。地理差异定价是企业根据用户所处的不同地区、地点来对产品进行定价，以确定企业是否应该向远距离的顾客收取高价，以弥补较高的运输成本和售后服务成本。即使向每一地点和区域提供的产品成本相同，也可以根据地点和区域来制定不同的价格。例如，影剧院可以根据顾客对不同位置的偏好制定出不同的座位价格，火车票针对上铺、下铺制定出不同的价格，航空公司针对经济舱位和商务舱位制定两种不同的价格。

（5）时间差异价格。价格随着季节、日期和不同的钟点而发生变化。长途电话费在一天的不同时间、周末和工作日、节假日的时间都会有所不同；电费在用电高峰期和用电低谷期，其收费的标准也有所不同；火车服务、航空服务在不同的季节也会推出不同的价格策略。

使用差别定价法应该满足一系列相关条件：市场必须是可细分的，各细分市场要表现出不同的需求强度；以较低价格购买商品的顾客不会以较高的价格倒卖给别人；竞争对手没有可能在企业以较高价格销售商品的市场上以低价竞销；细分市场和控制市场的成本不能超过实行差别定价所得到的额外收入；差别定价不能引起顾客的不满和厌恶。

6. 产品组合定价

当产品只是某一个产品组合中的一部分时，企业需要对定价方法和策略进行调整。企业应该推出一系列价格政策，使整个产品组合和利润实现最大化。因为此时各种产品之间都存在需求和成本之间的相互联系，而且会出现不同程度的竞争。常见的产品组合定价有产品线定价、选择品定价、补充品定价和分部定价四种基本形式。

企业一般开发出来的是产品线，而不是单一产品。例如，松下公司设计推出五种不同款式的彩色立体声摄像机，由简单型到复杂型依次排列。简单型近似于傻瓜照相机，功能简单，操作简单；复杂型包括自动对焦、明暗控制、双速移动目标镜头等各种功能。产品线上的摄像机依次增加一些新的功能，以此来定高价。价格管理部门要确定各种摄像机之间的价格差距，制定价格差距时要考虑摄像机间的成本差额、顾客对不同特征的摄像机之间的需求倾向，以及竞争对手的价格。在许多行业中，企业都要为同一条产品线提供高、中、低三种质量的产品，相应地制定高、中、低三种价格水平，以满足不同层次消费者的需求。

许多企业在提供主要产品的同时，都会附带提供一些可供选择的产品和服务。汽车用户可以订购车内垫子、车用音响、车载电话等标准配置以外的汽车饰品。饭店也面临着同样的定价问题，其顾客除了购买饭菜，也会消费烟酒等其他产品。许多饭店的饮料、烟酒类产品定价很高，而食品的价格相对较低，食品的收入只能弥补食品成本和其他的饭店成本，而只有饮料、烟酒的销售才可以带来利润。这就是为什么服务员极力要求顾客购买酒类和饮料的原因。也有饭店会将酒价定得比较低，而食品定价较高，从而吸引喜欢饮酒的食客。

有些产品需要附属品和补充品。例如，剃须刀需要配剃须膏，智能手机需要手机贴膜。生产主要产品的制造商经常为主要产品制定较低价格，而对其附属品和补充品制定较高的价格。

服务性公司的价格策略经常是先收取一笔固定费用，再加上可变的使用费。例如，电话用户每月都要先缴纳一笔固定费用，然后再根据电话使用频率和使用时间，缴纳可变的使用费。游乐园一般先收门票费，如果游玩的项目超过规定，就要求再次交费。服务性公司面临着和互补品定价同样的问题，即应该收取多少基本服务费和多少可变使用费。可以采用固定费用比较低的策略，以吸引较多的消费者来购买这种服务，利润主要依靠收取长期的使用费获取。有些情况下，为了吸引客户、抢占市场份额，服务性公司可以免收固定费，甚至免去一段时间的可变使用费用。

7. 价格折扣和折让

大多数企业对顾客提前付款、大批量采购、淡季购买等行为，都会调整其价格来回报客户。具体的形式有现金折扣、数量折扣、功能折扣和一般性折让。

（1）现金折扣是指企业对迅速付款的购买者提供的价格折扣，在许多行业中已经成为惯例。其目的主要是提高现金流量，降低收回欠款的成本和坏账出现概率。

（2）数量折扣是企业针对大量购买的顾客提供的一种价格折扣。数量折扣可以在非累积的基础上提供。数量折扣能够刺激、鼓励顾客在某一特定的消费地点持续订货和购买，可以帮助企业和商场建立忠诚客户群。

（3）功能折扣是指分销渠道的成员在执行一定的市场功能时，如销售、储存、运输、市场开拓、技术支持、售后服务等，制造商向他们提供的价格让步。由于分销渠道成员执行的功能不同，制造商可以给予不同的功能折扣。但对于每一个分销渠道来说，制造商应该提供相同的功能折扣，以免影响厂家和分销渠道之间及分销渠道成员之间的长期合作关系。

（4）一般性折让就是根据价目表给顾客减价的一种形式。例如，以旧换新是指顾客购买新产品的同时交回旧产品的一种减价方式。在汽车行业和其他耐用品行业，如电冰箱、电视机、空调、洗衣机、音响都经常使用以旧换新折让价格策略。非耐用品制造商有时也会提供一次性的以旧换新活动，鼓励消费者再次购买自己的产品，逐步形成忠诚用户群，有时甚至会鼓励消费者用竞争对手的品牌换取自己的促销品牌产品，从而达到竞争目的。

8. 促销定价策略

促销定价策略一般有牺牲品定价、特殊事件定价和心理定价三种形式。

（1）牺牲品定价。超级市场和百货公司采用大幅度降低几种知名品牌价格的方法，利用消费者对这些知名品牌产品价格的敏感性，来刺激、增加店内其他商品的销售。

（2）特殊事件定价。销售商在特定时期可以制定特定的价格来吸引顾客。例如，春节、中秋节等传统节日期间的价格策略。

（3）心理定价。销售商除了考虑价格的经济因素，还要考虑产品价格对消费者的心理作用。例如，经销商经常会打出类似“原价 1 200 元，现价 280 元”的招牌，用以招徕顾客。购买者在评价某一产品和服务时，大脑中常常会有一个参照体系和参考价格。参考价格的形成来源于当前的价格、过去的价格和购物环境。例如，销售商可将普通产品放在高档商品中出售，暗示它属于高档商品的类型。百货商店可以将女式服装按照价格的高低分别陈列在不同的柜台上，人们会认为价格较高的柜台上陈列的服装质量就比较好。商场可以标出制造商的建议零售高价，或者标出该产品最初的较高价格，也可以标出竞争对手的较高价格，这些都可以影响消费者的价格参照行为。

9. 撇油脂定价法

当企业在目标市场的知名度较高，有相当的品牌形象时，一般采用撇油脂定价法。这种情况下，企业的主要目标是收入较高、购买能力较强、需求层次较高的那部分高端用户。制定较高的价格，就是锁定高收入阶层，获取较高的利润，先保证利润，不关心市场占有率的高低。实行这种方法的基础和前提是企业的信誉和市场垄断地位，产品和服务的替代品较少。比较超前的消费行为、较高的价格也能让高收入阶层在心理上得到满足，体现其优越感。

10. 渗透定价法

当企业所处的市场竞争比较激烈，产品的替代品较多时，企业一般都会采用渗透定价的方法，以较低的价格、较低的经营姿态进入市场。定价的目标就是进入市场，并尽可能多地增加市场份额，尽快取得市场和客户的认可，逐步扩大市场份额。利润的大小是次要的，不追求高端的企业形象和品牌形象。

三、正确促销

促销的手段包括广告、人员推销和营业推广等。

（一）广告

广告是企业对目标顾客和公众进行直接说服性传播的主要工具之一。广告是由明确的主办人发起，通过付费的任何非人际（通过媒体）方式介绍和促销其创意、商品和服务的行为。

广告用户包括商业性公司、非营利机构和政府机构。广告是一种经济而有效地传播信息的办法。在制订广告方案时，营销方首先必须确定目标市场和购买者动机，然后才能做出制订广告方案的相关决策。

广告策划的第一步就是确定广告目标。广告目标必须服从有关目标市场、市场定位和营销组合的相关决策。市场定位的营销组合战略限定了广告在整体营销规划中必须完成的工作。通知性广告主要用于产品的开拓阶段，其目的在于建立初级需求。说服性广告在竞争阶段十分重要，这时候，公司的目的在于建立对某一特定品牌的选择性需求，大多数广告属于这种类型。提醒性广告在产品的成熟期十分重要，目的是保持顾客对该产品的记忆。

刊登在杂志上昂贵的四色印刷的可口可乐广告，其目的既非通知，也非说服，而是为了提醒人们想起可口可乐。与此相关的另外一种广告形式是强化型广告，其目的在于让现有的购买者相信购买这种商品的决定是正确的。广告目的的选择，应当建立在对当前市场营销情况透彻分析的基础之上。

广告的效果不仅取决于说什么，还取决于怎么说。有些广告倾向于理性定位，而另一些广告则注重感性定位。在策划广告的活动中，广告客户应该准备一份文案策划说明书，描述所要做的广告的目的、内容、背景和语气等。富有创造性的人必须为表达广告信息找到一种形式、语调、用词和版式。所有这些因素都应该密切配合，才能表达出和谐的形象和信息。

任何广告都可以通过下列不同的形式表达有关信息：

（1）生活片段。显示一个人或几个人在日常生活中使用产品的情景。

（2）生活方式。强调产品如何适应人们的生活方式。

（3）引人入胜的幻境。针对产品及其用途，设计出一种引人入胜的奇景。

（4）气氛或想象。借助产品营造气氛或想象，如美丽、爱情，或安宁、舒适等。

（5）音乐。广告音乐是为了表现或烘托广告主题，配合语言或画面而使用的一种实用音乐。例如，某广告就是美丽的自然风景配上3首令人难忘的音乐——《世界真美丽》《万事如意》《生来自由》。

（6）拟人。给产品赋予人性，拟人形象可以是动物，如新加坡的鱼尾狮，也可以是人物，如美国的麦当劳叔叔。

（7）技术特色。表示产品制造过程中企业的专长和经验。如日立公司广告展示从盒式录音机到复杂的医疗器械等广泛的产品种类，向人们强调公司制造两万多种产品的事实和经验。

（8）科学证据。提出调查结果或科学证据，从而证明该品牌的产品优于其他品牌。

（9）作证。通过有很高威信、受人欢迎的知名人士或行家来认可产品。

（二）人员推销

在这个世界上，有许多人依靠出售某种东西来维持自己的生活。在菲律宾，有占总人口约21%的人从事销售和相关工作；在日本和韩国，销售人员的比例分别约为14.7%和14.3%。

企业销售队伍的管理和建设十分重要，销售部门应在公司经营目标和经营战略指导下确定其销售队伍的目标、结构和规模。通常的方法和程序是：设计目标和规模，招聘和挑选销售人员，对销售人员进行上岗引导和培训，管理和监督销售人员，激励销售人员，评价销售人员的工作绩效。

1. 培训销售人员

销售人员的培训计划应该达到下面几个目标：销售代表要了解企业，大多数企业将培训方案的第一步确定为介绍企业的历史、目标、组织人事机构设置和权限，主要负责人员、公司财务状况和设施，主要的产品、销售额以及市场状况。销售人员需要了解企业的产品，向消费者介绍产品的制造过程和用途；销售人员需要了解消费者和竞争对手的特点，了解不同消费者类型和他们的需要、购买动机和购买习惯，了解企业和竞争对手的策略和政策；销售人员需要了解如何进行有效的上门推销展示，必须接受系统的销售原理培训；销售人员需要了解实地工作的程序和责任，要懂得怎样有效地在现有客户和潜在客户中分配时间，合理支配费用、撰写报告，拟定有关的推销路线和推销计划。

销售人员的销售过程一般是：首先，接近客户，搞清楚客户的需求目的和需求强度；其次，采取相应的方式，突破对方的心理防线，从而建立双方的信任基础；最后，沟通和交流，引起注意和兴趣，进而获得客户的认同，双方的关系由相识上升到敬佩。

总的来说，应该使客户先接受人，后接受产品。销售就是拉近距离，消除防备，建立信任，由客户变成朋友的过程。

2. 激励销售人员

销售工作经常会遭受挫折，销售人员大多是单独工作、独立奋战，工作时间、地点变化不定，他们经常远离家园，远离企业和同事，面对的是咄咄逼人的竞争对手。相对于顾客而言，他们可能处于低人一等的地位，他们常常缺乏足够的赢得客户所必需的能力，有时还会失去经过努力工作而获取的订单。

从人的本性方面来讲，大多数人如果没有特殊刺激，如金钱的增加、权力的赋予、企业和社会的承认等，就不会全力以赴地努力工作。销售人员也经常会为个人的问题而烦恼，如家庭成员生病、家庭成员的团聚、婚姻的状况或者经济负债等。

研究表明，对销售人员的激励越大，他们付出的努力就越大，就能取得越好的成绩；更好的成绩带来更多的奖励，更多的奖励会带来更大的满足感，而更大的满足感将产生更大的激励作用。销售经理应能够使销售人员认识到，通过更加努力地推销和经过培训后能把工作做得更出色，并且能够推销更多的产品。销售经理还应使销售人员认识到，要想成绩突出并得到奖励需要付出额外的努力。

3. 评价销售人员的工作绩效

能够反映销售成绩的主要指标包括：每个销售员每天的平均访问次数；平均每次销售访问的时间；每天销售访问的平均收益；每次销售访问的平均费用；每次销售访问的招待费用；每一百次销售访问接到订单的百分比；每一时期的新客户增加数目；每一时期失去的客户数目；销售队伍费用占总成本的百分比。

有了以上这些指标，就可以回答下列有关问题：销售代表每天访问的次数是否太少？每次访问花费的时间是否太多？销售访问的招待费用是否花得太多？每一百次访问是否获得了足够的订单？是否发展了足够数量的新客户，保持了与老客户的关系？

企业管理层需要多方面了解销售人员的工作信息，最重要的信息来源就是销售报告，其他信息来源有个人观察所得、顾客的信件和投诉、消费者调查，以及同其他销售人员的交谈等。

（三）营业推广

营业推广包括各种多数属于短期性的刺激工具，用以刺激消费者和贸易商比较迅速或较多地购买某一特定的产品和服务。如果说广告提供了购买的理由，那么营业推广则提供了购买的刺激。

营业推广的工具有消费促销和交易促销两大类，具体形式有下面 14 种。

1. 样品

样品是指免费提供给消费者或者供消费者试用的产品。可以挨家挨户地送上门，邮寄，在商场派发，附在其他产品上赠送，或作为广告品赠送。赠送样品是最有效、最昂贵的介绍新产品的方式。

2. 优惠券

优惠券是一个证明，证明持有者在购买某特定产品时，可凭借优惠券按规定少付一定金额的现金。优惠券可以附在其他产品包里，也可以刊登在各种广告上。

3. 现金折扣

现金折扣是在购物付款时提供折扣，而不是在零售店购买过程中提供降价。

4. 特价包

特价包是向消费者提供低于常规价格的组合销售商品的一种方法。其做法是在商品包装或标签上加一附带标价签，可以采取减价包或组合包或附加赠品的形式，即将两件以上相关的商品并在一起销售，如牙膏和牙刷。特价包对刺激短期销路很有效。赠品是以较低的代价或免费向消费者提供某一物品，以刺激其购买某一特定产品。第一种是附包装赠品，将赠品附在产品里，或附在包装上；第二种是附条件赠送，要求消费者交还诸如盒盖之类的购物证据就可获得一份赠品；第三种是自我清偿性赠品，即以低于一般零售价的价格向需要此种商品的消费者出售商品。

5. 奖金

奖金是指消费者在购买某商品后，向他们提供赢得的现金、旅游和物品的各种获奖机会。

6. 竞赛

要求消费者参加一种参赛项目，如朗诵一首诗、提一条建议或参加一项简单的竞技比赛，由一个评判小组确定哪些参赛者被选为最佳参赛者。

7. 抽奖

要求消费者凭购物小票参与抽奖。

8. 游戏

在消费者每次购买商品时请他们参加游戏活动，如纸牌游戏、填字游戏等。这些活动都有可能中奖，也可能一无所获。所有这些将比优惠券更能引起消费者的注意。

9. 光顾奖励

光顾奖励是指以现金或者其他形式按比例地奖励某一顾客或客户集团的光顾。大多数航空公司都有“经常乘客计划”，规定一个里程数，乘坐飞机累积里程达到该数目的旅客可得到一次免费航程。

10. 免费试用

免费试用是指邀请潜在顾客免费试用产品，以期他们将来购买此类产品。汽车经销商鼓励人们免费试驾汽车，以刺激人们的购买兴趣和欲望。

11. 产品保证

产品保证是指由销售者保证，按照有关规定，产品无明显或隐含的毛病，如果在规定期内出现毛病，销售者将会免费维修或退款给顾客。日本汽车公司为增强其竞争力，提供给用户的汽车保修期远远超过其他竞争对手。

12. 交叉促销

交叉促销是指用一种品牌为另一种非竞争性品牌做广告。例如，到快餐店就餐的顾客可以拿着购买手机的发票享受打折的优惠。

13. 联合促销

联合促销是指两个或两个以上的品牌和公司，在优惠券、现金折扣等方面进行合作，以扩大其影响力。

14. 商品陈列和产品示范表演

这种活动通常在购买和销售现场举行。

【案例拓展 1】

蜜雪冰城的“极致性价比”——商业模式构建与供应链管理

蜜雪冰城的成功，本质上并非简单的营销胜利，而是其构建了一套难以被竞争对手复制的、以“极致性价比”为核心的商业模式生态系统。该模式的核心支柱在于对全产业链的深度掌控与高效的数字化协同。上游深度整合：蜜雪冰城深入农业源头，通过“订单农业”模式与众多农户合作，建立了茶叶、柠檬、草莓等核心原料的规模化、标准化种植基地，从源头严格控制品质和成本。根据公开报道，其 2023 年采购的柠檬量就达到约 11.5 万吨，巨大的采购量赋予了其极强的议价能力。中游集中生产：通过自建的核心工厂（如大咖国际），实现了果酱、奶浆、咖啡豆等主要饮品食材的规模化自产，不仅保障了供应链的稳定与安全，还大幅降低了生产成本。同时，工厂引入先进的MES（制造执行系统）进行精细化管理，确保产品质量的稳定性和可追溯性。下游高效履约：在全国范围内建立了超过20个智能仓储中心，并构建了强大的冷链物流网络，能够实现最快数小时内将新鲜原料送达遍布全国的超过2万家门店，支撑起庞大加盟网络的高效运转。然而，这种高度一体化、重资产运营的模式也伴随着巨大的成长风险。门店数量的极速扩张（高峰期年均净增数千家）对供应链的稳定性、弹性和食品安全管理提出了极致挑战。任何一环（如特定水果产区遭遇自然灾害、某一区域仓储中心的冷链系统故障、某批次原料的质量波动）出现的“蝴蝶效应”，都可能沿着紧密耦合的供应链条迅速放大，演变为影响整个品牌的重大危机。同时，庞大的加盟体系管理，如何确保“万店如一”地严格执行统一的操作标准与食品安全规范，避免因个别门店的违规操作（如使用过期原料）而引发区域性甚至全国性的品牌信任危机，是其实现可持续成长必须持续面对和解决的核心挑战。

【思考与讨论】

（1）运用商业模式画布工具，系统剖析蜜雪冰城的商业模式，重点分析其价值主张、核心资源、关键业务和成本结构。

（2）讨论企业高速成长中的供应链风险，分析蜜雪冰城如何平衡“快”（市场扩张速度）与“稳”（产品质量控制、供应链安全）之间的关系。

【案例拓展2】

“认养一头牛”的品牌故事——创业营销与客户关系管理

“认养一头牛”品牌在竞争激烈的乳制品红海中脱颖而出，其关键策略在于打破了传统乳业依赖渠道分销和明星代言的营销路径，转而采用直接面向消费者（DTC）的深度链接与用户共创模式。其核心理念是让消费者从“购买者”转变为“参与者”和“共建者”。品牌通过精心打造的“云认养”小程序和社交媒体矩阵，设计了一系列互动玩法：用户可以通过签到、分享、参与话题等方式赚取“养牛豆”，用于兑换产品或权益；可以观看牧场的实时直播，了解“自家奶牛”的生活状况；甚至可以参与投票决定“奶牛明星”的名字、为奶牛设计“营养加餐”等。这些互动极大地增强了用户的参与感、归属感和对品牌的信任感。同时，品牌通过数字化工具进行精细化的用户分层运营（如划分“养牛新人”“养牛达人”“养牛合伙人”等不同等级），为高价值会员提供更深入的权益和定制化体验，如新品优先体验、线下牧场探访等，旨在培养高黏性和高活跃度的“超级用户”群体。在品牌传播层面，“认养一头牛”极其擅长讲述温暖、有趣的“养牛故事”，例如强调奶牛“每天伙食费超80元”“享受按摩和音乐”等细节，并通过与喜茶、敦煌博物馆等知名IP进行跨界联名，持续制造社交话题，快速在年轻消费群体中建立品牌认知。这种深度营销与情感连接在初期取得了巨大成功，使其在短短数年内迅速崛起。然而，这种高度依赖营销叙事和用户情感连接的模式也潜藏着巨大的声誉风险与合规风险。当“认养”这一充满情感色彩的概念被过度宣传，或品牌承诺的实际产品体验（如奶源品质、营养指标）与营销故事构建的过高预期产生差距时，极易引发消费者的心理落差和信任崩塌。此外，如果营销宣传的尺度把握不当，可能触及《反不正当竞争法》或《广告法》中关于虚假宣传的红线。创业者在运用新颖营销模式时，必须深刻思考如何将用户的短期兴趣转化为长期的品牌忠诚，以及如何确保营销宣传的真实性、适度性与合规性。

【思考与讨论】

（1）分析“认养一头牛”如何运用社群营销、内容营销和体验式营销来建立品牌形象和用户关系。

（2）讨论“用户共创”模式在降低获客成本、提升品牌忠诚度方面的优势与挑战，分析数字化用户运营的重要性。

第四节　初创企业的人力资源管理

“人力资源是第一资源”，人力资源对生产力发展起着决定性的作用，对企业经营战略的实施起着保障作用。企业人力资源管理的根本目的是把企业所需人力资源吸引到企业中来，将他们保留在企业之内，调动他们的工作积极性，并开发他们的潜能来为企业服务。当代企业管理是以人为中心的管理，人是知识、信息、技术等资源的载体，人力资源是企业最宝贵的资源。卡内基就曾说：“假如我的企业被烧掉了，但把人留住，我 20 年后还是钢铁大王。”这足以说明人力资源在当今企业的发展中起着举足轻重的作用。因此，初创企业要获取人力资源管理的优势，必须顺应新时代人力资源管理的发展趋势，利用自身的优势，采取有效的措施加强人力资源管理。只有不断完善人力资源管理，初创企业才能提高其效益，在竞争激烈的市场经济中立于不败之地。

一、招聘与选拔

招聘是一项非常重要的活动，申请工作的人越多，企业进行雇佣决策时选择的余地就越大。大多数企业都采用一种被称为“招募筛选金字塔”的方式，来帮助他们确定到底需要吸引多少人来申请工作才能选拔出所需数量的新雇员。

（一）招聘的渠道

通常情况下，获得应聘者的途径有两种：一种是从企业内部选拔可能胜任的人选，另一种则是从企业外部吸引合适的人才。对于初创企业而言，由于企业刚刚建立，暂时不大可能从内部选拔，因此，外部招聘就成为其获得人才的重要选择。外部招聘的渠道和方法一般有以下几种：

1. 求职中心

求职中心是一种免费的服务机构，企业能在此得到很多帮助。它负责公布岗位招聘信息，筛选合适的候选人。当应聘人数很多时，这点更有帮助。

2. 职业介绍所

这类机构通常存有各类应聘人员的基本情况数据库，它们负责公布招聘信息，筛选候选人员，并向获取雇员信息的机构收取相应岗位工资的一定比例作为中介费用。企业利用这类机构进行员工招聘的好处在于能节省时间，而那些没有人事或人力资源部门的小企业则能得到专业咨询和服务。不利之处是要花费一定的费用，而且企业对招聘这一重要过程没有控制权；有些职业介绍所不能遵守企业机会均等原则。

3. 朋友或亲属推荐

朋友或亲属推荐的优点在于应聘者对空缺岗位和企业工作条件能有周全的了解，企业对所推荐的员工也能有较细致的了解；然而，以这种方式吸纳人员，容易造成企业中的裙带关系，在一定程度上制约企业的发展。

4. 校园招聘

与学校建立联系，定期到学校进行宣传，吸纳应届毕业生到企业中来，这样不但可以降低招聘的费用，还可以使企业充满活力。但同时应注意，应届毕业生因没有工作经验，适应岗位的时间会比较长，还要给予相应的岗位培训。

5. 广告招聘

在报纸、杂志刊登广告也是一种常见的招聘方式。对于广告刊登的载体应有所选择，不宜盲目，应针对不同的人群刊登在不同的载体上。与此同时，还应注意不同的广告载体所需费用不同，因而招聘的成本也不同。

6. 猎头公司

猎头公司主要是搜寻和网罗对企业有用的高级人才，这类公司的收费水平相当高。当然，企业一旦需要他们的帮助，则其最终收益肯定能弥补这部分昂贵的招聘费用。在选用这种方式时，为了达到更好的效果，一般应注意与猎头公司多沟通，向其提供较为详细的空缺职位的信息。

（二）选拔应聘者

在获得大量应聘者信息的基础上，则可以进入选拔阶段。选拔应借助多种手段公平、客观地进行。通常情况下，人员选拔手段包括笔试、面试、心理测试等。初创企业由于自身条件的限制，通常采用以下选拔程序和手段。

1. 审核求职申请表

对求职申请表的审核应注意以下几点：找出申请表中与工作要求相符的关键词；查

找反映求职者是否满足工作需求的形容词与数量词；在以往的工作经历中掌握的技术、知识、能力、经验与新工作所需技术、知识、能力、经验之间转换的难易程度；审核应聘者背景资料及其来源的可靠程度。

2. 面试

企业招聘与选拔人才的方式多种多样，面试是中小企业常用的方法。面试，可以说是一种经过精心设计，在特定场景下，以面对面的交流与观察为主要手段，由表及里地对应聘者进行素质测试的一种方法。

（1）面试的内容。

面试主要围绕以下内容对应聘者进行考察。

① 仪表风度。应聘者的体格状态、穿戴举止、精神风貌。

② 求职的动机与工作期望。判断本单位提供的职位和工作条件是否能满足其要求。

③ 专业知识与特长。从专业的角度了解其特长及知识的深度与广度。

④ 工作经验。应聘者以往的经历及其责任感、思维能力、工作能力等。

⑤ 工作态度。应聘者过去的工作业绩及其对所应聘职位的态度，以及其进取精神和开拓精神。

⑥ 能力。包括口头表达能力的准确性、分析问题的条理与深度、思维的敏捷性及自控能力（主要指应聘者的理智与耐心）。

此外，还应该考虑应聘者的为人处世和兴趣爱好等。面试可以使企业的人力资源管理部门对应聘者的表现、工作经历、能力及个人的情况有更进一步的了解。但有一点需要注意，要避免提出与法律相抵触的问题。

（2）提高面试效果。

面试的效果取决于面试官的技巧与方法。因此，面试官可以通过以下几种常用的面试技巧来提高面试水平。

① 问题的准备和设计。在面试开始之前确定你想要问的与工作有关的问题。避免与招聘工作无关的问题，把全部注意力放在应聘者身上。避免冲突性的或暗含冲突性的问题，避免与应聘者发生争论。

② 面试的气氛。应该创造安静平和的气氛进行面试。

③ 注意倾听艺术。在倾听时要密切观察应聘者的言谈举止及与工作相关的一些特点。

④ 避免首因效应、晕轮效应和社会刻板印象。

3. 测试

在经过面试并做出初步筛选以后，还应对应聘者进行必要的测试。测试有许多方式，一般包括现场测试和心理测试。

现场测试是一种比较实用的测试方法，通过工作本身对应聘者进行测试可以达到较好的效果，而且也较直观。心理测试是一种比较科学的测试方法，通过对人的心理行为的测验来达到对人的认识的目的。

中小企业在运用心理测试方法时要注意以下两点。

（1）正确看待测试结果。由于业务适用性存在差异，在对测试结果的解释上会存在困难，从而可能使测试结果产生误导。因此，对应聘者进行的任何测试都必须与其工作相关。

（2）必须符合有效性与可靠性的原则。如果测试是有效的，那么它的结果就应该与应聘者日后的工作表现相一致；如果测试是可靠的，那么它在任何时候对不同个体进行的测试都应该提供一致的结果。

4. 录用

当最终合格人选少于所需人员数量时，应当避免用人的将就心理，要按标准进行录用。当最终合格人选多于所需人员数量时，应当按照以下原则进行录用决策。

（1）重视工作能力。在候选人的基本素质相差无几时，以往的工作经验应该是首要的条件。

（2）优先工作动机。在工作能力基本相同的条件下，希望获得这一工作的动机强度就是录用决策注重的第二个基本点。

（3）任职条件的适用性。不要录用超过任职资格条件太高的人，因为这些人的流动性也会增大。

（4）限制参加录用决策的人数。这样可以避免出现难以协调的意见，以致最后得到的是折中的人选。一旦企业决定录用，就需要向被录用者发送录用通知；而对于没有被录用的人选，企业也最好能发送辞谢信。

（三）招聘效果评估

由于中小企业资金状况的限制，不可能花大笔的资金在招聘上，因此，这项评估主要是针对招聘成本和录用人员进行的。

1. 招聘选拔成本评估

如果成本低，录用人员的质量高，则效率高；反之，则效率低。而如果成本低，录用人数多，则效率高；反之，则效率低。招聘选拔费用比可以用以下公式来表示：

$$招聘选拔费用比=(总经费/录用人数)\times 100\%$$

2. 录用人员评估

录用人员的评估可以采用以下公式：

$$人员录用比=(录用人员/应聘人数)\times 100\%$$

录用比越小，相对而言录用者的素质越高；反之，则越低。

$$招聘完成比=(录用人数/计划录用人数)\times 100\%$$

如果招聘完成比等于或大于 100%，则说明在数量上全面或超额完成了计划。

$$应聘比=(应聘人数/计划录用人数)\times 100\%$$

如果应聘比较大，说明发布招聘信息的效果较好，同时也说明录用人员的素质相对较高。

二、人员培训

培训就是向员工传授其完成本职工作所必需的相关知识、技能、价值观念、行为规范的过程，是由企业安排的对本企业员工所进行的有计划、有步骤的培养与训练。培训是获得高质量人力资源的重要手段，员工培训是企业所有投资中风险最小、收益最大的战略性投资。成功而有效的员工培训，不仅可以提高中小企业员工的素质，而且还可以满足员工自我实现的需要，增加企业的凝聚力。

培训的种类与方法主要有以下几种。

（一）职前培训

职前培训是企业对新录用的员工进行集中培训的一种形式。职前培训的目的是培养新员工对企业的荣誉感和归属感，促使新员工认同企业提倡的价值标准和行为规范；了解企业的基本情况，掌握必要的工作技能和基本的工作流程；帮助新员工规划、设计在企业中的个人发展。

常用的职前培训方式有：发放员工手册、专业讲解、座谈会、带领新员工实地参观等。

（二）在职培训

在职培训是指员工不脱离岗位，由经验丰富的管理人员和技术人员在日常管理与工作中对员工进行定期的或不定期的业务传授和指导。这是企业应用最为普遍的培训方式。

常用的在职培训方式有：工作轮换和学徒制。通过工作轮换，员工能掌握多种工作技能，对企业的工作也有更全面的认识。新员工一般都要跟有经验的老员工学习，这种方法就是学徒制。这两种方法都比较适用于技术技能培训。

（三）脱产培训

脱产培训是指员工离开工作岗位，专门从事知识或技能的学习。

常用的脱产培训方式：讲座、录像、情景模拟、案例研讨等。脱产培训对提高人际沟通技能和解决问题技能比较有效。脱产培训可以在企业内部进行，也可以在企业外部进行。

（四）业余自学

业余自学是指员工利用业余时间参加各种学历或非学历教育。中小企业应该支持员工在业余时间积极参加各种职业资格或技术等级培训与考试，凡是所学内容与企业相关的，都给予一定形式的支持。

第五节 初创企业的财务管理

一、必备的财务会计知识

（一）会计循环

会计循环是指在每一个会计年度内，为保证所有的交易都得以正确记录，并且能够在期末编制报表而采取的步骤和程序。构成会计循环的会计处理程序依次如下。

1. 分录

分析经济业务，根据原始凭证填制记账凭证，确定应借、应贷会计科目和金额；根据记账凭证按时序记入日记账，或定期编制汇总记账凭证或记账凭证汇总表。

2. 过账

根据时序日记账或汇总记账凭证、记账凭证汇总表，登记总分类账。凡涉及明细科目的记账凭证，应同时计入明细分类账。

3. 试算

根据各账户的发生额和余额，编制试算平衡表和明细分类账，用以检查分录和过账中有无错误。

4. 调整

根据权责发生制的要求，划分应归属和不应归属本期的收入费用，进行账项调整，编制调整分录，过入分类账。

5. 结账

编制结账分录，过入总分类账，从而将营业收入、其他收入和费用账户全部结平。同时在账上结出资产、负债、所有者权益各账户的年末余额。

6. 编表

根据账户记录编制会计报表。上述分录、过账是日常的会计工作；试算、调整、结账和编表，每逢期末进行，其中结账一般只在年终进行；年中编制月度、季度会计报表，只需做试算和调整分录，不进行结账。

（二）记账方法

1. 单式记账法

单式记账法是对每一项经济业务只在一个账户中登记的方法。例如，用现金支付一笔费用，只登记现金账户减少一笔，至于发生的费用用在哪里就不予登记了。这种单方面的记账，手续简便，但它不能系统地反映企业经济活动的全面情况，也不便于对记账的结果进行核对和检查。所以，单式记账法随着社会的发展和市场经济的日趋复杂逐渐被淘汰了。但是对创业者来讲，这种方法还是具有一定的使用价值的。因为创业者早期的业务活动比较简单，这种简单的记账方法容易学习与掌握，如记录企业发展过程中的流水账就属于这种记账方法。例如，小王和小孙合伙办了一家打字复印店，两人商量各出资 4 万元。在开业之前各拿出了 1 万元现金作为注册与启动资金，并由小王进行公司注册，小孙负责联系进货业务，他们可以记录流水账如表 7-2 所示。

表 7-2　小王与小孙的流水账

日期	事项	备注
3 月 1 日	小王和小孙各出资 1 万元，作为注册与启动资金	
3 月 2 日	小孙寻找开店地址花去交通费 150 元	
3 月 3 日	小孙租门面房支付订金 2 000 元	
3 月 4 日	小王申办工商执照支付 100 元，工作餐 10 元，交通费 20 元	
3 月 5 日	小孙联系进货渠道花去交通费 100 元	
3 月 6 日	小王和小孙去了解市场价格，共计开支工作餐 30 元	没有票据
一周小结	结余现金 17 590 元	本周只有支出
3 月 8 日	小孙租门面房支付 6 个月租金 2 000 × 6 = 12 000 元	
3 月 9 日	小王和小孙各投入 3 万元	
3 月 10 日	购进电脑两台，支付现金 12 500 元	
3 月 11 日	小王去领取工商执照，刻章花费 210 元，交通费 20 元	
3 月 12 日	购进激光打印机一台 3 500 元	
3 月 13 日	购扫描仪一台 800 元，购复印纸 150 元	
3 月 14 日	购进复印机一台支付 12 200 元	
一周小结	结余现金 36 210 元	本周只有支出

2. 复式记账法

复式记账法就是对发生的每一项经济业务，都以相等的金额，同时在两个或两个以上相互联系的账户中进行登记的一种记账方法。它是以资金运动和会计等式为基础的。

如在上例中，小王和小孙购进两台电脑，对这一项业务不仅要记录“固定资产”增加 12 500 元，而且同时要记录“库存现金”减少 12 500 元。由于对发生的每项经济业务都以相等的金额同时在两个或两个以上相互联系的账户中进行登记，使得各账户之间形成了严密的对应关系，账户记录能否相互平衡、是否正确也可以进行自我验证。因此，复式记账法要比单式记账法更加科学。

目前，我国会计准则规定使用的记账法是借贷记账法。它是以借、贷二字作为记账符号，以“有借必有贷，借贷必相等”为记账规则的记账方法。借贷记账法之所以科学，是因为其具有健全的账户体系、合理的账户结构、科学的记账规则和试算平衡方法。

（三）资金的时间价值

理解资金的时间价值对创业者的投资与理财具有重要的意义，在日常生活中我们可能不太会注意这一点，但对一个创业者来讲，深刻理解“资金是具有时间价值的”这一观点是必不可少的。创业者进行投资是为了盈利，而收益只是其投入资金的时间价值的一种表现形式，另一种表现形式就是利息，如果最终创业者投资所得还不及把钱存入银行所得到的利息，那么不言而喻，投资是失败的。为了更好地理解资金的时间价值，我们需要学习一些基本的理财概念。

1. 利率

利率就是单位时间的资金增值部分与原来资金（本金）的比值。简单地说，就是资金增值的百分率。这里我们有必要区别一下实际利率和名义利率。

实际利率是指资金经过一段时间后实际购买力的增长率，一般用 r 表示。名义利率是指资金经过一段时间后表面价值的增长率，一般用 R 表示。

例如，一年前在银行存入了 100 元人民币，一年后就得到 108 元。而这 108 元所能购买到的东西，仅相当于一年前 103 元所能买到的数量。这是因为在这一年期间，通货膨胀了 5%。在这里 R 就是 8%，r 就是 3%。所以我们可以看到：

名义利率 = 真实利率 + 通货膨胀率

如果再考虑投资的因素在里面的话，还可以写为

名义利率 = 真实利率 + 通货膨胀率 + 风险溢价

风险溢价是指投资者对投资所要承担的风险所索取的补偿。

2. 单利和复利

单利是指一笔资金在获得价值增值的过程中，不管时间多长，都按固定本金计算利息的利息计算方法。公式如下：

$$F = P \times (1 + i \times n)$$

复利是指资金在价值增值的过程中，在下一计息期，以当期期末的本利和作为基数来计算利息的利息计算方法。复利充分体现了资金的时间价值。公式如下：

$$F = P \times (1 + i)^n$$

上述两式中：F 为本利之和；P 为原投资额，即本金；i 为每一计息期的利率；n 为计息周期数。

二、学会看懂会计报表

（一）资产负债表

资产负债表是反映企业某一特定日期（月末、季末、半年末、年末）财务状况的会计报表。它是根据资产、负债和所有者权益三者之间的相互关系，按照一定的分类标

准和顺序，对企业在某一特定日期财务状况的数据汇总形成的报表。表7-3给出了某公司2021年12月31日的资产负债表。

表7-3　某公司2021年12月31日的资产负债表

编制单位：××公司　　2021年12月31日　　单位：元

资产	年初数	期末数	负债及所有者权益	年初数	期末数
流动资产：			**流动负债：**		
货币资金	4 280	15 915	短期借款	5 600	10 000
交易性金融资产	—	—	应付票据	5 800	7 600
应收票据	—	—	应付账款	—	2 920
应收账款	21 200	27 720	应付工资	600	1 000
其他应收款	200	600	应付福利费	1 600	2 200
预付账款	800	1 200	应交税费	2 800	1 600
存货	40 000	32 000	应付股利	400	—
待摊费用	600	1 600	其他应付款	400	200
流动资产合计	67 080	79 035	预提费用	2 800	3 200
长期投资：			一年内到期的长期负债	—	10 000
长期股权投资	6 800	22 800	流动负债合计	20 000	38 720
固定资产：			**长期负债：**		
固定资产原价	43 600	43 600	长期借款	24 000	8 000
减：累计折旧	12 000	16 000	应付债券	12 000	14 000
固定资产净值	31 600	27 600	长期负债合计	36 000	22 000
			所有者权益：		
无形资产及其他资产：			实收资本	40 000	40 000
无形资产	400	2 800	资本公积	4 000	4 000
长期待摊费用	1 200	800	盈余公积	4 000	19 115
其他长期资产	—	—	未分配利润	3 080	9 200
无形资产及其他资产合计	1 600	3 600	所有者权益合计	51 080	72 315
资产总计	107 080	133 035	**负债及所有者权益总计**	107 080	133 035

通过分析可知：

资产负债表由表头和表身组成。表头部分列示报表的名称、编制单位、编制日期和货币计量单位等内容。资产负债表的表身将企业某一特定日期的资产、负债和所有者权益各项目按流动性进行分类列示。

资产负债表分为左右两方。左方为资产，是企业从事生产经营活动的经济资源；右方为负债及所有者权益，代表企业经济资源的资金来源，包括债权人权益（负债）和所有者权益。由于全部资产的所有权总是属于债权人和所有者的，所以资产负债表左方的总计和右方总计始终保持平衡关系，即“资产总额 = 负债总额 + 所有者权益总额”。

资产负债表左右两方内部项目的排列，严格区分为流动性项目与非流动性项目。其中，流动性项目是在一年或长于一年的一个营业周期内发生变化的资产和负债项目；非流动性项目是在一年以上可以变现或需要偿还的项目。

左方资产内部各个项目按照各项资产流动性的大小或变现能力的强弱来排列。流动性越大、变现能力越强的资产项目越往前排；流动性越小、变现能力越弱的资产项目越往后排。

右方的权益项目包括负债和所有者权益两项，它们是按照清偿顺序排列的。由于企业的资产首先要用来偿还债务，所以负债具有优先清偿权，列于所有者权益之前；而所有者权益则属于剩余权益，列于负债之后。

右方负债内部各个项目依其偿还顺序，即按照到期日由近至远的顺序排列，偿还期越近的流动负债项目越往前排，偿还期越远的长期负债项目则越往后排。

所有者权益内部各个项目按照各项目的永久性程度排列。永久性程度越高的实收资本和资本公积项目越往前排，永久性程度低的盈余公积和未分配利润项目则往后排。

这样，将左右双方对比，就可以揭示企业的偿债能力信息。

（二）损益表

损益表也叫利润表，是反映企业在一定期间的经营成果的会计报表。该表作为一种动态会计报表，结合资产负债表和现金流量表提供的情况，揭示了企业的经营活动对期间内资产、负债和所有者权益的有利或不利影响，为创业者下一步的决策提供依据。

1. 损益表的作用

损益表提供的信息可用于反映和评价企业当期经营活动的效益。损益表可以反映企业经营活动的多个方面，据以考核企业管理部门的工作绩效；可用于分析企业的获利能力，预测企业未来的盈利趋势；可用于反映企业实现利润的分配情况，以利于企业扩大经营规模，增大后期盈利的可能性。

2. 损益表的内容与构成

表 7-4 给出了某公司 2020 年 12 月的损益表。

表 7-4 损益表

编制单位：××公司　　2020 年 12 月　　单位：元

项目	本月数	本年累计数
一、主营业务收入	5 611 660	略
减：主营业务成本	2 951 060	
主营业务税金及附加	674 350	
二、主营业务利润（亏损以“－”号填列）	1 986 250	
加：其他业务利润（亏损以“－”号填列）	515 160	
减：营业费用	623 660	
管理费用	441 960	
财务费用	158 880	
三、营业利润（亏损以“－”号填列）	1 276 910	
加：投资收益（损失以“－”号填列）	1 245 780	
营业外收入	413 280	
减：营业外支出	644 960	
四、利润总额（亏损以“－”号填列）	2 291 010	
减：所得税	801 850	
五、净利润（净亏损以“－”号填列）	1 489 160	

通过表 7-4 可以看到，损益表在形式上分为表头和表身两部分内容。表头部分主要包括报表名称、编制单位名称、编制日期和货币单位等内容；表身部分主要列示报表的各项指标内容。

损益表是按照企业利润的构成内容，分层次、分步骤地逐步逐项计算编制而成的报表。它根据经营活动与非经营活动对企业利润的贡献情况排列编制，通常分为以下四步：

第一步：从主营业务收入出发，减去主营业务成本、税金及附加，计算得出主营业务利润。

第二步：主营业务利润加其他业务利润，减去销售费用、管理费用、财务费用等，计算得出营业利润。

第三步：以营业利润为基础，加上投资收益和营业外收入，减去营业外支出，即可计算得出利润总额。

第四步：以利润总额为基础，减去所得税，计算得出净利润。

（三）现金流量表

现金流量表是反映企业在一定会计期间现金流入和流出的会计报表。它通过会计期间经营活动产生的现金流入减去需用现金支付的费用后的净额来说明企业财务状况的变动。创业者通过现金流量表可以了解和评价企业获取现金和现金等价物的能力，并据以预测企业未来的现金流量。

表 7-5 给出了一张规范的现金流量表，表 7-6 是现金流量表的补充资料。

表 7-5 现金流量表

编制单位：××股份有限公司　　××年　　单位：元

项目	本期金额	上期金额
一、经营活动产生的现金流量		
销售商品、提供劳务收到的现金	296 199 411.51	
收到的税费返还		
收到的其他与经营活动有关的现金		
现金流入小计	296 199 411.51	
购买商品、接受劳务支付的现金	266 271 586.59	
支付给职工以及为职工支付的现金	1 842 532.50	
支付的各项税费	17 634 202.39	
支付的其他与经营活动有关的现金	8 966 294.23	
现金流出小计	294 714 615.71	
经营活动产生的现金流量净额	1 484 795.80	
二、投资活动产生的现金流量		
收回投资所收到的现金		
取得投资收益所收到的现金		
处置固定资产、无形资产和其他长期资产所收回的现金净额		
收到的其他与投资活动有关的现金		
现金流入小计		
购建固定资产、无形资产和其他长期资产所支付的现金		
投资所支付现金		
支付的与其他投资活动有关的现金		
现金流出小计		
投资活动产生的现金流量净额		
三、筹资活动产生的现金流量		
吸收投资所收到的现金		
借款所收到的现金		
收到的其他与筹资活动有关的现金		
现金流入小计		

续表

项目	本期金额	上期金额
偿还债务所支付的现金		
分配股利、利润或偿付利息所支付的现金		
支付的其他与筹资活动有关的现金		
现金流出小计		
筹资活动产生的现金流量净额		
四、汇率变动对现金的影响		
五、现金及现金等价物净增加额	1 484 795.80	

表 7-6　现金流量表补充资料

编制单位：××股份有限公司　　××年　　单位：元

补充资料	本期金额	上期金额
一、将净利润调节为经营活动的现金流量		
净利润	88 407 491.59	
加：计提的资产减值准备		
固定资产折旧	579 258.04	
无形资产摊销		
长期待摊费用摊销		
待摊费用减少（减：增加）	24 003.83	
预提费用增加（减：减少）		
处置固定资产、无形资产和其他长期资产的损失（减：收益）		
固定资产报废损失		
财务费用		
投资损失（减：收益）		
递延税款贷项（减：借项）		
存货的减少（减：增加）	-42 870 555.88	
经营性应收项目的减少（减：增加）	5 366 803.66	
经营性应付项目的增加（减：减少）	-22 205.44	
其他		
经营活动产生的现金流量净额	1 484 795.80	
二、不涉及现金收支的投资和筹资活动		
债务转为资本		
一年内到期的可转换公司债券		
融资租入固定资产		
其他		

续表

补充资料	本期金额	上期金额
三、现金及现金等价物净增加情况		
现金的期末余额	4 136 184.95	
减：现金的期初余额	2 651 389.15	
加：现金等价物的期末余额		
减：现金等价物的期初余额		
现金及现金等价物净增加额	1 484 795.80	

通过表 7-5 可以看到，现金的流量主要来自以下三个方面：

一是来自经营活动的现金流量。反映公司为开展正常业务而引起的现金流入量、流出量和净流量，如商品销售收入、出口退税等增加现金流入量，购买原材料、支付税款和人员工资增加现金流出量等。

二是来自投资活动的现金流量。反映公司取得和处置证券投资、固定资产和无形资产等活动所引起的现金收支活动及结果，如出售厂房取得现金收入、购入股票和债券等对外投资导致现金流出等。

三是来自筹资活动的现金流量。指公司在筹集资金过程中所引起的现金收支活动及结果，如吸收股本、分配股利、发行债券、取得借款和归还借款等。

现金流量表可以帮助创业者分析公司的偿债能力和支付能力，进而把握公司的生存能力、发展能力和适应市场变化的能力。

第六节 初创企业的生存管理

一、持续的利润来源

大学生创业前期需要一定的启动资金作为创业资本，启动资金的来源可以通过银行的小额贷款、大学生创业基金、中国青年创业国际计划创业基金及天使投资和风险投资几种方式来获取。其中，通过银行的小额贷款和大学生创业基金来获取小额的启动资金效果最佳，也比较容易；中国青年创业国际计划创业基金一般可申请 3 万元左右的启动资金，最多可以申请 10 万元；天使投资一般不计较回报，需要企业有自己的核心竞争力和良好的发展计划；风险投资对大学生创业企业的要求较高，需要有较为稳定的收益来源，有强大的市场前景和企业自身的核心竞争力。这是大学生创业的第一要点。

对于大学生创业企业来说，寻找利润的来源，特别是对客户如何去界定，需要把思维打开，即围绕客户找产品。这对于大学生创业者来说是十分有必要的。比如不断找寻客户所需要的产品，经营成本则会比较低；然而，这种模式往往只是一个小企业的发家模式。考虑到未来，随着企业的壮大，企业成本也会随之增加，而企业成本就会涉及另一种模式，也就是围绕一个核心产品去找不同的客户。将单一产品卖给不同的客户，实际上它的成本恰恰跟其客户数成反比。找不同的客户，经营成本会很高，但是企业做大以后，它的企业成本会比较低。一般来说，用这个模式去创建自己的模式，然后再用这个模式，做得更加彻底。最难的是在这个阶段做起来以后，能不能割舍。否则，虽然收益很多，却被大量的企业成本给“吃掉”了。

二、严格的成本控制

（一）成本控制的概念

成本控制，是企业根据一定时期预先建立的成本管理目标，由成本控制主体在其职权范围内，在生产耗费发生以前和成本控制过程中，对各种影响成本的因素和条件采取的一系列预防和调节措施，以保证成本管理目标实现的管理行为。

成本控制的过程是运用系统工程的原理对企业在生产经营过程中发生的各种耗费进行计算、调节和监督的过程，也是一个发现薄弱环节、挖掘内部潜力、寻找一切可能降低成本途径的过程。科学地组织实施成本控制，可以促进企业改善经营管理，转变经营机制，全面提高企业素质，使企业在市场竞争的环境下生存、发展和壮大。

成本控制是成本管理的一部分，致力于满足成本要求。满足成本要求主要是指满足顾客、最高管理者、相关方及法律法规等对企业的成本要求。成本控制的对象是成本发生的过程，包括设计过程、采购过程、生产和服务提供过程、销售过程、物流过程、售后服务过程、管理过程、后勤保障过程等。成本控制的结果应能使被控制的成本达到规定的要求。

（二）成本控制主体结构

从企业组织结构的层面，成本控制主体大体分为以下三种。

1. 决策主体

决策主体是决定企业成本发生方式和整体目标的高层管理者，他们负责对企业涉及成本控制的方案进行选择和决断。

2. 组织主体

组织主体是负责根据成本决策结果组织、协调整个企业成本控制，落实具体实施步骤、职责分工和控制要求，处理成本控制信息、考核成本控制结果等的控制主体。

3. 执行主体

执行主体是对各部门、环节、阶段、岗位发生的成本实施控制的主体。凡是涉及成本、费用发生的环节和方面，都有执行层面的控制主体。

成本控制的执行主体与企业的职能部门设置、职责分工、层级划分、岗位设置、规模大小、管理体制等相关。总体来讲，成本控制的执行主体主要是控制生产要素规模的相关部门及人员。由于生产要素是企业产品成本、期间费用及其他各项耗费发生的基础，这类主体对成本控制的效果产生决定性影响。

（三）成本控制研究对象

会计经理、成本会计、财务分析人员、成本分析人员、需要控制成本的预算责任中心负责人。

（四）成本控制基础工作

1. 找出有关成本的各项组合条件

充分利用咨询法，把企业所有会影响成本的因素逐条列出，如人力资源、材料价格、库存方式等，再召集团队核心成员商讨影响成本的各种因素。

2. 制定出标准

企业的发展应注意发展过程中问题的收集与处理，并将其汇编成成本控制企业标准。

3. 导入奖惩制度

制定完备的奖惩制度，恩威并施可收到较好效益。对于可不雇用或少雇用的员工，尽量不要雇用。创业初期人力成本比较大，可尽量应用一些能通过网络平台完成的项目，这样可以降低成本。

4. 建立良好的库存管理

从表格建档管理到避免交叉污染，再到物品的置放，湿度、温度（冷藏、冷冻设备）的控制，虫害防治，盘点（日、周、月盘），甚至灭火器的位置、数量，意外险的投保等，都是库存管理必须掌握的内容。建立良好的库存管理有利于做好成本控制。

5. 严格控制采购成本

灵活运用好采购成本控制策略，即通常所说的 VA 与 VE 法、谈判、杠杆采购、联合采购、价格与成本分析、标准化采购，并就实践中考虑所采购产品或服务的形态、年需求量与年采购总额、与供应商之间的关系、产品所处的生命周期阶段等因素。

6. 时刻注意身边的环境变化

在急速发展的中国，市场环境日新月异，行业结构更加不稳定。基于静态市场发展起来的战略工具会随着环境的变化而失灵。要实现有效的成本控制，就要时刻注意所处的环境变化，不断做出调整。

（五）控制目标

在企业发展战略中，成本控制处于极其重要的地位。如果同类产品的性能、质量相差无几，决定产品在市场竞争中的主要因素则是价格，而决定产品价格高低的主要因素则是成本。只有降低成本，才有可能降低产品的价格。成本管理控制目标首先必须是全过程的控制，不应仅是控制产品的生产成本，而应控制的是产品生命周期成本的全部内容。实践证明，只有当产品的生命周期成本得到有效控制，成本才会显著降低。而从全社会角度来看，只有如此才能真正达到节约社会资源的目的。此外，企业在进行成本控制的同时还必须兼顾产品的不断创新，特别是要保证和提高产品的质量，绝不能片面地为了降低成本而忽视产品的质量，更不能为了片面追求眼前利益，采取偷工减料、以次充好或粗制滥造等歪门邪道来降低成本。否则，不但坑害了消费者，最终也会使企业丧失信誉，甚至破产倒闭。

1. 战略目标指导成本控制目标

成本控制目标应服务于企业的发展战略目标。方向正确了就等于成功了一半。成本控制的目的是不断降低成本，获取更大的利润。所以制订成本控制目标时要考虑企业的盈利目标，同时还要考虑有竞争力的价格。由于成本形成于生产全过程，费用发生在每一个环节、每一项活动上。因此，要把目标成本层层分解到各个部门甚至个人。

2. 成本的含义变得更为宽泛

狭义的产品成本的含义一般只是指产品的制造成本，包括产品的直接材料成本、直接人工成本和应分摊的制造费用，而将其他费用计入管理费用和销售费用中，一律作为期间费用，视为与产品生产完全无关的费用。而广义的成本概念，既包括产品的制造成本（中游），还包括产品的开发设计成本（上游），同时也包括使用成本、维护保养成本和废弃成本（下游）等一系列与产品有关的所有企业资源的耗费。相应地，成本控制就要控制这三个环节所发生的所有成本。

3. 从成本节省到成本避免

传统的成本降低基本是通过成本的节省来实现的，即力求在工作现场不浪费资源，改进工作方式以节约将发生的成本支出。主要方法有节约能耗、防止事故、以招标方式采购原材料或设备，是企业的一种战术改进，属于降低成本的一种初级形态。高级形态的成本降低需要企业在产品的开发、设计阶段，通过重组生产流程来避免不必要的生产环节，达到成本控制的目的，是一种高级的战略上的变革。

4. 把时间作为重要的竞争因素

在价值链的各个阶段中，时间都是一个非常重要的因素。很多行业的各项技术的发展和变革速度已经加快，产品的生命周期变得很短。企业能将产品及时地送到顾客手中是第一步，更重要的是及时采纳顾客的意见，使顾客价值最大化。这样既可以占领市场，又可以随时掌握市场的动态。

（六）控制内容

成本控制的内容非常广泛，但是，这并不意味着事无巨细地平均使用力量，成本控制应该有计划、有重点地区别对待。不同企业有不同的控制重点，控制内容一般可以从成本形成过程和成本费用分类两个角度加以考虑。

1. 从过程划分

（1）产品投产前的控制。这部分控制内容主要包括：产品设计成本、加工工艺成本、物资采购成本、生产组织方式、材料定额与劳动定额水平等。这些内容对成本的影响最大，可以说产品总成本的很大比例取决于这个阶段的成本控制工作的质量。这项控制工作属于事前控制，在控制活动实施时真实的成本还没有发生，但它决定了成本将会怎样发生，且基本上决定了产品的成本水平。

（2）制造过程中的控制。制造过程是成本实际形成的主要阶段。绝大部分的成本支出在这里发生，包括原材料、人工、能源动力的消耗、各种辅料的消耗、工序间物料运输费用、车间和其他管理部门的费用支出。投产前控制的种种方案设想、控制措施在制造过程中贯彻实施，大部分的控制目标实现，都与这阶段的控制活动紧密相关，它主要属于事中控制方式。成本控制的核算信息很难做到及时，这会给事中控制带来很多困难。

（3）流通过程中的控制。流通过程中的成本包括产品包装、厂外运输、广告促销、销售机构开支和售后服务等费用。在强调加强企业市场营销管理职能的时候，很容易不顾成本地采取种种促销手段，反而抵消了利润增量，所以对促销手段也要做定量分析。

2. 从构成划分

（1）原材料成本控制。在制造业中，原材料费用占总成本的很大比重，一般在60%以上，高的可达90%，是成本控制的主要对象。影响原材料成本的因素有采购、库存费用、生产消耗、回收利用等，所以控制活动可从采购、库存管理和消耗三个环节着手。

（2）工资费用控制。工资在成本中占有一定的比重，增加工资又被认为是不可逆转的。控制工资与效益同步增长，减少单位产品中工资的比重，对于降低成本有重要意义。控制工资成本的关键在于提高劳动生产率，它与劳动定额、工时消耗、工时利用率、工作效率、工人出勤率等因素有关。

（3）制造费用控制。制造费用开支项目很多，主要包括折旧费、修理费、辅助生产费用等。虽然它在成本中所占比重不大，但因不引人注意，浪费现象十分普遍，所以也是不可忽视的一项内容。

（4）企业管理费用控制。企业管理费用指为管理和组织生产所发生的各项费用，开支项目非常多，也是成本控制中不可忽视的内容。

上述这些都是绝对量的控制，即在产量固定的假设条件下使各种成本开支得到控制。在现实系统中，还要达到控制单位产品成本的目标。

（七）基本原则

1. 全面介入

全面介入原则是指成本控制的全部、全员、全过程的控制。全部控制是指对产品生产的全部费用加以控制，不仅对变动费用加以控制，对固定费用也要加以控制。全员控制是指要发动领导干部、管理人员、工程技术人员和广大职工建立成本意识，参与成本控制，认识到成本控制的重要意义。全过程控制是对产品的设计、制造、销售过程等进行控制，并将控制的成果在有关报表上加以反映，借以发现缺点和问题。

2. 例外管理

成本控制要将注意力集中在超出常规的情况上。因为实际发生的费用往往与预算有差距，如果差距不大，也就没有必要一一查明其原因，而只要把注意力集中在例外事项上，并及时进行信息反馈。

3. 经济效益

提高经济效益，不仅仅是要降低成本的绝对数，更重要的是要实现相对节约，取得最佳的经济效益，以较少的消耗取得较大的效益。

（八）基本程序

生产过程中的成本控制，就是在产品的制造过程中，对成本形成的各种因素，按照事先拟定的标准严格加以监督，发现偏差就及时采取措施加以纠正，从而把生产过程中各项资源的消耗和费用开支限定在标准规定的范围之内。成本控制的基本工作程序如下。

1. 制定成本标准

成本标准是成本控制的准绳。成本标准首先包括成本计划中规定的各项指标。成本计划中的一些指标都比较综合，还不能满足具体控制的要求，这就必须规定一系列具体的标准。确定这些标准的方法大致有三种。

（1）计划指标分解法，即将大指标分解为小指标。分解时，可以按部门、单位分解，也可以按不同产品和各种产品的工艺阶段或零部件进行分解，若更细致一点，还可以按工序进行分解。

（2）预算法，就是用制定预算的办法来制定成本控制标准。有的企业基本上是根据季度的生产销售计划来制定较短期（如月份）的费用开支预算，并把它作为成本控制的标准。采用这种方法特别要注意从实际出发来制定预算。

（3）定额法，就是建立定额和费用开支限额，并将这些定额和限额作为控制标准来进行控制。在企业里，凡是能建立定额的地方，都应把定额建立起来，如材料消耗定额、工时定额等。实行定额控制的办法有利于成本控制的具体化和经常化。在采用上述方法确定成本控制标准时，一定要进行充分的调查研究和科学计算。同时还要正确处理成本指标与其他技术经济指标（如质量、生产效率等）的关系，从完成企业的总体目标出发，综合平衡，防止片面性。必要时，还应进行多种方案的择优选用。

2. 监督成本

监督成本就是根据控制标准，对成本形成的各个项目，经常地进行检查、评比和监督。不仅要检查指标本身的执行情况，而且要检查和监督影响指标的各项条件，如设备、工艺、工具、工人技术水平、工作环境等。所以，成本日常控制要与生产作业控制等结合起来进行。各生产费用的日常控制，不仅要有专人负责和监督，而且要使费用发生的执行者实行自我控制，还应当在责任制中加以规定。这样才能调动全体职工的积极性，使成本的日常控制有群众基础。

3. 纠正偏差

针对成本差异发生的原因，查明责任者，根据不同情况、轻重缓急，提出改进措施，加以贯彻执行。对于重大差异项目的纠正，一般采用下列程序。

（1）提出课题。从各种成本超支的原因中提出降低成本的课题。这些课题首先应当是那些成本降低潜力大、各方关心、可能实行的项目。提出课题的要求包括课题的目的、内容、理由、根据和预期达到的经济效益。

（2）讨论和决策。课题选定以后，应组织有关部门和人员进行广泛研究和讨论。对重大课题，可能要提出多种解决方案，然后进行各种方案的对比分析，从中选出最优方案。

（3）确定方案实施的方法步骤及负责执行的部门和人员。

（4）贯彻执行确定的方案。在执行过程中要及时加以监督检查；方案实施后，还要检查方案实施后的经济效益，衡量是否达到了预期目标。

4. 批量采购

（1）寻求替代。当小批量采购的批量障碍难以突破，采购代价较高，而采购元器件又是同类产品的通用元器件时，企业可以考虑向同类生产厂家寻求采购替代，从同类生产厂家购买少量的替代品。事实上，每个生产企业正常采购的每种原材料或元器件，在数量上要想达到刚好用完的准确程度是件很难的事，所以在生产企业的原材料仓库，各种品类的原材料或元器件经常会有少量的剩余。因此，对于那些在同类生产厂家可能存在替代品的零部件或原材料的小批量采购，寻求采购替代有时可以大幅度地降低采购成本，因为你所需要的东西或许正是其他同类生产厂家放在仓库正急于处理的多余材料。

（2）让技术人员参与采购。对于新产品的研发和试制，如果让生产技术人员参与采购，则可以减少采购的批量。一件新产品的试制，需要的原材料或元器件的数量只有技术人员最清楚。如果让技术人员直接与供应商沟通，可以让供应商确切地知道你采购的用途和数量多少，供应商可以将你所需要的少量元器件安排在其他批量生产之中，从而可以用比正常最小批量还小的批量采购到所需的元器件，达到节约采购成本的目的。

（3）与供应商结成战略联盟。通过与供应商结成战略联盟，也可以降低小批量采购成本。生产企业如果与供应商结成战略联盟，两者之间的关系就不再是简单的采购关系，而是一种长期合作的互惠互利的战略伙伴关系，双方不需要在一次交易中就急于收回成本，而是通过长期的交易来实现权利和义务的平衡。在这种合作关系下的小批量采购，供应商不会因为批量太小而不生产或要求很高的价格，反而会想办法节约成本，为长期的合作尽到自己的义务。

（4）联合采购。联合采购是指同类型的中小生产企业，为了在采购价格上获得有利地位，扩大采购批量，联合起来共同采购的一种采购方法。中小企业由于生产规模小，在采购中的被动地位是很明显的，但通过跨企业的联合采购就可以扩大采购批量，降低采购成本。在可能的情况下，中小企业可以考虑组织或加入采购联盟，在原材料采购上联合起来，就可以提高防范风险的能力。联合采购直接面对制造商，可以摆脱代理商的转手成本，减少中间环节，大大降低流通成本和保障产品质量。

（5）第三方采购。第三方采购即企业将产品或服务采购外包给第三方公司。国外的经验表明，与企业自己进行采购相比，第三方采购往往可以提供更多的价值和购买经验，可以帮助企业更专注核心竞争力。第三方采购多以采购联盟的形式存在，可以变小批量为大批量，加上采购联盟的行业地位与采购经验，可大大降低采购成本。

综上，大学生创业企业要想又好又快地发展，从成本控制的角度讲，重点在于人力成本及采购成本的控制。具体可以应用网络平台，并根据企业经营项目通过控制采购成本以实现创业初期的良好运作。

三、良好的公共关系

（一）企业公共关系的定义和任务

企业公共关系，是指企业在运营过程中，有意识、有计划地与社会公众进行信息双向交流及行为互动，以增进社会公众的理解、信任和支持，达到企业与社会协调发展的目的。

企业公共关系活动并不是盲目、随意的，而是主观上有明确的意识、正确的观念与具体的目标，并且以严密、具体、可操作的系统计划方式去完成，这样才能收到良好的效果。

企业要想使其经营活动与变动的经济及社会相协调，就需要不断进行信息的双向交流活动。它具体包括以下四个层次的任务。一是沟通情况，使企业与社会公众相互达到充分的了解，这是企业公共关系活动的基础性工作。二是沟通情感，通过建立企业与社会公众的友善关系，求得社会公众的理解与信任，这是确立企业与社会相协调关系的基本手段。三是沟通观念，以此形成和确立企业适应自然与社会经济发展要求的经营观念，进而取得社会公众的认同与支持，这是企业公共关系活动的基本任务。四是沟通导向，企业与社会公众乃至整个社会的和谐相处、共同发展，取决于双方在价值取向上的一致性。一方面，企业依据社会公众的愿望与要求，实现正确的经营；另一方面，企业引导和指导社会公众，起到提升生活质量、引导消费和改变人们生活方式的作用，这是企业公共关系活动的基本目标。由此可见，信息双向交流在企业公共关系中的重要性。

企业要想与社会、经济环境相协调，实现共同发展，必须将社会公众利益置于首位，不断用实际行动促进公众利益。在此基础上，企业才能获得一个良好的生存与发展环境，社会公众不仅理解和信任企业，而且会大力支持企业的发展。这是实现企业利益与社会利益有机结合的基本前提，也是企业公共关系活动能否达到预期目的的核心问题。

（二）企业公共关系管理

从某种意义上讲，企业公共关系是企业运营不可或缺的社会资源，因而必须将其纳入企业的管理过程，使之成为企业经营者进行资源优化配置决策中一个重要组成部分。换言之，如果不能对企业的公共关系实施有效的管理，企业的人、财、物就无法有效和充分地发挥其作用，企业的经营与管理目标就无法实现。

企业公共关系包括企业内部公共关系和企业外部公共关系。

1. 企业内部公共关系

企业内部公共关系包括员工关系、领导层内部的关系、各部门关系，以及股东关系。内求团结是企业内部公共关系的基本目标。

（1）员工关系。员工关系是指企业内部的人际关系，是企业内部公共关系中最基本、最重要的关系。员工关系的重要作用体现于：① 它决定着企业各项目标的实现；② 它体现着企业的素质和形象；③ 它决定着企业的管理效能。

创造和谐的员工关系，应做到：① 满足员工物质和精神需求；② 实行民主管理，调动员工积极性；③ 加强信息沟通，减少矛盾与摩擦；④ 培育企业文化，增强企业凝聚力。

（2）领导层内部的关系。现代企业的领导层通常是具有一定层次结构的集体，又称为领导层。其内部关系如何，对企业各方面的影响重大。

要形成良好的领导层内部关系，应做到：① 明确职责范围，既分工又合作；② 互相尊重，互相信任；③ 沟通情况，增进理解。

（3）各部门关系。企业内部各部门是联系企业与员工的桥梁，又是企业运营的关键环节。加强部门之间的关系协调，关键在于信息的沟通。可以采取职工大会、文件传达、情况通报、个别谈话、内部刊物、座谈会、茶话会、建议制度等诸多形式实现充分的信息交流，以达到相互理解、信任与合作的目的。

（4）股东关系。股东关系是股份制企业内部关系的一种形式。这种关系处理得当与否，对企业的发展有直接的影响和制约作用。只有尊重股东权益，让股东充分了解企业的客观经营情况，才能增进股东的信任与支持。开展良好的股东关系活动，通过各种形式保持企业和股东密切的信息沟通和情感联系，股东才会关心和支持企业发展。

2. 企业外部公共关系

企业外部公共关系是指企业与社会公众之间的关系，具体包括顾客关系、社区关系、媒体关系、供应商关系、政府关系、竞争对手关系和社会名流关系等。

（1）顾客关系。顾客关系是企业外部公共关系中最重要的关系。这是由企业的经营性质所决定的。企业与顾客不仅是商品交换上的经济利益关系，还广泛存在信息交流、情感沟通等多方面的社会关系。换言之，良好的顾客关系是建立和维系稳定的经济利益关系的基础。

与顾客保持良好关系的方法主要有：① 提供优质商品与服务；② 创新经营，指导消费；③ 妥善处理顾客投诉；④ 强化信息交流与情感沟通。

（2）社区关系。社区关系是指企业与所在地居民及其他社会组织的关系。社区对企业而言，既是企业的生存空间，又是企业的服务对象，因而具有公共关系上的重要性。

协调社区关系的主要方法有：① 增进相互了解；② 维护社区环境；③ 支持社区公益活动；④ 促进社区繁荣。

（3）新闻界关系。新闻界关系是指企业与新闻传播机构、新闻界人士的关系。与其他外部公众相比，从公关的角度看，新闻界有以下特征。

① 非经济性，即除商业广告外，企业与新闻媒介的关系是非经济导向的。换言之，企业不能用经济利益手段来处理与新闻媒介的关系。

② 舆论导向性。这使得企业极其重视新闻媒体在提高企业知名度、树立企业形象等方面的作用。

协调新闻界关系的主要方法有：主动提供新闻，适时召开新闻发布会，通过新闻媒体发布信息，保持长期联系。

（4）供应商关系。供应商关系是指企业与各类生产、流通企业之间的协作关系。处理这方面关系的原则是：互惠互利，加强协作；通过建立信息交流制度，实现信息共享；密切人际交往关系，增加信任与了解。

（5）政府部门关系。政府部门关系是指企业与政府主管部门及工商、税务、财政、物价、环保、卫生、审计等部门的关系。企业照章纳税、合法经营，并加强与政府各部门的信息沟通，争取政府各部门的支持，是企业处理好与政府关系的基本要求。

（6）竞争者关系。竞争者关系是指企业与同行企业的关系。企业必须树立公平竞争的观念，用公平竞争的方式参与竞争，绝不采取不正当竞争手段去排斥对手。

（7）社会名流关系。社会名流关系是指企业与那些对公众舆论和社会生活有较大影响力的人物之间的关系。与社会名流建立良好的公共关系，有助于企业扩大社会交往范围，提高企业知名度；有助于利用其专长提高企业经营管理水平；有助于企业扩大市场影响力。

【案例拓展】

丰田公司的管理哲学

哲学家哈代说，生存时间最长的企业，是那些为社会提供了独特价值的企业——不仅是它们的成长或金钱，更重要的是其卓越的品质，包括对人的尊重，以及让人们快乐的能力。

20 世纪 40 年代，丰田公司刚成立不久便经历了发展史上最严重的一次危机。负债经营的丰田公司举步维艰，愤怒的工人走上街头举行罢工，抗议公司拖欠工资。银行建议丰田公司要么裁员以减轻负担，要么干脆关门。

当时的丰田公司总经理丰田喜一郎做出了不尽相同的选择。

第一，他坦率地告诉员工：如果公司要维持下去，至少须裁员 1 500 人。然后他痛心地问大家：为了公司的发展，是否有人自愿离开，公司经营状况好转之后，一定会请大家回来。

第二，他坦然承担了责任。既然作为总裁的他辜负了员工，又怎能再继续领导公司呢？所以，他申请辞去公司总裁职务，由他的堂弟丰田英二来担任。

第三，在离职之前，他召开了高级管理人员会议。大家一起反省：为什么丰田公司会走到今天这个地步？反省的结果是：出问题显然不完全是因为业绩，业绩背后是团队，团队背后是文化，文化背后是心态，心态背后是企业经营理念的缺失。

危机之中，丰田公司确立了几项对公司影响深远的原则：一是公司不会放弃为国家强盛而经营的精神；二是公司的员工与管理者之间的关系是相互信任而不是相互对抗；三是员工与管理者应当合作，致力于产品的改进，从而使丰田公司成为一家世界级的公司；四是增加员工人数应当慎重，采用临时工制度，以缓解经济波动的压力。

这四项原则确立了丰田公司的基本文化理念：员工与企业管理者之间是信任与合作的关系，人力价值永远是最重要的价值源泉。

丰田公司对管理体系最大的突破，在于他们突破了产品价值流，在产品价值流的背后看到了人力价值流。丰田公司认为，即使员工生产出了合格的产品，如果其能力或者改进意识没有提高，那也是一种人力资源浪费。

既然如此，让问题暴露出来就非常重要了。没有问题，提高能力就成了无源之水。所以，丰田公司管理体系的第一要点，就是要用一系列硬件化的手段来暴露问题。通过一系列硬件化的手段，如制作看板、完善可视化管理设施等，丰田公司暴露出很多以前很难暴露的问题，这是丰田公司成功的起点。

拥有一个暴露问题的硬件体系，并且培养出愿意解决问题的员工，这是丰田文化模式有别于其他公司文化模式的核心。而这一切的背后，是信任体系的建立。员工对公司不信任，就不可能真心付出。

在丰田公司自己编写的《丰田公司模式2001》一书中有这样的解释：我们将错误视为学习的机会，不但不会归咎于个人，公司还会采取纠正措施，并将从每次经历中获得的经验在全公司推广。

在丰田公司，你会发现这样令人费解的事：一个人因为承认了工作中的失误而受到表扬。按丰田公司的逻辑，这事其实不难理解，因为员工给公司提供了“问题”，而解决这个问题成为公司的“经验源”，公司当然要奖励他。

要做到这一点，挑选合适的员工就变得异常重要。丰田公司的招聘与培训系统是最重要的人力资源机制，公司不惜重金投资这一系统，以保证它的理念和价值观能够得到传承。

在产品价值流中，公司需要从消费者入手，了解消费者需要什么，然后根据消费者的需求，整合整个生产过程。在人力价值流上，丰田公司是从员工的需求入手，从员工的角度问：在我的职业生涯中，公司多久为我增值一次？

从人力资源的这种价值看，如果不为员工的价值增值，那么一切都将是浪费。尽管产品的价值流可能增加很多，但如果员工的价值流没有增加，那么员工作为“经营自己的CEO”，就处于亏损状态。

在丰田公司，人力资源经理大多是从其他部门轮换的，他们了解生产过程和员工增值过程。在丰田公司甚至有这样的惯例：如果没有人力资源部门的同意，任何人都不能得到提拔。因此，丰田公司的人力资源工作被视为每个员工的工作，而人力资源经理也通常在一线配合经营部门的工作。

人力资源部门另一项重要的工作，就是与员工一起确定工作改进的目标，丰田公司称为“方针管理”，这是一种现地现物的管理方式。在丰田公司工作现场，员工总能看到人力资源部门人员。所有的改善与进步都有人力资源部门人员的参与。这样，员工的付出就能够得到及时、高效的回报。

【思考与讨论】

（1）丰田公司管理哲学的精髓是什么？其管理模式对你有何启发？

（2）企业重视员工的价值，对于企业发展有何益处？

（3）如果你是初创企业的老板，你会怎样管理你的团队？

【拓展活动】

初创企业门店选址

1．内容与要求

根据所学知识和收集的信息资料，以自愿的原则，将学生分为若干小组，每组6～8人，每个小组自定经营内容。

假定以小组为单位开设门店，根据不同经营内容，制订一份门店的选址方案。方案中应涉及以下内容。

（1）多个选址策略的比较分析过程：

____

____

（2）最终决策理由：

____

____

（3）选址结果：

____

____

2. 成果评估

（1）各小组互相评判，并评选出两个优胜小组。

（2）由教师给各组方案打分，对优胜小组的方案进行点评。

【思考题】

1. 企业的类型主要有哪些？
2. 企业如何选址？
3. 我国企业孵化器主要类型有哪些？
4. 初创企业如何加强营销管理？
5. 初创企业如何加强人力资源管理？
6. 初创企业如何加强财务管理？

第八章　创赛融合　以赛促学

【导学案例】

中科光芯–硅基无荧光粉发光芯片产业化应用

所属高校：南昌大学

所获奖项：第七届“互联网 +”大赛全国冠军

项目概述：公司（院士团队产业化公司）与南昌大学国家硅基 LED 工程技术研究中心进行产、学、研、用全面合作，致力于“硅基无荧光粉发光芯片”产业化推广工作，目前技术产业应用已涵盖户外照明、家居照明、教育照明、特种照明、农业照明等领域。2015 年 12 月，由南昌大学江风益院士科研团队自主研发的“硅衬底高光效 GaN 基蓝色发光二极管”获得国家技术发明一等奖，由此打破了美国和日本 LED 照明技术垄断，开拓了“中国芯”世界 LED 照明第三条技术路线。传统 LED 照明技术是通过蓝色发光二极管激发荧光粉混合出不同颜色的光线，存在较高的蓝光危害。一是易引起视觉疲劳，造成近视；二是蓝光影响睡眠质量，易导致失眠。基于以上两大痛点，本方案以“硅衬底”为基础，研发硅基纯 LED 照明技术，开发健康照明系列产品。

与传统的 LED 发光原理不同，此芯片不使用稀缺资源荧光粉，采用的是多基色混合 LED 芯片发光，实现了高显指，具有更高的色彩还原度，做到与自然光相当的白光。在国家蓝光危害等级中处于“无危险（RG0 级）”标准，在全球首创以金黄光为主的 LED 芯片。临床试验表明，该光源具有低色温、高显指、无可视频闪等特性，在特定条件下使用该光源，可减少对人体褪黑素分泌的抑制，有利于改善睡眠节律。

本项目采用“技术创新战略”和“技术跟随战略”，致力于在相关技术领域占据领导地位，并以最短的时间学习领先者创造的知识。2021 年销售规模达到 1.3 亿元，在众多场景广泛应用，被列为政府重点推荐项目，预计在 2025 年突破 10 亿元销售规模，并力争在科创板上市。

第一节　中国国际大学生创新大赛

【知识链接】

大学生创新创业新实践

第七届中国国际“互联网+”大学生创新创业大赛于2021年10月15日圆满落幕。自大赛举办以来，全国已有603万个团队的2 533万名大学生参赛，通过创新创业项目的实践，青年学子投身到祖国的经济、社会建设中。

作为大赛重要组成部分的“青年红色筑梦之旅”赛道，是第七届大赛的一大亮点。这一项目自2021年6月启动以来，2 586所院校40万个创新创业团队参加活动，对接农户105万户、企业2.1万多家，签订合作协议3万余项。

大赛现场演示的一款全景影像产品获得了国家专项资金重点扶持，这个项目曾获得往届“双创”大赛亚军，这次他们作为嘉宾到大赛现场进行产品成果展示。

据项目负责人介绍，他们从几个人的大学生创业团队，成长为今天的国家级专精特新（重点）“小巨人”企业。他们的产品应用于国庆阅兵、疫情防控和VR直播等，并将在VR全景相机技术领域不断创新，将VR全景技术应用在各行各业，为人们的生活和社会发展带来科技的力量。

一项项充满创意的成果凝结着青年学子的奋斗，也折射出高校人才培养模式的转变。相关高校利用课程、讲堂、训练、竞赛、成果孵化“五位一体”的创新创业教学体系，根据学生创新创业能力的不同，有针对性地实施创新创业教育，成为国家“双创”示范基地。

我国高校已普遍开设创新创业教育课程，累计开课3万余门，全国各高校聘请行业优秀人才担任“双创”教师，专职教师近3.5万人、兼职导师13.9万余人，在学分学制上也进行改革，以创新创业为导向的新型人才培养模式正在逐步形成。

大学生创新创业训练计划从2007年实施以来，覆盖本科高校1 000多所，累计支持项目270多万个，覆盖本科生1 000多万名。从建立弹性学制、创新创业学分积累与转换等制度到大赛项目落地，学生“双创”活力被激发起来。数据显示，前六届大赛项目共落地注册企业达8.5万家，项目成长后释放就业岗位73万个，通过产业链上下游间接带动460万人就业。

以创新创业实践教育平台为依托，以市场需求为导向，以创新创业大赛为载体，以赛促教、以赛促学，逐步形成创新创业教育、竞赛和创业的融合发展格局，有效推进了产教融合、协同育人的落地。其目的是培养大学生的创新意识和敢闯、会创的能力，把产教融合贯穿人才培养的全过程，改革人才培养模式，加强创新创业能力训练，培养适应社会发展需要的创新人才。

为深入贯彻习近平总书记关于教育的重要论述和给第三届中国“互联网+”大学生创新创业大赛“青年红色筑梦之旅”大学生回信重要精神，落实《国务院办公厅关于深化高等学校创新创业教育改革的实施意见》《国务院办公厅关于进一步支持大学生创新创业的指导意见》等精神，全面深化高校创新创业教育改革，纵深推进大众创业、万众创新，交流展示全国高校大学生创新创业教育成果成效，搭建大学生创新创业项目与社会资源对接平台，教育部每年组织中国国际大学生创新大赛。

一、大赛主题、目标与任务

（一）大赛主题

我敢闯，我会创。

（二）总体目标

落实立德树人根本任务，传承和弘扬红色基因，聚焦“五育”融合创新创业教育实践，开启创新创业教育改革新征程，引导广大青年学生以大赛为平台，用在课堂和实验室学到的知识解决实际问题，在创新实践中增本领、长才干，在互学互鉴中增进中外青年的友谊，让广大青年在中国式现代化的广阔天地中更好展现才华。

——更中国。更深层次、更广范围体现红色基因传承，充分展现新发展阶段高水平创新教育的丰硕成果，集中展示新发展理念引领下创新人才培养的中国方案，提升新时代中国高等教育的感召力。

——更国际。深化创新教育国际交流合作，汇聚全球知名高校、企业和创业者，促进中外科技交流，举办世界大学生创新论坛，打造世界大学生创新教育交流合作国际大平台。积极举办海外区域赛，搭建全球性创新创业竞赛平台，提升新时代中国高等教育的国际影响力。

——更教育。推动思想政治教育、专业教育与创新教育深度融合，弘扬劳动精神，加强学生创新实践能力培养，造就敢想敢为又善作善成的新时代好青年，提升新时代中国高等教育的塑造力。

——更全面。推进职普融通、产教融合、科教融汇，鼓励各学段学生积极参赛，形成创新创业教育在高等教育、职业教育、基础教育、留学生教育等各类各学段的全覆盖，打通人才培养各环节，提升新时代中国高等教育的引领力。

——更创新。积极开辟发展新领域新赛道，不断塑造发展新动能新优势，丰富竞赛内容和形式，激发全社会创新创造动能，促进高校创新成果转化应用，进一步服务国家重大战略需求和经济社会高质量发展，提升新时代中国高等教育的创造力。

——更协同。充分发挥大赛平台纽带作用，促进优质资源互联互通，推动形成开放大学、开放产业、开放问题的良好氛围，助推大赛项目落地转化，营造支持青年大学生创新创业、共同合作、互相包容、互相支持的良好生态。

（三）主要任务

以赛促教，探索人才培养新途径。着力提高人才自主培养质效，强化高校课程思政建设，深入推进新工科、新医科、新农科、新文科建设，深化创新创业教育改革，推进“项目式”教学改革，引领各类学校人才培养范式深刻变革，形成新的人才培养质量观和质量标准，切实提高学生的创新精神、创新意识和创新能力。

以赛促学，培养创新创业生力军。着力造就拔尖创新人才，激励广大青年弘扬科学精神，积极投身科技创新，扎根中国大地了解国情民情，在创新创业中增长智慧才干，怀抱梦想又脚踏实地，敢想敢为又善作善成，做有理想、敢担当、能吃苦、肯奋斗的新时代好青年。

以赛促创，搭建产教融合新平台。着力提升高等教育与经济社会发展的适配度，推动成果转化和产学研用融合，促进教育链、人才链与产业链、创新链有机衔接，以创新引领创业、以创业带动就业，推动形成高校毕业生更高质量创业就业的新局面。

二、大赛内容及要求

（一）大赛内容

（1）主体赛事。包括高教主赛道、“青年红色筑梦之旅”赛道、职教赛道、产业赛道和萌芽赛道。

（2）“青年红色筑梦之旅”活动。

（3）同期活动。即大赛优秀项目资源对接会、大学生创新成果展、世界大学生创新论坛等系列活动。

（二）参赛要求

（1）参赛项目能够紧密结合经济社会各领域现实需求，充分体现高校在新工科、新医科、新农科、新文科建设方面取得的成果，培育新产品、新服务、新业态、新模式，促进制造业、农业、卫生、能源、环保、战略性新兴产业等产业转型升级，促进人工智能、数字技术与教育、医疗、交通、金融、消费生活、文化传播等深度融合。（各赛道参赛项目类型详见附件）

（2）参赛项目应弘扬正能量，践行社会主义核心价值观，真实、健康、合法。不得含有任何违反《中华人民共和国宪法》及其他法律法规的内容。所涉及的发明创造、专利技术、资源等必须拥有清晰合法的知识产权或物权。参赛项目如有涉密内容，参赛前须进行脱敏处理。如有抄袭盗用他人成果、提供虚假材料等违反相关法律法规或违背大赛精神的行为，一经发现即刻丧失参赛资格、所获奖项等相关权利，并自负一切法律责任。

（3）参赛项目只能选择一个符合要求的赛道报名参赛，根据参赛团队负责人的学籍或学历确定参赛团队所代表的参赛学校，且代表的参赛学校具有唯一性，在校生以在读学籍报名（以通知下发之日为准），毕业生以最高学历报名。参赛团队须在报名系统中将项目所涉及的材料按时如实填写提交。已获本大赛往年总决赛各赛道金奖和银奖的项目，不可报名参加今年大赛。

（4）参赛人员（不含产业赛道参赛项目成员中的教师）年龄不超过 35 岁。

（5）各省级教育行政部门及各有关学校要严格开展参赛项目审查工作，确保参赛项目的合规性和真实性。审查主要包括参赛资格以及项目所涉及的科技成果、知识产权、财务状况、运营、荣誉奖项等方面。其中，入围省赛的项目由各学校汇总后加盖公章报省级教育行政部门；入围总决赛的项目由各省级教育行政部门汇总后加盖公章报教育部高等教育司。

三、奖励政策

“互联网＋”大学生创新创业大赛作为中国创新创业类竞赛第一赛事，鼓励高校对获奖学生进行奖励，且不低于“挑战杯”系列竞赛和全国职业院校技能大赛同等奖项待遇。鼓励具备推荐免试攻读硕士研究生资格的本科高校将获奖情况纳入学校推免生遴选指标体系；获省赛一等奖或国赛铜奖及以上的普通高职（专科）学生（限排名前三）参加“专转本”考试可直接录取本科（须参加全省统一的“专转本”考试）。指导教师指导项目获省决赛一等奖可以认定等同于省教学成果奖（实践教学）二等奖，获国赛金奖可以认定等同于省教学成果奖（实践教学）一等奖，可作为教师专业技术职务评聘的主要依据，允许获得全国大学生“互联网＋”创新创业大赛金奖的指导教师破格晋升高级职称。省赛一等奖项目相关教学研究可优先参评省级教学改革项目，不占用学校推荐名额。国赛获奖情况纳入省委省政府考核高校高质量发展的核心指标，纳入省品牌专业建设专项经费分配的绩效评价因素，根据绩效对获奖高校进行经费奖补。

四、高教主赛道方案

以中国国际大学生创新大赛（2025）为例，中国国际大学生创新大赛（2025）设高教主赛道（含国际参赛项目），具体实施方案如下。

（一）参赛项目类别及类型

1. 新工科类项目

大数据、云计算、区块链、虚拟现实、智能制造、网络空间安全、机器人工程、工业自动化等领域，符合新工科建设理念和要求的项目。

2. 新医科类项目

现代医疗技术、智能医疗设备、新药研发、健康康养、食药保健、智能医学、生物材料等领域，符合新医科建设理念和要求的项目。

3. 新农科类项目

现代种业、智慧农业、智能农机装备、农业大数据、食品营养、休闲农业、森林康养、生态修复、农业碳汇等领域，符合新农科建设理念和要求的项目。

4. 新文科类项目

文化教育、数字经济、金融科技、财经、法务、融媒体、翻译、旅游休闲、动漫、文创设计与开发、电子商务、物流、体育、非物质文化遗产保护、社会工作、家政服务、养老服务等领域，符合新文科建设理念和要求的项目。

5. “人工智能 +”项目

聚焦于人工智能深度融合经济社会各领域发展、赋能千行百业智能化转型升级，符合“人工智能 +”发展理念和要求的项目。

6. “低空经济”项目

聚焦无人机物流、低空交通服务、应急救援、智慧城市空中应用等场景，结合飞行器研发、空域管理技术或服务模式创新，推动低空资源高效开发与产业生态构建，符合国家低空经济发展战略导向的项目。

7. “生物技术”项目

聚焦基因编辑、合成生物学、细胞治疗等前沿领域，推动生物技术在医疗健康、农业育种、生态环保等场景的创新应用，符合国家生物经济战略及生命科学产业化发展要求的项目。

8. “量子科技”项目

聚焦量子计算、量子通信、量子测量等方向，推动量子技术与信息安全、材料科学等领域的深度协同，符合“量子科技”发展理念和要求的项目。

9. “新能源”项目

聚焦可再生能源开发、储能技术优化及能源互联网建设，支持高效清洁能源转化、智能电网升级与低碳能源系统研发，符合“双碳”目标及能源革命战略方向的项目。

10. “新材料”项目

聚焦新型结构材料、功能材料及复合材料研发，推动绿色制备工艺、材料基因工程与高端装备应用，符合国家战略新兴产业需求，具备技术突破性或产业化潜力的创新项目。

参赛项目团队应认真了解和把握新质生产力的内涵及要求，结合以上分类及项目实际，合理选择参赛项目类别，根据各参赛项目建设内涵和产业发展方向选择相应类型。

（二）参赛方式和要求

（1）本赛道以团队为单位报名参赛。允许跨校组建参赛团队，每个团队的成员不少于 3 人，不多于 15 人（含团队负责人），须为项目的实际核心成员。参赛团队所报参赛项目，须为本团队策划或经营的项目，不得借用他人项目参赛。

（2）按照参赛学校所在的国家和地区，分为中国大陆参赛项目、中国港澳台地区参赛项目、国际参赛项目三个类别。国际参赛项目和中国港澳台地区参赛项目可根据当地教育情况适当调整学籍和学历的相关参赛要求。

（3）所有参赛材料和现场答辩原则上使用中文或英文，如有其他语言需求，请联系大赛组委会。

（三）参赛组别和对象

根据参赛申报人所处学习阶段，项目分为本科生组、研究生组。根据项目发展阶段，本科生组和研究生组均内设创意组、创业组，并按照新工科、新医科、新农科、新文科、人工智能 +、低空经济、生物技术、量子科技、新能源、新材料设置参赛项目类型。

具体参赛条件如下：

1. 本科生组

（1）创意组。

· 参赛项目具有较好的创意和较为成型的产品原型或服务模式，在大赛通知下发之日前尚未完成工商等各类登记注册。

· 参赛申报人须为项目负责人，项目负责人及成员均须为普通高等学校全日制在校本专科生（不含在职教育）。

· 学校科技成果转化项目不能参加本组比赛（科技成果的完成人、所有人中参赛申报人排名第一的除外）。

（2）创业组。

· 参赛项目须已完成工商等各类登记注册（在大赛通知下发之日前注册）。

· 参赛申报人须为项目负责人且为参赛企业法定代表人，须为普通高等学校全日制在校本专科生（不含在职教育），或毕业 5 年以内的全日制本专科学生（即 2020 年之后的毕业生，不含在职教育）。企业法定代表人在大赛通知发布之日后进行变更的不予认可。

· 项目的股权结构中，企业法定代表人的股权不得少于 10%，参赛团队成员股权合计不得少于 1/3。

2. 研究生组

（1）创意组。

· 参赛项目具有较好的创意和较为成型的产品原型或服务模式，在大赛通知下发之日前尚未完成工商等各类登记注册。

· 参赛申报人须为项目负责人，须为普通高等学校全日制在校研究生。项目成员须为普通高等学校全日制在校研究生或本专科生（不含在职教育）。

·学校科技成果转化项目不能参加本组比赛（科技成果的完成人、所有人中参赛申报人排名第一的除外）。

（2）创业组。

·参赛项目须已完成工商等各类登记注册（在大赛通知下发之日前注册）。

·参赛申报人须为项目负责人且为参赛企业法定代表人，须为普通高等学校全日制在校研究生，或毕业 5 年以内的全日制研究生学历学生（即 2020 年之后的研究生学历毕业生）。企业法定代表人在大赛通知发布之日后进行变更的不予认可。

·项目的股权结构中，企业法定代表人的股权不得少于 10%，参赛团队成员股权合计不得少于 1/3。

（四）奖项设置

本赛道设置金奖、银奖、铜奖，中国大陆参赛项目设金奖 230 个、银奖 460 个、铜奖 1380 个，中国港澳台地区参赛项目设金奖 10 个、银奖 20 个、铜奖另定，国际参赛项目设金奖 50 个、银奖 100 个、铜奖 350 个。

五、“青年红色筑梦之旅”活动方案

中国国际大学生创新大赛继续在更大范围、更高层次、更有温度、更深程度上开展“青年红色筑梦之旅”活动。以中国国际大学生创新大赛（2025）为例，具体方案如下。

（一）主要目标

不断拓展“青年红色筑梦之旅”活动的时代内涵，推动习近平新时代中国特色社会主义思想入眼入耳入脑入心，使广大青年学生深刻领悟“两个确立”的决定性意义，增强“四个意识”，坚定“四个自信”，做到“两个维护”，坚定不移听党话、跟党走，厚植家国情怀、扎根中国大地，用创新实践服务国家、服务人民，将个人奋斗融入强国建设、民族复兴伟业，成为社会主义合格建设者和可靠接班人，为全面建设社会主义现代化国家贡献青春力量。

（二）主要活动与时间安排

1. 制定方案（2025 年 4—5 月）

各省级教育行政部门要聚焦科技创新、乡村振兴、城市社区治理、城乡融合发展，结合地方实际需求，制定本地 2025 年“青年红色筑梦之旅”活动方案，要明确活动时间、地点、规模、形式、支持条件等内容，并于 2025 年 5 月 20 日前报送至大赛组委会（电子邮箱：internetplus@ moe. edu. cn）。

2. 活动报名（2025 年 4—7 月）

各省级教育行政部门要积极挖掘本地优质创新创业项目参与活动，组织团队登录全国大学生创业服务网（网址：https：//cy. ncss. cn）或微信公众号（名称为“全国大学生创业服务网”或“中国国际大学生创新大赛”）进行报名，报名系统开放时间为5月9日至7月1日。

3. 组织实施（2025年5—8月）

各省级教育行政部门在全面总结历年“青年红色筑梦之旅”活动的基础上，负责组织本地“青年红色筑梦之旅”活动，认真做好需求对接、培训宣传及创造项目落地环境等工作。大学生项目团队要积极深入城乡基层，利用专业知识开展创新创业。高校要通过大学生创新创业训练计划项目、创新创业专项经费、校地协同等多种形式，努力实现项目长期对接。

4. 总结表彰（2025年9—10月）

各地各高校要及时做好本次活动的经验总结和成果宣传。

（三）“青年红色筑梦之旅”赛道安排

参加“青年红色筑梦之旅”活动的项目，符合大赛参赛要求的，可自主选择参加“青年红色筑梦之旅”赛道。

1. 参赛项目要求

（1）参加“青年红色筑梦之旅”赛道的项目应符合大赛参赛项目要求，同时在推进农业农村、城乡社区经济社会发展等方面有创新性、实效性和可持续性。

（2）以团队为单位报名参赛。允许跨校组建团队，每个团队的参赛成员不少于3人，不多于15人（含团队负责人），须为项目的实际核心成员。参赛团队所报参赛创业项目，须为本团队策划或经营的项目，不得借用他人项目参赛。

（3）参赛申报人须为项目负责人，须为普通高等学校全日制在校生（包括本专科生、研究生，不含在职教育），或毕业5年以内的全日制学生（即2020年之后的毕业生，不含在职教育）；国家开放大学学生（仅限学历教育）。企业法定代表人在大赛通知发布之日后进行变更的不予认可。

2. 参赛组别和对象

参加“青年红色筑梦之旅”赛道的项目，须为参加“青年红色筑梦之旅”活动的项目。否则一经发现，取消参赛资格。根据项目性质和特点，分为公益组、创意组、创业组。

（1）公益组。

· 参赛项目不以营利为目标，积极弘扬公益精神，在公益服务领域具有较好的创意、产品或服务模式的创新实践。

· 参赛申报主体为独立的公益项目或社会组织，注册或未注册成立公益机构（或社会组织）的项目均可参赛。

（2）创意组。

· 参赛项目基于专业和学科背景或相关资源，解决农业农村和城乡社区发展面临的主要问题，助力乡村振兴和社区治理，推动经济价值和社会价值的共同发展。

· 参赛项目在大赛通知下发之日前尚未完成工商等各类登记注册。

（3）创业组。

· 参赛项目以商业手段解决农业农村和城乡社区发展面临的主要问题、助力乡村振兴和社区治理，实现经济价值和社会价值的共同发展，推动共同富裕。

· 参赛项目在大赛通知下发之日前已完成工商等各类登记注册，项目负责人须为法定代表人。项目的股权结构中，企业法定代表人的股权不得少于10%，参赛成员股权合计不得少于1/3。

3. 奖项设置

本赛道设置金奖70个、银奖140个、铜奖440个。

4. 工作要求

（1）高度重视、精心组织。各地要成立专项工作组，推动形成政府、企业、社会联动共推的机制，确保各项工作落到实处。

（2）统筹资源、加强保障。各地要积极协调地方政府有关部门，以及行业企业、公益机构、投资机构等，通过政策倾斜、资金支持、设立公益基金等方式为活动提供保障。

（3）广泛宣传、营造氛围。各地应认真做好本次活动的宣传工作，通过提前谋划、集中启动、媒体传播，线上线下共同发力，全面展示各地各高校青年大学生参与活动的生动实践和良好精神风貌。

（4）敢于尝试、积极创新。利用网络直播、短视频等新型传播与销售途径，引导、助力“青年红色筑梦之旅”项目团队把握机会，积极创新创业。

第二节 “挑战杯”大赛

一、认识“挑战杯”

（一）什么是“挑战杯”

“挑战杯”是“挑战杯”全国大学生系列科技学术竞赛的简称，是由共青团中央、中国科协、教育部和全国学联共同主办的全国性的大学生课外学术实践竞赛。“挑战杯”共有两个并列项目，一个是“挑战杯”全国大学生课外学术科技作品竞赛，另一个则是“挑战杯”中国大学生创业计划竞赛，这两个项目的全国竞赛交叉轮流开展，每个项目每两年举办一届。需要说明的是，由于“挑战杯”中国大学生创业计划竞赛（又称“小挑”）的项目打造与本书介绍的“互联网＋”创新创业大赛有很多相同之处，这里不做单独介绍。

“挑战杯”是一项具有导向性、示范性和群众性的全国竞赛活动。自1989年首届竞赛举办以来，“挑战杯”始终坚持“崇尚科学、追求真知、勤奋学习、锐意创新、迎接挑战”的宗旨，在促进青年创新人才成长、深化高校素质教育、推动经济社会发展等方面发挥了积极作用，在广大高校乃至社会上产生了广泛而良好的影响，被誉为当代大学生科技创新的奥林匹克盛会。

“挑战杯”这个平台对锻炼和提高大学生的创新能力有重要意义，它是现行的创新型人才培养模式的重要补充，为当前高校学生创新能力培养改革提供了很好的借鉴。

（二）“挑战杯”竞赛作品分类

（1）自然科学类学术论文（仅限本科生）。

（2）哲学与社会科学类调查报告和学术论文。

（3）科技发明制作（A类、B类）。

A类：科技含量较高、制作投入较大的作品。

B类：投入较少、为生产技术或社会生活带来便利的小发明、小制作等。

（三）“挑战杯”竞赛作品方向

科技发明制作类作品、自然科学类学术论文包含以下几个方向：

（1）机械与控制（包括机械、仪器仪表、自动化控制、工程、交通、建筑等）。

（2）信息技术（包括计算机、电信、通信、电子等）。

（3）数理（包括数学、物理、地球与空间科学等）。

（4）生命科学（包括生物、农学、药学、医学、健康、卫生、食品等）。

（5）能源化工（包括能源、材料、石油、化学、化工、生态、环保等）。

哲学与社会科学类社会调查报告或学术论文包含以下六个方向：哲学、经济、社会、法律、教育、管理（不接受没有列为竞赛学科的作品参赛）。

二、备赛“挑战杯”

（一）选题

科学研究的第一步是选择研究的课题。提出一个问题，往往比解决一个问题更重要。因为解决一个问题，也许仅仅是一个数学上或实验上的技能而已，而提出新的问题、新的可能性、从新的角度去看旧的问题，却需要有创造性的想象力。

在选题立意上，应尽量选择具有重大社会意义或备受社会关注的题目。好的题材是项目成功的一半。

题材选好了，一定要给项目起一个能够高度概括项目内涵与特征的名字，体现项目的优势。此外，如果立意新颖，也有利于在答辩时也给评委留下深刻的印象。新农村建设、大学生就业、节能环保、食品安全、大数据、区块链、现代医疗等都是可用的题材。

1. 选题的主要来源

（1）从指导教师的科研项目中选题。

（2）从热门话题或人们普遍关注的话题中选题。

（3）从学术期刊的征稿启事中选题。

（4）从专业课程学习或交流中发现课题。

（5）在广泛查阅文献资料的基础上挖掘课题。

（6）在参加学术活动或社会实践中产生课题。

2. 选题的基本策略

（1）思考三个问题：研究什么？为何研究？怎样研究？

（2）把握三条原则：科学性原则、创新性原则、可行性原则。

（3）反映三个“新”：反映新情况、新变化，总结新创造、新经验，研究新现象、新问题。

（4）防止三种失误：题目偏大、难度过高、价值太低。

（二）组队

一个好的团队是制胜的关键。参赛作品分为个人作品和集体作品。在组队时应注意：申报个人作品的，申报者必须承担申报作品 60% 以上的研究工作，作品鉴定证书、专利证书及发表的有关作品上的署名均应为第一作者，合作者必须是学生且不得超过两人。凡作者超过三人的项目，或者不超过三人但无法区分第一作者的项目，均须申报集体作品。集体作品的作者必须均为学生。凡有合作者的个人作品或集体作品，均按学历最高的作者划分至本专科生、硕士研究生或博士研究生类进行评审。

好的题目和项目的顺利开展，离不开指导教师和学校的支持，把你的想法与相关专业教师沟通，征求教师对于该课题的意见，并且联系 1～2 位指导教师。如果需要实验条件，请与相关院系和教师联系。

选择指导教师时应注意：选择科研和学术能力优秀的教师作为指导教师，可以给你更宽的思路和视野；选择关心热爱学生，特别是热衷于学生工作的教师，可以给你更多的支持和鼓励；选择相近学科的教师，可以给你更专业的指导和建议，更好地把握专业方向。

（三）研究

1. 查询资料

查阅和收集必要的文献资料，是每一项科学研究都必须做的工作，对于在校大学生，学会查阅文献、检索文献、阅读文献对今后从事科研工作很有帮助。

要学会利用好各种资源，包括：

（1）利用好学校图书馆。图书馆有丰富的馆藏图书，可以根据选题内容，找到对你有帮助的书籍。

（2）要学会利用网络资源。学会利用百度等搜索引擎搜索资料，也要学会利用专业数据库，可以在中国知网 CNKI、维普、万方等数据库查询到各类期刊和书籍的电子版。

（3）如果在查找资料的过程中发现国内资源短缺的话，还可以向国外一些知名高校科研机构或者著名学者发送电子邮件进行查询。如同学们没有这方面的经验，可向指导教师咨询。

（4）对查阅到的有用的文献，要做好记录。最好做成资料卡片，将信息内容简要概括，特别要把作者、书名（刊名）、出版社、时间（期刊号）、页码等文献的信息标注出来。

2. 准备材料

准备材料需要从两大方面着手：一方面，来自文献资料，靠查询获得；另一方面，来自实践活动及现实生活的直接材料。直接材料的收集和准备可以从两个方面入手。

（1）观察法。观察是获取第一手资料或验证间接资料的真实可靠的方式。观察可以直接得到系统的客观事实，是科学研究，尤其是自然科学研究的重要途径。

（2）实验法。实验是指借助专用的仪器和设备，对研究对象进行积极干预，尽可能排除外界因素的制约和干扰，突出主要因素，人为地变革、控制或模拟研究对象，以便在最有利的条件下进行观察和研究，从而获得经验事实的一种获取资料的方式。

（四）撰写参赛论文与研究报告

1. 参赛论文的撰写注意点及格式

参赛论文总的基本要求：主题鲜明，结构严谨；语言精练，内容切题；行文流畅，思路清晰；逻辑推理，科学准确。

标题。可先拟定一试用标题，论文写成后再反复推敲，力争做到标题与内容相符，言简意赅，最好不要超过 20 个字。切忌大题小做且用生僻的专业术语。

摘要。摘要是标题的扩充与全文的高度概括，扼要介绍论文的研究目的、方法、结果（主要数据）与结论等，字数宜控制在正文字数的 3%～5%，用第三人称的语气叙述，切忌自我拔高评价。

正文。论文并非越长越好，原则上一篇论文只围绕一个主题，还要突出重点，切忌求全与面面俱到。重点应是自己有所发展并与众不同的东西，如有涉及该主题的新论点、新论据、新视角、新方法、新现象、新问题，能居其一即可。

参考文献。限于正式出版的书刊，选主要的和最新的 10 条左右列出即可。论文引用格式按国家标准执行。

最后要注意的是，科学思维和新的思路是全篇论文的灵魂。引用他人观点或资料必须经过思考选择，深刻理解并融会贯通，要形成自己独到的见解，切忌人云亦云。

2. 不同学科论文的撰写要求

（1）自然科学学术论文的撰写。

① 论文题目要明确清晰，要能反映论文内容、研究范围和深度。

② 论文内容要切题，结构要层次分明、逻辑严密、条理清楚。

③ 论文一般要有摘要、关键词、前言、正文、结论、参考文献等。

④ 论文结论要有理、有据，有新思想、新见解。

⑤ 引用他人信息时，必须深刻理解、融会贯通。

⑥ 可以应用多种表达技巧，如图表、曲线、附录、加注等，以达到重点突出、显示主线的目的。

⑦ 要反复阅读和修改论文手稿，达到文句简明、流畅。

（2）科技发明制作研究报告的撰写。

① 申报科技发明制作类作品必须附有研究报告。

② 研究报告一般要有摘要、研究目的和基本思路、创新点、技术关键和主要技术指标、作品的科学和先进性、作品的设计和制作及试验、作品的适用范围和应用前景预测、参考文献等内容。

③ 研究报告须附有相关曲线、试验数据、原理结构图、实物外观图（照片）等，也可附鉴定证书、应用证明和专利证。

④ 研究报告应层次分明、条理清楚、文句简明、流畅。

（3）人文社会科学类参赛作品的撰写。

人文社会科学类论文以人类社会和文化为研究对象，其任务是研究并揭示各种人类社会和文化现象的本质及其发展变化规律。

① 选题应具有理论意义和现实意义，特别强调有现实针对性的选题。

② 查阅和整理资料应注意资料的真实性、准确性和代表性。

③ 论文框架应将论文观点和支撑材料统一起来，论证条理清楚、层次分明。

每篇论文在 8 000 字以内，每份调查报告在 15 000 字以内。如果论文已在核心期刊发表或者被相关部门批示或者采纳，应该注明，有助于评审。

三、“挑战杯”评审

（一）作品展示和问辩

（1）作品展示和问辩是终评的重要依据。

（2）问辩重点在于考察作者对参赛项目的理解程度和参与情况，以及工作实际达到的水平。

（3）展板版面设计应简洁明了，吸引观众，文字宜少，内容宜精。

（4）展示表演的作品要考虑电源等动力供应，注意安全。演示项目须反复演练，力争一次成功，若偶然出现故障，也应沉着应对。

（5）口头陈述应开门见山，尽快切入主题并突出创新点，以吸引评委。

（6）参加集体项目的展示者应掌握未参加展示者的工作内容。

（7）要围绕作品主题，就项目的基本思路、科学性、先进性和现实意义等几个环节充分准备，问辩时努力做到有问必答、有理有据。

（8）要听清楚评委提出的问题，回答内容必须扣题，切忌答非所问。

（二）评审要点

1. 科学性

（1）作品的理论依据必须是正确的、完整的。

（2）方法正确。

（3）思路清晰。

2. 先进性

（1）以前是否有。

（2）创新性（为最重要的部分，包括原始创新、集成创新、吸收创新）。

3. 实用性

作品给社会生活或生产技术带来的便利。

“挑战杯”之路是一个充满挑战和困难坎坷的漫长道路，无论在这条路上你能走多远，不管你是止步于校赛、省赛，还是止步于国赛，请不要悲伤，不要难过，你虽未得到那张证书，得到的将是在强手如林的激烈竞争过程中和高手过招的乐趣，得到的是在紧张的比赛过程中学习知识、检阅自我的机会，得到的更是挑战人生、经营自我的经验和勇气。多年以后，回忆曾经的过程，很多人发现因为“挑战杯”，学校生活很充实、很精彩，因为“挑战杯”，拥有了很多和你一样有激情、有梦想的朋友。不管最终能不能获奖，在参赛过程中，你已经收获了，“挑战杯”带给你的东西会伴随着你今后的成长道路。

第三节 大学生创新创业训练计划

以江苏省大学生创新创业项目申报工作为例，大学生创新创业训练计划安排如下：

一、立项类型与级别

（1）创新训练项目。主要支持本科生个人或团队在导师指导下，自主完成创新性研究项目设计、研究条件准备和项目实施、研究报告撰写、成果（学术）交流等工作。

（2）创业训练项目。主要支持本科生团队在导师指导下完成商业计划书编制、可行性研究、企业模拟运行、撰写创业报告等工作，团队中每个学生在项目实施过程中扮演一个或多个具体角色。

（3）创业实践项目。主要支持学生团队在学校导师和企业导师共同指导下，采用创新创业训练项目或创新性实验等成果，提出具有市场前景的创新性产品和服务，以此为基础开展创业实践活动。

大学生创新创业训练计划项目级别分为国家级创新创业训练计划项目（推荐）、省级创新创业训练计划项目和校级创新创业训练计划项目三个级别（具体名额见学校通知）。

二、选题范围

创新创业训练项目不限学科专业，选题应具有一定的学术价值、理论意义或现实意义；具有创新性或明显创业教育效果；选题方向正确，内容充实，论证充分，难度适中，拟突破的重点难点明确，研究思路清晰，研究方法科学、研究方案可行，预期成果具有可考核性。学生可根据兴趣在一定范围内自主选题，选题范围为：有关教师科研与技术开发（服务）课题中的子项目；开放实验室、实训或实习基地中的综合性、设计性、创新性实验项目；发明、创作、设计等制作项目；产业最新需求和企业生产实际问题分解细化的具体项目或企业设置的开放性课题；校内外创业园地中的大学生创业孵化项目；结合科技创新的一切有待于创业实践的项目；专业性研究及创新项目，创业计划与职业规划创新项目；社会调查项目；其他有研究与实践价值的项目等。鼓励面向国家经济社会发展、具有一定理论和现实意义的选题，鼓励直接来源于产业一线、科技前沿的选题；鼓励开展具有一定创新性的基础理论研究和有针对性的应用研究课题，鼓励新兴边缘学科研究和跨学科的交叉综合研究选题。重点支持有技术化、商业化和产业化前景的创新创业训练项目。

三、申报要求

（1）项目申报对象为在校学生个人或团队，鼓励跨学校、跨院系、跨专业、跨年级组建团队申报项目。申请者须品学兼优，具有一定的创新意识和研究探索精神，善于独立思考，具备基本的科研素质与能力，能合理安排时间，申报成功后不得以考研、实习、学业忙等理由退出或中止，项目中止将影响学生个人诚信记录。每名学生在校期间只能参与申报一项省级及以上创新创业训练计划项目，不得一次同时在不同项目之间交叉申报。

（2）申报项目要求有一定的理论和实践意义，选题科学合理，做到思路新颖、目标明确、具有创新性和探索性；立论依据较充分，研究内容和目标明确，研究方法和技术路线可行；倡导跨学科开展合作研究。申报的项目不得与历年已获立项的各级各类创新创业项目或毕业论文（设计）重复。

四、评审程序及工作要求

（1）学生申报。在规定时间内，学院组织学生申报，安排指导老师，确定项目选题，按要求填写申报材料。

（2）学院评审。在规定时间内，学院务必按照申报要求做好审核工作，学院上报至学校的项目必须经过学院初步评审、排序，并由学院分管领导确认。

（3）学校评审。在规定时间内，学校组织专家对各学院推荐的项目进行评审，遴选出国家级（推荐）、省级和校级大学生实践创新创业训练计划项目。

（4）结果公布。学校评审通过后将及时发布获批项目信息，并通知获批项目负责人登陆“江苏省大学生创新训练计划平台”上传相关材料。参加项目的人员及项目研究内容一经发布不允许擅自变动。

五、中期检查

中期检查主要是对已立项的大学生创新创业训练计划项目进行阶段性检查。如果需要变更团队人员、研究计划、研究时限等，就需要在这个阶段填写相关材料。

1. 检查内容

中期检查内容包括：项目研究进展情况，项目研究已取得的阶段性成果和收获，项目研究存在的主要问题及应对思路与措施，项目研究下一阶段的主要任务及时间进程安排，项目经费使用情况等。

2. 检查方式

中期检查的方式主要有：项目组自查、学院组织检查与学校审查相结合的形式进行。

六、结题验收

结题验收主要是对已立项且尚未结项的大学生创新创业训练计划项目，通过结题答辩等形式，进行最终的成绩评定。

1. 验收内容

由指导教师指导项目组填写《项目结题报告书》，汇编研究成果，制作答辩PPT。

2. 验收方式

学院组织专家组完成本学院项目的结题验收工作，并择优向学校推荐优秀候选项目。学校成立专家组对验收材料进行结题终审，并组织国家级项目和学院推荐的优秀候选项目进行结题答辩，最终确定优秀项目。验收答辩时，各项目组以PPT形式陈述5分钟，专家提问3分钟。

3. 成绩评定

项目验收成绩按优秀、良好、合格、不合格四个档次评价，评选优秀项目时注重项目的创新性和学生在研究过程中创新能力的提升。

【思考题】

1. 中国国际大学生创新大赛的主要任务有哪些？
2. 本科生参加中国国际大学生创新大赛的项目类型主要有哪些？
3. 中国国际大学生创新大赛有哪些奖励政策？
4. 大学生如何备赛“挑战杯”？
5. 大学生如何备赛创新创业训练计划？
6. 大学生如何按照“青年红色筑梦之旅”活动的要求，服务于振兴乡村经济？

附 录

附录 1 教育部认可的高校大学生竞赛项目名单

教育部认可的高校大学生竞赛项目名单见附表 1。

附表 1 高校大学生竞赛项目名单

序号	竞赛名称
1	中国国际大学生创新大赛
2	“挑战杯”全国大学生课外学术科技作品竞赛
3	“挑战杯”中国大学生创业计划大赛
4	ACM-ICPC 国际大学生程序设计竞赛
5	全国大学生数学建模竞赛
6	全国大学生电子设计竞赛
7	中国大学生医学技术技能大赛
8	全国大学生机械创新设计大赛
9	全国大学生结构设计竞赛
10	全国大学生广告艺术大赛
11	全国大学生智能汽车竞赛
12	全国大学生电子商务“创新、创意及创业”挑战赛
13	中国大学生工程实践与创新能力大赛
14	全国大学生物流设计大赛
15	外研社全国大学生英语系列赛：①英语演讲②英语辩论③英语写作④英语阅读
16	两岸新锐设计竞赛·华灿奖
17	全国大学生创新创业训练计划年会展示

续表

序号	竞赛名称
18	全国大学生机器人大赛：①RoboMaster②Robocon
19	全国大学生市场调查与分析大赛
20	全国大学生先进成图技术与产品信息建模创新大赛
21	全国三维数字化创新设计大赛
22	“西门子杯”中国智能制造挑战赛
23	中国大学生服务外包创新创业大赛
24	中国大学生计算机设计大赛
25	中国高校计算机大赛：①大数据挑战赛②团体程序设计天梯赛③移动应用创新赛④网络技术挑战赛⑤人工智能创意赛
26	蓝桥杯全国软件和信息技术专业人才大赛
27	米兰设计周——国高校设计学科师生优秀作品展
28	全国大学生集成电路创新创业大赛
29	全国大学生信息安全竞赛
30	未来设计师·全国高校数字艺术设计大赛
31	全国周培源大学生力学竞赛
32	中国大学生机械工程创新创意大赛
33	中国机器人大赛暨 RoboCup 机器人世界杯中国赛
34	“中国软件杯”大学生软件设计大赛
35	中美青年创客大赛
36	睿抗机器人开发者大赛（RAICOM）
37	“大唐杯”全国大学生新一代信息通信技术大赛
38	华为 ICT 大赛
39	全国大学生嵌入式芯片与系统设计竞赛
40	全国大学生生命科学竞赛（CULSC）
41	全国大学生物理实验竞赛
42	国际高校 BIM 毕业设计创新应用大赛
43	全国高校商业精英挑战赛：①品牌策划竞赛②文旅与会展创新创业实践竞赛③国际贸易竞赛④创新创业竞赛⑤会计与商业管理案例竞赛
44	“学创杯”全国大学生创业综合模拟大赛
45	中国高校智能机器人创意大赛
46	中国好创意暨全国数字艺术设计大赛
47	中国机器人及人工智能大赛
48	全国大学生节能减排社会实践与科技竞赛

续表

序号	竞赛名称
49	“21 世纪杯”全国英语演讲比赛
50	iCAN 大学生创新创业大赛
51	“工行杯”全国大学生金融科技创新大赛
52	中华经典诵写讲大赛
53	“外教社杯”全国高校学生跨文化能力大赛
54	百度之星・程序设计大赛
55	全国大学生工业设计大赛
56	全国大学生计算机系统能力大赛
57	全国大学生花园设计建造竞赛
58	全国大学生物联网设计竞赛
59	全国大学生信息安全与对抗技术竞赛
60	全国大学生测绘学科创新创业智能大赛
61	全国大学生统计建模大赛
62	全国大学生能源经济学术创意大赛
63	全国大学生基础医学创新研究暨实验设计论坛（大赛）
64	全国大学生数字媒体科技作品及创意竞赛
65	全国本科院校税收风险管控案例大赛
66	全国企业竞争模拟大赛
67	全国高等院校数智化企业经营沙盘大赛
68	全国数字建筑创新应用大赛
69	全球校园人工智能算法精英大赛
70	“科云杯”全国大学生财会职业能力大赛
71	全国数字建筑创新应用大赛
72	一带一路暨金砖国家技能发展与技术创新大赛

备注：竞赛排名不分先后

附录 2 创业能力测试

借助创业能力测评表（表 2），测试自己的创业能力。

表 2 创业能力测评表

序号	内容	结果
1	是否曾经为了某个理想而制订两年以上的长期计划，并且按计划进行直到完成？	
2	在学校和家庭生活中，你是否在没有师长和亲友的督促下，就自动完成分派的任务？	
3	你是否喜欢独自完成工作，并做得很好？	
4	当你与朋友在一起时，你的朋友是否会寻求你的指导和建议？你是否曾被推举为领导者？	
5	在你以往的经历里，有没有赚钱的经验？你喜欢储蓄吗？	
6	你是否能够专注地做自己感兴趣的事连续 10 小时以上？	
7	你是否习惯保存重要资料，并且井井有条地整理，以备需要时可以随意提取查阅？	
8	在平时生活中，你是否热衷于社会服务工作？你关心别人的需要吗？	
9	是否喜欢音乐、艺术、体育及其他各种活动？	
10	在此之前，你是否带动其他人员，完成过一项由你领导的大型活动或任务？	
11	喜欢在竞争中生存吗？	
12	当你在别人管理下工作时，发现其管理方法不当，你是否会想出适当的管理方式并建议改进？	
13	当你需要别人的帮助时，是否能充满自信地提出要求，并且能说服别人来帮助你？	
14	在你筹款或者义卖时，是否充满自信而不害羞？	
15	当你要完成一项重要工作时，是否总是给自己留出足够的时间仔细完成，而决不让时间虚度，在匆忙中草率完成？	
16	你参加重要聚会时，你是否会准时赴约？	
17	是否有能力安排一个恰当的环境，使你在工作中能不受干扰，有效地专心工作？	
18	你交往的朋友中，是否有许多有成就、有智慧、有眼光、有远见、老成稳重的人？	
19	你在学习或团体中，被认为是受欢迎的人吗？	
20	你自认是理财高手吗？	
21	你是否可以为了赚钱而牺牲自己的娱乐？	
22	你是否总是独自挑起责任的担子，彻底了解工作目标并认真地执行工作？	
23	你在工作中是否有足够的信心和耐力？	
24	你能否在很短的时间内结交许多新朋友？	

测评说明：

1. 当你想要拥有一个自己的公司的时候，有必要先进行这个测试，它可以帮助你判断你自己是否适合创业以及你具有多少创业者潜力。当然，这个测试结果，也是仅供参考，因为决定一个人创业能否成功的因素有很多。

2. 本测试由一系列疑问句组成。请认真阅读题目，根据你的实际情况来选择最符合你的描述。

3. 在选择时，请根据你的第一印象来回答。不要花太长时间考虑，并在符合你的情况的“结果”栏里打“√”。

4. 评分标准：答“是”得1分，答“否”不得分。统计所得分数。

5. 测评结果分析：

0～5分：目前不适合创业，应当训练自己为别人工作，并学习技术和专业。

6～10分：需要在别人指导下去创业，才会有成功的机会。

11～15分：适合自己创业，但必须在所有“否”的答案中，分析出自己的问题并加以纠正改进。

16～20分：非常适合创业，足以使你从小事业开始，并从妥善处理中获得经验，成为成功的创业者。

21～24分：有无限潜能，只要把握时机和运气，可能将是未来的商业巨子。

参考文献

［1］蔡剑，吴戈，王陈慧子．创业基础与创新实践［M］．北京：北京大学出版社，2015．

［2］丁旭，莫晔．创新创业教程：第二版［M］．北京：清华大学出版社，2019．

［3］宫淑瑰，张英泽，苏新民．大学生创新创业基础［M］．苏州：苏州大学出版社，2022．

［4］李成钢，马琳，邵争艳，等．创新创业基础［M］．北京：中国纺织出版社，2019．

［5］连银岭．大学生创新创业教育［M］．北京：北京理工大学出版社，2018．

［6］刘子英，刘斯妤，孙宇飞，等．基于创业实践的大学生创新思维培养途径探析［J］．黑龙江畜牧兽医，2017（16）：223－225．

［7］吕萌荔，聂小军，宋卫宁．浅析大学生创新项目对创新思维培养的作用［J］．中国林业教育，2016，34（03）：7－9．

［8］宋要武．大学生创新创业导论：第二版［M］．北京：高等教育出版社，2017．

［9］唐丽．大学生创新创业基础［M］．北京：化学工业出版社，2018．

［10］王磊，祝木伟．大学生创业策划教程［M］．杭州：浙江大学出版社，2014．

［11］王卫红，邱询旻，李秉强．创业＋投资基础［M］．大连：大连理工大学出版社，2018．

［12］王艳茹，王金诺．大学生创新创业指导［M］．成都：电子科技大学出版社，2017．

［13］杨康．企业文化创建中的职工思想政治工作分析［J］．企业改革与管理，2015（21）：153．

［14］赵霞，牛奋明，赵学英．大学生创新创业培养教程［M］．北京：电子工业出版社，2019．

［15］周苏，褚赟．创新创业：思维、方法与能力［M］．北京：清华大学出版社，2017．